Economía

4.º ESO

EDITEX

María del Valle Físico Muñoz

Índice

Este libro consta de seis unidades de trabajo:

- Primer trimestre: unidades 1-2.
- Segundo trimestre: unidades 3-4.
- Tercer trimestre: unidades 5-6.

Proyecto

El apartado **Proyecto,** al inicio de cada trimestre, plantea el reto de crear, a lo largo del curso, un periódico de economía con diferentes secciones en las que irás trabajando y poniendo en práctica, paso a paso, lo que has aprendido en cada una de las unidades.

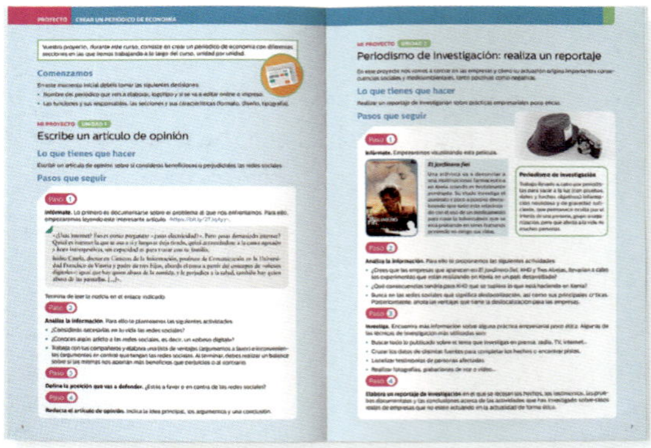

Presentación

La doble página de inicio de la unidad presenta los epígrafes que se van a tratar. A continuación se propone una lectura motivadora, relacionada con el contenido de la unidad, que te ayudará a reflexionar e introducirte en el tema.

Finalmente, aparece la sección **¿Qué sabemos de?** en la que se plantean algunas preguntas para motivar y hacer reflexionar al alumno.

Desarrollo de contenidos

El **desarrollo de los contenidos** se realiza con un lenguaje sencillo y riguroso, se ordena en epígrafes y subepígrafes y va acompañado de múltiples cuadros, gráficos, tablas, esquemas e imágenes que refuerzan la explicación.

A lo largo del texto se incorporan actividades y tareas, y numerosos ejercicios y actividades resueltas que aclaran los conceptos tratados, facilitan su asimilación y permiten conocer su aplicación en la vida real.

Cine, libros y YouTube al servicio de la economía

Este apartado facilita el estudio, el análisis y la práctica de los contenidos tratados en la unidad a través de distintos materiales: vídeos *(YouTube y la economía)*, películas *(Cine y economía)* y libros *(Lecturas de contenido económico)* a partir de los cuales se proponen tareas diversas.

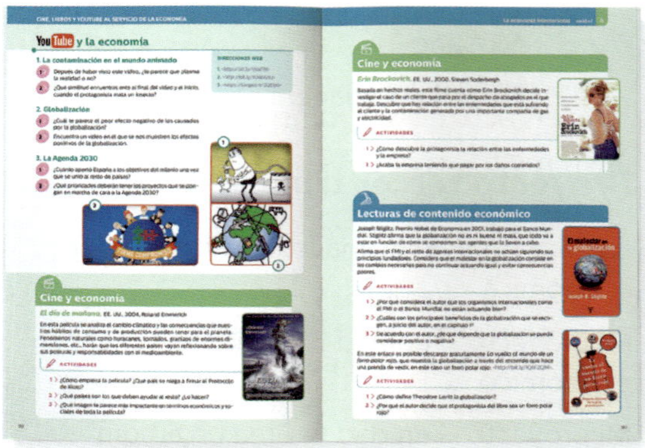

Prensa económica

En esta sección se presentan diferentes artículos sobre temas de la actualidad económica y, a partir de ellos, te proponemos diversas actividades.

Actividades de recapitulación

Al finalizar la unidad, las actividades de recapitulación te ayudarán a repasar y consolidar los conocimientos, habilidades, destrezas y aptitudes adquiridas. En algunas actividades se indican las **competencias clave** que se trabajan.

Competencias: competencia matemática y competencias básicasen ciencia y tecnología Ⓣ, competencia en comunicación lingüística Ⓛ, competencias sociales y cívicas Ⓢ, competencia para aprender a aprender Ⓐ, competencia digital Ⓓ, sentido de la iniciativa y espíritu emprendedor Ⓔ, conciencia y expresiones culturales Ⓒ.

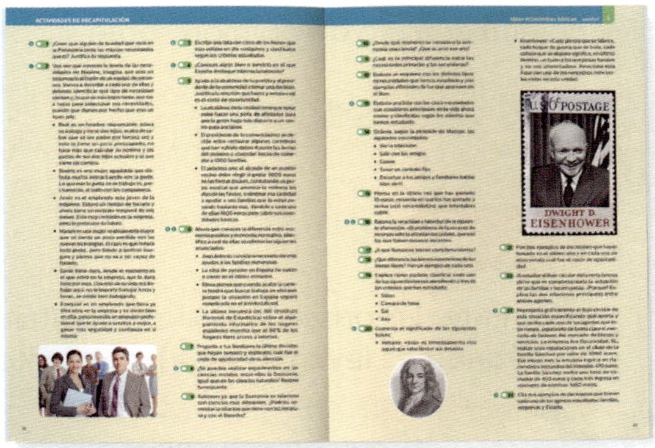

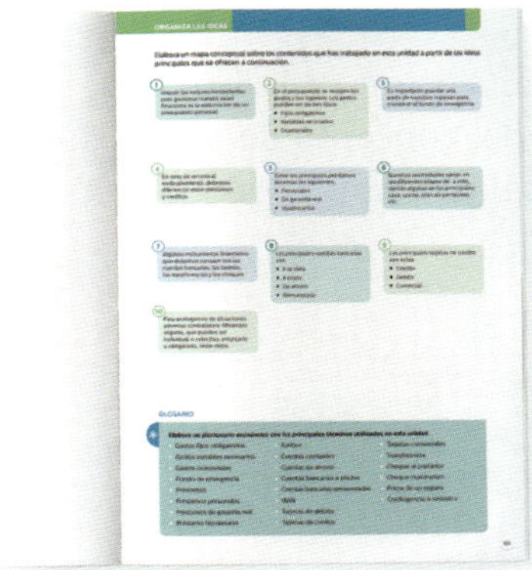

Organiza las ideas

En este apartado te proponemos la elaboración de un mapa conceptual sobre los contenidos que has trabajado en cada unidad.

Glosario

Aquí te invitamos a elaborar un diccionario económico con los principales términos utilizados en cada unidad.

Test de evaluación

Al término de cada unidad didáctica puedes evaluar de forma rápida tus conocimientos mediante unas actividades de evaluación.

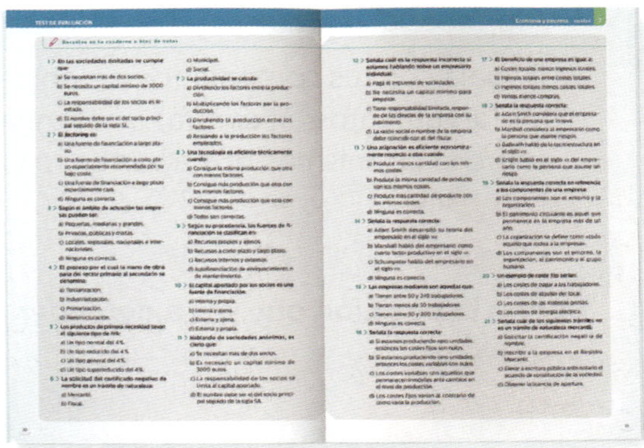

IMPORTANTE Todas las actividades propuestas en este libro deben realizarse en un cuaderno de trabajo, nunca en el propio libro.

Vuestro proyecto, durante este curso, consiste en crear un periódico de economía con diferentes secciones en las que iremos trabajando a lo largo del curso, unidad por unidad.

Comenzamos

En este momento inicial debéis tomar las siguientes decisiones:

- Nombre del periódico que vais a elaborar, logotipo y si se va a editar *online* o impreso.
- Las funciones y sus responsables, las secciones y sus características (formato, diseño, tipografía).

MI PROYECTO UNIDAD 1

Escribe un artículo de opinión

Lo que tienes que hacer

Escribir un artículo de opinión sobre si consideras beneficiosas o perjudiciales las redes sociales.

Pasos que seguir

Paso 1

Infórmate. Lo primero es documentarse sobre el problema al que nos enfrentamos. Para ello, empezaremos leyendo este interesante artículo: <https://bit.ly/2TJqAyy>.

«¿Usas internet? Eso es como preguntar «¿usas electricidad?». Pero ¿usas demasiado internet? Quizá es internet la que te usa a ti y luego te deja tirado, quizá arrastrándote a la cama agotado a hora intempestivas, sin capacidad ni para tratar con tu familia.

Isidro Catela, doctor en Ciencias de la Información, profesor de Comunicación en la Universidad Francisco de Vitoria y padre de tres hijos, aborda el tema a partir del concepto de «obesos digitales»: igual que hay quien abusa de la comida, y le perjudica a la salud, también hay quien abusa de las pantallas. [...]».

Termina de leer la noticia en el enlace indicado.

Paso 2

Analiza la información. Para ello te planteamos las siguientes actividades:

- ¿Consideras necesarias en tu vida las redes sociales?
- ¿Conoces algún adicto a las redes sociales, es decir, un «obeso digital»?
- Trabaja con tus compañeros y elabora una lista de ventajas (argumentos a favor) e inconvenientes (argumentos en contra) que tengan las redes sociales. Al terminar, debes realizar un balance sobre si las mismas nos aportan más beneficios que perjuicios o al contrario.

Paso 3

Define la posición que vas a defender. ¿Estás a favor o en contra de las redes sociales?

Paso 4

Redacta el artículo de opinión. Indica la idea principal, los argumentos y una conclusión.

MI PROYECTO **UNIDAD 2**

Periodismo de investigación: realiza un reportaje

En este proyecto nos vamos a centrar en las empresas y cómo su actuación origina importantes consecuencias sociales y medioambientales, tanto positivas como negativas.

Lo que tienes que hacer

Realizar un reportaje de investigación sobre prácticas empresariales poco éticas.

Pasos que seguir

Paso 1

Infórmate. Empezaremos visualizando esta película.

El jardinero fiel

Una activista va a denunciar a una multinacional farmacéutica en Kenia cuando es brutalmente asesinada. Su viudo investiga el asesinato y poco a poco va descubriendo que todo está relacionado con el uso de un medicamento para curar la tuberculosis que se está probando en seres humanos poniendo en riesgo sus vidas.

Periodismo de investigación

Trabajo llevado a cabo por periodistas para sacar a la luz (con pruebas, datos y hechos objetivos) información novedosa y de gravedad suficiente, que permanece oculta por el interés de una persona, grupo u organización, pero que afecta a la vida de muchas personas.

Paso 2

Analiza la información. Para ello te proponemos las siguientes actividades:

- ¿Crees que las empresas que aparecen en *El jardinero fiel,* KHD y Tres Abejas, llevarían a cabo los experimentos que están realizando en Kenia en un país desarrollado?
- ¿Qué consecuencias tendría para KHD que se supiera lo que está haciendo en Kenia?
- Busca en las redes sociales qué significa *deslocalización,* así como sus principales críticas. Posteriormente, anota las ventajas que tiene la deslocalización para las empresas.

Paso 3

Investiga. Encuentra más información sobre alguna práctica empresarial poco ética. Algunas de las técnicas de investigación más utilizadas son:

- Buscar todo lo publicado sobre el tema que investigas en prensa, radio, TV, internet...
- Cruzar los datos de distintas fuentes para completar los hechos o encontrar pistas.
- Localizar testimonios de personas afectadas.
- Realizar fotografías, grabaciones de voz o vídeo...

Paso 4

Elabora un reportaje de investigación en el que se recojan los hechos, los testimonios, las pruebas documentales y las conclusiones acerca de las actividades que has investigado sobre casos reales de empresas que no estén actuando en la actualidad de forma ética.

1) Ideas económicas básicas

Vamos a aprender

1. ¿Qué es la economía?
2. El impacto de la economía en nuestras vidas
3. Principios básicos de economía
4. Problemas económicos y formas de abordarlos
5. Los agentes económicos
6. El flujo circular de la renta
7. La frontera de posibilidades de producción
8. Economía positiva y economía normativa

La economía lo es... ¡Todo!

¿Qué es economía?, dices mientras clavas en mi pupila tu pupila azul.
¿Qué es economía? ¿Y tú me lo preguntas?
Economía..., eres tú.

José Luis Sampedro

Cada vez oímos más el término *economía* en todos los ámbitos de nuestra vida, pero ¿qué es la economía? Podríamos pensar que es algo relativamente reciente relacionado con los bancos, la Bolsa y los tipos de cambio. ¡Nada más lejos de la realidad!

Hace años, el economista José Luis Sampedro (fallecido en 2013) parafraseó el famoso poema de Gustavo Adolfo Bécquer en una de sus obras dedicada a la economía. La verdad es que el autor no pudo estar más acertado: cualquiera de nosotros, cuando compra en una tienda, cuando ayuda en las tareas del hogar, cuando elige a qué dedicar sus ahorros o cuando opina sobre las actuaciones de los políticos está haciendo economía. Por ello, Sampedro considera que «economía eres tú», que lees este libro, al igual yo, que lo estoy escribiendo, y cualquier otra persona que está con nosotros. Comprenderemos que la economía nos sirve para entender las decisiones que toman los políticos, para manejar mejor nuestros ahorros, para tener una opinión más clara acerca de si preferimos que suban el IVA o los impuestos sobre la luz, entre otros aspectos.

¡Empecemos!

¿QUÉ SABEMOS DE?

1 > ¿Qué piensas que vas a aprender en Economía?

2 > ¿Cómo podrías explicar con tus palabras que unos países hayan crecido tanto económicamente y otros tan poco?

3 > Tu economía y la de un estudiante de tu edad de un país en desarrollo, ¿serían similares? Razona tu respuesta.

1 ¿Qué es la economía?

Del mismo modo que la gravedad surtía efecto entre dos cuerpos mucho antes de que Newton enunciase dicha ley, la economía existe desde el principio de los tiempos, mucho antes de que los teóricos centrasen su objeto de estudio en ella, se le pusiese nombre o estuviera presente en las noticias de actualidad como sucede hoy en día.

La **Economía** se define como una ciencia social que trata de asignar correctamente los escasos recursos existentes para satisfacer las necesidades de los agentes.

Esta es **la esencia de la economía:** la **escasez de recursos.** Si en nuestro mundo estos no fueran escasos, podríamos producir todos los bienes y servicios en cantidades ilimitadas y daría igual no usar los recursos eficientemente, ya que al final todos tendríamos lo que necesitásemos. Ahora bien, la realidad es otra. Lo que nos encontramos es la presencia de recursos escasos en contraposición a necesidades prácticamente infinitas, lo que determina que la ciencia económica se vea continuamente en la **necesidad de elegir.** Por ejemplo, decidimos entre comprar un televisor nuevo o irnos de vacaciones, en la medida en que no tenemos recursos para hacer ambas. Así, **James Buchanan,** Premio Nobel de Economía en 1986 por su teoría de la elección pública, define la economía como «la ciencia de la elección».

La economía ha existido desde siempre, pero como ciencia social surge a raíz de la obra de **Adam Smith,** *La riqueza de las naciones,* de 1776. Por lo tanto, la Economía se considera, como dice Paul Samuelson, «la más antigua de las artes y la más moderna de las ciencias».

Dentro de las ciencias, la Economía estudia los problemas relativos a la actividad humana, el comportamiento de los individuos como miembros de un grupo social. Sucede que los seres humanos aprendemos de la experiencia y modificamos nuestro comportamiento, lo cual complica enormemente las predicciones económicas. Una molécula, un electrón o una estrella no cambian su comportamiento en función de la experiencia previa, pero los seres humanos sí lo hacen. Además, dichas ciencias se encuentran con la dificultad de no poder llevar a cabo una experimentación controlada del tipo que realizan las ciencias naturales, porque no se puede experimentar con las personas.

EJEMPLO

Si el Estado subiera los impuestos sobre el tabaco y su demanda cayera, podríamos concluir que se ha debido a la subida de precios, pero no sabemos si, además, ha influido una mayor conciencia por parte de la población sobre los problemas de salud derivados del tabaco o bien no se trata del precio en sí, sino de que una gran parte de la población está en paro y no puede pagar ni ese precio ni otro.

Llegados a esta situación, ¿qué podemos hacer para avanzar en el conocimiento si no podemos llevar a cabo experimentos? Utilizamos **modelos económicos.**

Para saber más

¿De dónde proviene el término *economía*?

La palabra *economía* procede del griego, οἰκονομία *(oikonomía):* de οἶκος (*oîkos*, 'casa') y νέμειν (*némein*, 'distribuir', 'administrar'). Literalmente significa 'administración del hogar'.

Es importante que nos demos cuenta de que economía es todo aquello que implique recursos y necesidades, y que desterremos la idea de pensar que economía son exclusivamente la Bolsa, los bancos o los beneficios.

Esto es economía.

Esto también es economía.

Del mismo modo que al perdernos en una ciudad utilizamos un mapa, que sin ser una fiel imagen de la realidad nos ayuda a situarnos, en economía utilizamos modelos.

Un **modelo económico** consiste en simplificar un hecho hasta sus características principales, de manera que se establece la relación que existe entre dichas variables.

Un modelo, por tanto, obvia determinados aspectos, se centra en lo principal y recurre normalmente al uso de gráficos y de las matemáticas. Así, al simplificar determinados aspectos de la realidad nos alejamos de ella.

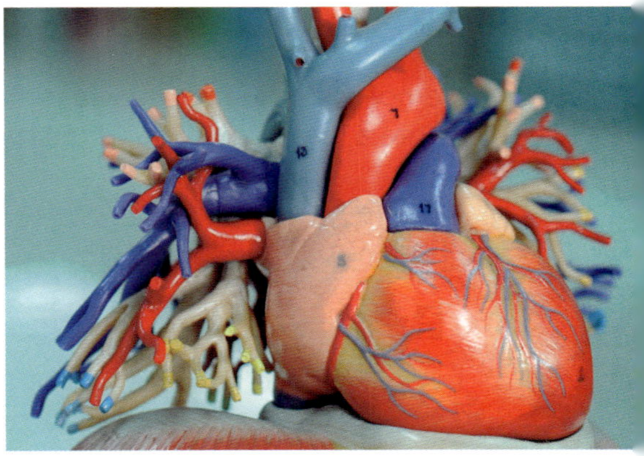

Cualquiera de nosotros ha estado en contacto con esqueletos de plástico, reproducciones de ojos, aparatos digestivos, etc., en los laboratorios del instituto, que no son la realidad pero nos ayudan a entenderla. En economía sucede igual: empleamos modelos para entender mejor lo que sucede en la realidad.

1.1. La relación entre Economía y otras disciplinas

Economía

Historia

En primer lugar, la Economía interactúa con la Historia. En palabras del economista John Kenneth Galbraith: «No se puede entender la economía sin conocimiento de su historia. Las ideas económicas siempre son producto de su época y lugar; no se las puede ver al margen del mundo que interpretan».

Matemáticas

Esta ciencia se utiliza para analizar y cuantificar los hechos económicos.

Filosofía

La Economía va unida a la Filosofía y a la Ética o moral. Por ejemplo, durante siglos, hasta el siglo xv, no estaba bien visto enriquecerse por prestar dinero a cambio de un tipo de interés, como consecuencia de la influencia de la ética o moral cristiana.

Demografía

Ciencia que se ocupa del estudio de la población, de los movimientos migratorios y aporta a la Economía la mano de obra. Por su parte, a través de su actividad y nivel de desarrollo, la Economía influye en la natalidad, en la esperanza de vida y demás aspectos que mejoran la calidad de vida. Uno de los autores más destacados en este ámbito fue Thomas Robert Malthus.

Derecho

La Economía toma del Derecho las leyes que regulan la actividad de los agentes económicos.

Literatura

La Economía se sirve de la Literatura para divulgar sus teorías.

ACTIVIDADES

1 > Investiga quién era Thomas Robert Malthus y en qué consiste la Ley de la población.

2 > ¿Por qué es tan necesaria o importante la Historia para la Economía? ¿Y la Literatura?

3 > ¿La economía ha existido desde siempre? Razona tu respuesta.

1.2. Las necesidades y los bienes

Hemos visto que la esencia de la economía es la escasez de recursos frente a las necesidades ilimitadas.

Una **necesidad** es una sensación de carencia de algo que se acompaña o viene unida al deseo de satisfacerla.

EJEMPLO

Tengo la sensación de que quiero comer algo y se acompaña del deseo de ir a la cocina a coger una fruta o, si estoy en el instituto, de que llegue el recreo para comer el bocadillo que he traído.

Estas necesidades se convierten en consumo y, por tanto, se satisfacen cuando existe un poder adquisitivo que nos respalda. En los dos ejemplos anteriores hemos necesitado una capacidad de compra que permitiera tener la fruta que estaba en la nevera o el bocadillo que llevábamos en la mochila.

1.2.1. Tipos de necesidades

Una vez que conocemos qué son las necesidades, vamos a estudiar a continuación diferentes criterios para clasificarlas.

Necesidades vitales o primarias: comer, beber, dormir.

En función de su naturaleza:

- **Necesidades vitales o primarias.** Son aquellas de las que depende la supervivencia de la especie. Ejemplo: comer, beber, dormir, etc.
- **Necesidades secundarias.** Aquellas que aumentan el bienestar de los individuos, su calidad de vida, y varían o están en función de la época en que nos ha tocado vivir a cada uno. Ejemplo: ahora nuestra calidad de vida está relacionada o vinculada a internet, el ocio, los viajes, etc.

En función de su dimensión temporal:

- **Necesidades presentes.** Son las que sentimos en el momento actual. Ejemplo: ahora necesitáis aprobar Economía de 4.° de ESO.
- **Necesidades futuras.** Son las que sentiremos en un momento posterior. Ejemplo: el próximo año necesitaréis aprobar Economía de 1.° de Bachillerato.

Según el carácter con el que se presentan:

- **Necesidades recurrentes.** Ejemplo: la necesidad de beber agua.
- **Necesidades ocasionales.**

EJEMPLO

La necesidad de tomar un McFlurry con caramelo del McDonald's. Obviamente, dependiendo de nuestras preferencias, será más o menos ocasional pero, en cualquier caso, será más recurrente nuestra necesidad de tomar agua.

Necesidades secundarias: internet, ocio, viajes...

Vamos a estudiar ahora una de las clasificaciones de las necesidades más conocidas: la pirámide de Maslow.

ACTIVIDADES

4 > Razona. ¿Crees que es igual de importante para tu supervivencia el acceso al agua que conectarte a Twitter o a Facebook?

Para Maslow, las necesidades de los individuos siguen un orden jerárquico, motivo por el cual las representa en forma de pirámide.

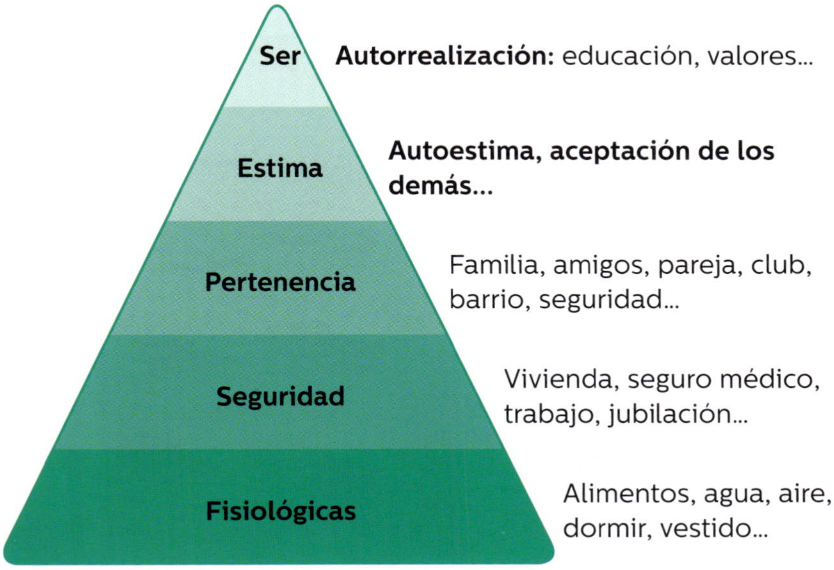

Abraham Maslow (1908-1970)

Psicólogo estadounidense cuya principal aportación teórica es la pirámide de las necesidades.

Como puedes observar, se establecen cinco niveles de necesidades: los dos primeros, necesidades físicas y necesidades de seguridad, constituyen las **necesidades de orden inferior;** por su parte, los tres niveles más altos forman las **necesidades de orden superior.** Observa que la forma de pirámide es muy adecuada, ya que las necesidades físicas, las que están en la base, las tenemos todos y, por eso, ocupan la mayor extensión, mientras que la necesidad de autorrealización solo la tendrán aquellos que hayan superado los cuatro niveles previos.

ACTIVIDADES

5 > Vamos a reflexionar sobre lo aprendido de las necesidades con el siguiente texto.

«Animado ya al verme en sitio seguro, empecé a mirar en torno mío, para ver en qué lugar me hallaba y qué era lo primero que tenía que hacer. Pronto vi disminuirse mi alegría y pensé que mi situación era horrorosa; porque estaba mojado y no tenía ropas para secarme; sentía apetito y no disponía de nada para comer; estaba sediento y no tenía nada que beber; me hallaba débil y no contaba con qué fortalecerme; no veía otra perspectiva que la de morirme de hambre o ser devorado por las fieras; y lo más triste es que no poseía ningún arma para conseguir algún alimento por medio de la caza o para defenderme contra cualquier criatura que quisiera quitarme la vida para sostener la suya; en una palabra, no llevaba encima más que una navaja y un poco de tabaco en una petaca; a eso se reducían todos mis recursos».

Daniel Defoe, ***Robinson Crusoe***

¿Se puede considerar el párrafo anterior un texto económico? Justifica tu respuesta.

1.2.2. Tipos de bienes

El concepto de *bien* es correlativo al de *necesidad*. Un **bien** es todo aquello que sirve para cubrir directa o indirectamente las necesidades o deseos de los seres humanos.

EJEMPLO

El agua es un bien que calma nuestra sed y que riega los campos, el libro de Economía es un bien que cubre nuestra necesidad de aprender y el móvil es un bien que nos sirve para satisfacer nuestra necesidad de comunicarnos.

De entre todo el conjunto de bienes, la economía se va a interesar por los denominados **bienes económicos,** que son aquellos que no se encuentran a disposición de los seres humanos de forma gratuita y libre; por el contrario, son bienes escasos, de obtención costosa y se contraponen a los denominados **bienes libres** o gratuitos, que son aquellos que existen en cantidad suficiente para satisfacer a todo el mundo.

EJEMPLO

Bienes económicos son el oro, el petróleo, los ordenadores, etc. Los bienes libres son la luz del sol, el aire, el agua del mar, la lluvia, los espacios naturales, etc.

Los bienes se pueden agrupar en distintas clasificaciones:

Según su materialidad:

- **Bienes tangibles** o corpóreos, denominados *bienes*. Ejemplo: una mesa.
- **Bienes intangibles,** denominados *servicios*. Ejemplo: un corte de pelo, la educación, etc. Podemos tocar a la persona que los presta, pero no el servicio en sí.

Según su función o naturaleza:

- **Bienes de consumo.** Aquellos que sirven para cubrir directamente necesidades. Ejemplo: perfumes, zapatos, etc.
- **Bienes de capital.** No atienden directamente una necesidad, sino que se utilizan para producir otros bienes. Ejemplo: una cosechadora, una apisonadora.

Según su duración:

- **Bienes duraderos.** Son aquellos que se pueden utilizar de manera continuada a lo largo del tiempo. Ejemplo: un chalé en la playa, una moto, un lavavajillas, etc.
- **Bienes perecederos:** son aquellos que se consumen y desaparecen rápidamente, es decir, tienen una duración limitada en el tiempo. Ejemplo: un yogur, un bocadillo de calamares, etc.

Según su grado de elaboración:

- **Bienes finales.** Son bienes que ya están listos y preparados para ser consumidos. Ejemplo: una barra de pan.
- **Bienes intermedios.** Aquellos que han de sufrir alguna transformación más para convertirse en bienes finales. Ejemplo: la harina para hacer el pan.

Los zapatos deportivos son un bien económico.

¡OJO!

Un mismo bien puede ser **intermedio** o **final** según el uso que vayamos a darle.

Ejemplos:

- Un tomate es un bien final si lo comemos tal cual, o intermedio si vamos a hacer kétchup.
- Una manzana es un bien final si nos la comemos directamente, o un bien intermedio si con ella hacemos un pastel de manzana.

Según las relaciones que existan entre ellos:

- **Bienes complementarios.** Aquellos que tenemos que consumir al mismo tiempo para cubrir una necesidad. Ejemplo: cepillo y pasta de dientes, lentillas y líquido para las lentillas, etc.
- **Bienes sustitutivos.** Aquellos que cubren la misma necesidad y que, por tanto, elegimos uno u otro. Ejemplo: podemos venir al instituto en coche o en bus, podemos utilizar para esta asignatura folios sueltos o cuaderno, etc.

Según su propiedad:

- **Bienes privados.** Son aquellos que pertenecen a un individuo o grupo de individuos particulares. El que sus propietarios los usen hace que otros no puedan utilizarlos. Ejemplo: un coche, una casa, etc.
- **Bienes públicos.** Se contraponen a los anteriores; son aquellos que pueden ser utilizados por varias personas simultáneamente. Ejemplo: una carretera, un parque público, etc.

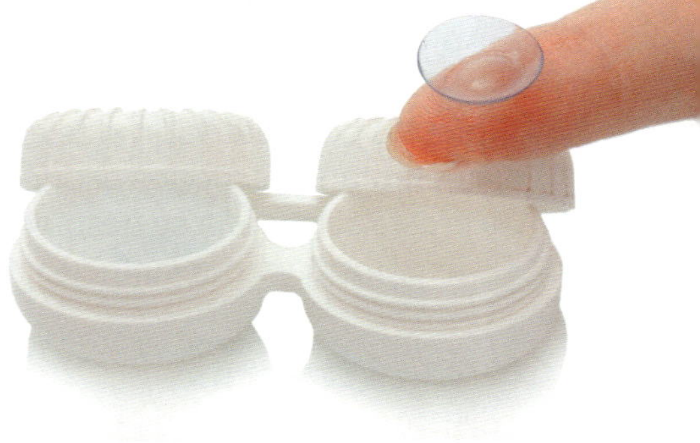
Las lentillas y el líquido correspondiente son bienes complementarios.

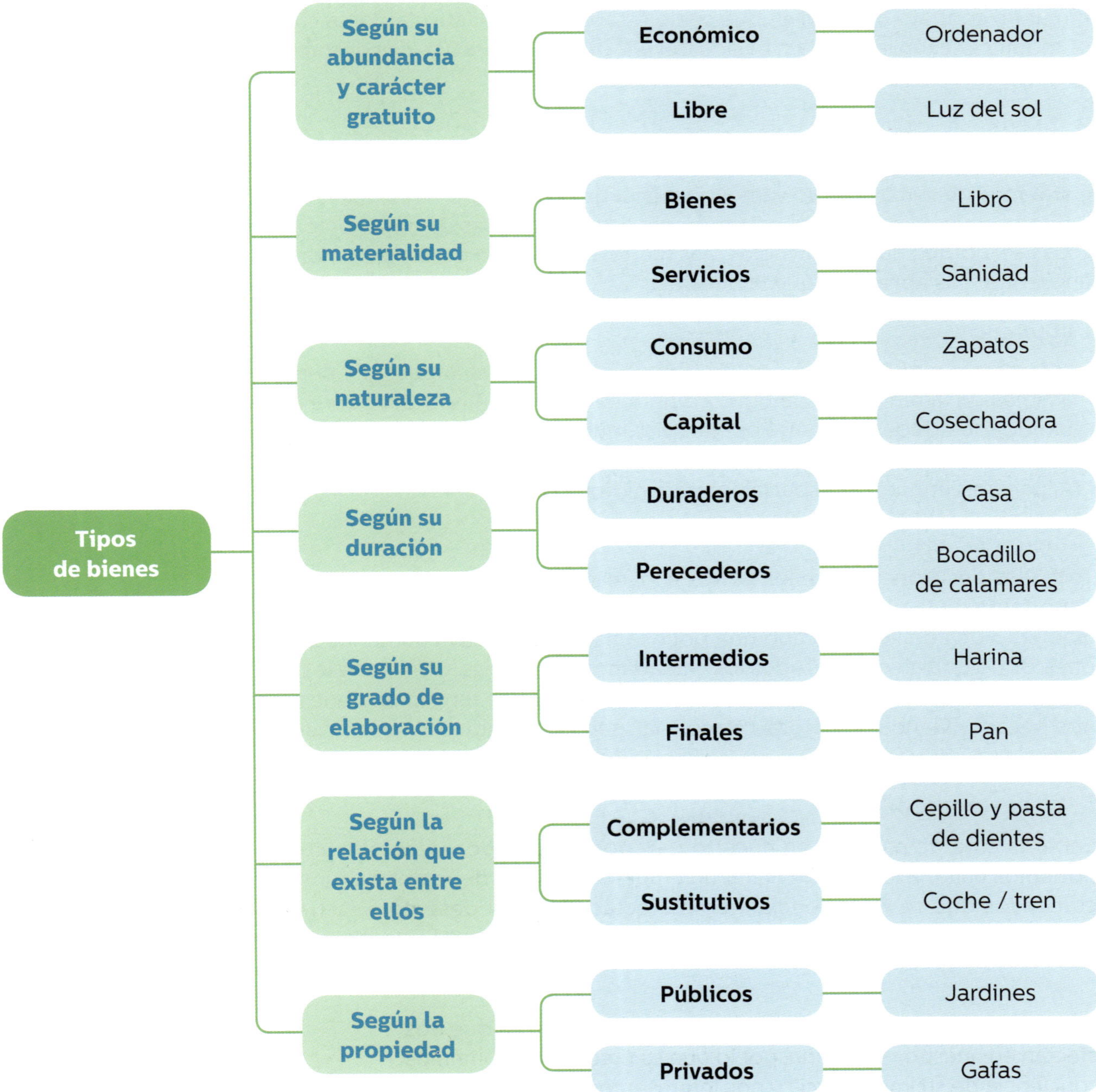

2 El impacto de la economía en nuestras vidas

Antes de seguir profundizando en la economía hemos de tomar conciencia del impacto que tiene en nuestras vidas. Seguramente tú prestas poca atención al telediario o a las páginas de los periódicos que tratan cuestiones económicas; sin embargo, puede que a raíz de esta asignatura se despierte tu interés. Vamos a poner diferentes ejemplos para que aprecies cuán de cerca te afecta la economía.

EJEMPLOS

1. La inflación

La **inflación** se define como la subida generalizada de los precios. ¿Te afecta en tus compras diarias? Por supuesto, pero es que, además, debes tenerla en cuenta cuando se revise tu sueldo, que suele actualizarse con la inflación. También al firmar un contrato de alquiler, que suele establecer una cláusula por la cual este se modifica según la subida o bajada del **IPC (índice de precios de consumo),** que se emplea para medir la evolución de los precios.

Tipo de cambio.

2. El tipo de cambio

El **tipo de cambio** es el precio de una moneda en términos de otra. Debemos seguirlo muy de cerca cuando vamos a viajar a un país que no tiene nuestra misma moneda, ya que si está **depreciada** frente a la nuestra nos da para comprar más cosas allí porque nuestra divisa es más fuerte; lo contrario ocurre si su moneda se encuentra más **apreciada** que la nuestra.

Impuestos.

3. Los impuestos

Podrías pensar que, puesto que no trabajas, tú no pagas impuestos, pero nada más lejos de la realidad. Cualquier compra lleva un IVA (impuesto sobre el valor añadido) que debes abonar. Por ejemplo, muchos de vosotros, en el momento que pongáis gasolina en la moto o en el coche cuando conduzcáis, además del IVA, pagaréis impuestos especiales sobre hidrocarburos.

4. La política fiscal

Todas las decisiones sobre los gastos e ingresos públicos constituyen una parte importante de la política económica de un país denominada **política fiscal.** Si el Gobierno decide llevar a cabo una política fiscal contractiva aumentará los impuestos (lo que afectará a todos los ciudadanos) y, además, disminuirá los gastos públicos, lo que se traducirá en recortes que harán que tengas opciones a menos becas, viviendas de protección oficial, servicios médicos, no se invertirá en infraestructuras y, en general, perjudicará a los servicios públicos.

Desempleo.

5. El desempleo

Saber la cifra de parados en nuestro país nos da una idea de la dificultad que podemos hallar a la hora de hallar un empleo. También debemos fijarnos en los colectivos que se ven especialmente afectados por el desempleo y tratar de formarnos e ir adquiriendo el mayor número de conocimientos y experiencias.

Estos son cinco de los muchísimos factores económicos que nos afectan en nuestro vida diaria, por lo que es preciso que tomemos conciencia de su importancia y nos interesemos por entenderlos.

3 Principios básicos de economía

Una vez vista la importancia de la economía en nuestras vidas, vamos a establecer qué principios nos ayudan en el día a día. En este sentido seguiremos a **Nicholas Gregory Mankiw,** profesor estadounidense de Economía, nacido en 1958, reconocido por varias aportaciones, entre las que destaca la síntesis de sus diez principios económicos. Comentaremos aquí los cinco primeros, que son los relacionados con la toma de decisiones.

¿Cómo se toman las decisiones en economía?

- Los individuos deben elegir y toda elección implica una renuncia
- Se razona en términos marginales
- Se funciona por incentivos
- Costes irrecuperables
- Se tienen en cuenta la solidaridad y la equidad

3.1. Los individuos deben elegir: coste de oportunidad

Dado que la base de la economía se encuentra en la escasez de recursos, nos vemos continuamente en la necesidad de elegir a qué destinamos nuestros recursos. Imaginemos que dispones de una hora para estudiar y debes repasar Economía y Lengua, ya que mañana tienes exámenes. Si dedicas la hora a estudiar Lengua, es tiempo que le estás quitado a Economía, es decir, estudiar Lengua tiene un coste: que no puedes estudiar Economía en ese tiempo. Esa opción a la que renuncias se denomina **coste de oportunidad,** un concepto clave en esta asignatura.

EJEMPLOS

- Este año te planteas si quieres seguir estudiando o ponerte a trabajar, ya que tienes 16 años. Además, si te decides por estudiar, dudas entre cursar Bachillerato o un ciclo formativo. Cualquiera de las decisiones tomadas tiene un coste, de tal manera que, si optas por estudiar sabes que no podrás quedarte en casa ni trabajar ni ganar un sueldo. Si tomas el camino del trabajo no podrás seguir formándote ni tomar otras alternativas. Y si, por último, decides permanecer en casa no podrás continuar con tu formación ni ganar dinero trabajando. En todas las opciones siempre renuncias a algo, y eso a lo que renunciamos es a lo se llama *coste de oportunidad.*
- El Estado también debe elegir a qué dedicar los recursos, y su elección le lleva a incurrir en coste de oportunidad. Imaginemos que el Estado dispone de 2 millones de euros que puede dedicar a conceder más becas a los estudiantes universitarios o ayudas para discapacitados. Podrías pensar que si aporta 1 millón de euros para cada causa entonces no hay coste de oportunidad, pero es falso. Si dedica 1 millón de euros a becas ese monto no lo puede dedicar a otro fin. Por lo tanto, ese dinero dedicado a becas sí ha tenido un coste de oportunidad.

ACTIVIDADES

6 > Probablemente tienes algún dinero ahorrado que esperas destinar a algún fin.

Pon un ejemplo en el que muestres el coste de oportunidad de destinar tus ahorros a algo determinado.

3.2. Pensamos en términos marginales

Cuando los individuos tomamos decisiones rara vez lo hacemos en términos de todo o nada, solemos razonar en términos marginales.

EJEMPLOS

- Vamos a comprar un ordenador nuevo y cuando estamos en la tienda nos ofrecen un ordenador mejor, con una tarjeta de resolución gráfica más potente y de mayor calidad por 100 euros más. En ese momento no nos planteamos si compramos un ordenador o no, eso ya está decidido, lo que nos planteamos es si estamos dispuestos a pagar algo más (coste marginal), 100 euros, por obtener algo más (beneficio marginal), una mejor tarjeta gráfica.
- Del mismo modo, queremos reformar nuestra casa y hemos pedido una valoración de las diferentes mejoras que vamos a efectuar. El presupuesto que nos han dado es de 12 000 euros, pero nos sugieren que por 3000 euros más podríamos tener el piso pintado y el suelo de parqué. De nuevo encontramos que la decisión no es si hacer o no la obra, la decisión es si nos interesa, por 3000 euros más (coste marginal), tener mejor suelo y el piso pintado (beneficio marginal).

En un crucero podemos plantearnos que por 200 euros más (coste marginal) obtenemos un camarote exterior con mejores vistas (beneficio marginal).

3.3. Las personas funcionan por incentivos

Las personas nos sentimos motivadas ante determinados estímulos o incentivos que nos animan a pensar o actuar de una forma determinada.

EJEMPLO

Un alumno puede no tener ningún interés en pasar sus tardes de verano completando test en la autoescuela y recibiendo clases teóricas acerca de cómo actuar en una glorieta o cómo cambiar un neumático. Ahora bien, el estímulo de que podrá conducir, superados los exámenes práctico y teórico, lo motiva, y se acaba apuntando a la autoescuela. En este caso, la obtención del carné de conducir es el estímulo.

La presencia de incentivos hace que nos motivemos para llevar a cabo diferentes esfuerzos.

En términos más económicos, si pretendemos que una empresa deje de contaminar podemos ofrecerle estímulos positivos, es decir, subvenciones y ayudas para aquellas empresas que cuiden el medioambiente; o estímulos negativos, es decir, sanciones y multas para aquellas que contaminen por encima de los umbrales máximos establecidos.

Del mismo modo, si pretendemos favorecer la contratación de determinados colectivos, como mayores de 45 años o jóvenes sin experiencia, debemos motivar a las empresas y, en ese caso, podemos ofrecerles reducciones en las cotizaciones a la Seguridad Social.

ACTIVIDADES

7 > ¿Qué estímulos se te ocurre que podrías ofrecerle a tu profesora o profesor para que vinieran más motivados a darte clase?

8 > ¿Qué podría hacer un empresario para motivar a sus trabajadores y que, así, fueran más productivos?

3.4. La presencia de costes irrecuperables

Los costes irrecuperables son aquellos que una vez asumidos no podemos recuperar y que, por tanto, no deberían condicionarnos dado que hagamos lo que hagamos es un dinero que jamás recuperaremos.

EJEMPLOS

- Siguiendo con el análisis de los costes irrecuperables, supongamos que nos hemos comprado unos patines con la idea de aprender a patinar, pero después de un mes de uso decidimos que el patinaje no es lo nuestro. El gasto realizado no es recuperable. Ahora podemos valorar si merece la pena venderlos de segunda mano a un precio mucho menor o guardarlos en el trastero.
- Imaginemos que hemos comprado la entrada para acudir a un concierto de un grupo de rock. Una vez en el concierto, por el cual hemos pagado 20 euros, descubrimos que no nos gusta el grupo. Entonces deberíamos irnos, dado que los 20 euros no los vamos a recuperar y quedándonos allí solo vamos a perder el tiempo, además del dinero. Los 20 euros de la entrada es lo que se denomina coste irrecuperable y, aunque es cierto que no deberían condicionarnos, el hecho es que muchos de nosotros nos quedaríamos en el concierto.

3.5. Otros principios: equidad y solidaridad

Aunque siempre se insiste en que el ser humano es un ser racional que trata de maximizar sus beneficios o su utilidad, últimamente se debate sobre dónde debe buscarse dicha utilidad.

En efecto, una empresa debe obtener beneficios. Sin embargo, ¿tiene que conseguir siempre las máximas ganancias o podría conformarse con unos rendimientos altos, aunque no fueran los máximos, y tener a sus trabajadores menos estresados?

Los países asientan sus modelos económicos sobre la base del crecimiento. Para que todo mejore debemos crecer, pero ¿es posible que todos los países lo hagan indefinidamente? ¿Ese crecimiento no tiene unos límites?

Por otro lado, los individuos tratamos de maximizar nuestro consumo, aunque cabe preguntarse: ¿estamos llevando a cabo un consumo lógico? ¿Necesitamos todo lo que consumimos?

Cada vez más voces se alzan para alertarnos de los peligros de un excesivo consumo, del deterioro medioambiental y para despertar en los países y en los ciudadanos que los integran una mayor conciencia colectiva que busque la equidad* y la solidaridad*. Por estos motivos, las personas tomamos decisiones, valoramos los costes irrecuperables, nos sentimos motivados por determinados incentivos y apostamos o intentamos tener en cuenta ciertos parámetros de solidaridad y equidad que nos lleven a una economía mejor para todos.

VOCABULARIO

equidad: justicia, imparcialidad, dar a cada uno lo que se merece, tratar a todos por igual teniendo en cuenta sus diferencias.

solidaridad: sentimiento de unidad, de conjunto por el cual los individuos son capaces de pensar en otros individuos como semejantes.

ACTIVIDADES

9 > ¿Conoces o has estudiado algún acontecimiento en el que la solidaridad haya disminuido las negativas consecuencias iniciales?

10 > Busca dos acciones que lleve a cabo el Gobierno buscando la solidaridad y debate en clase si existe algo en contra de dichas medidas.

4 Problemas económicos y formas de abordarlos

4.1. Pobreza y escasez

Nos ha tocado vivir en un mundo determinado por la **escasez.** Cualquiera de los que estáis leyendo este libro es más que probable que quisiérais hacer varias cosas (comprar ropa, recibir clases de guitarra, tenis o fútbol, o asistir a una fiesta) y que vuestra paga semanal no sea suficiente para hacer todo lo que deseáis. En tal caso, vuestros recursos son escasos en comparación con vuestras necesidades. Ahora bien, una cosa es sentir escasez porque no puedo cubrir todas mis necesidades y otra **no tener recursos** ni siquiera para **las necesidades primarias;** en este caso es cuando hablamos de **pobreza.**

El agua potable es muy escasa en varios lugares del mundo.

Según el nobel de Economía, **Amartya Kumar Sen,** existen dos tipos de pobreza: la **pobreza de renta** y la **pobreza** debida a la **privación de capacidades.** Es por ello que, si queremos luchar contra la pobreza, no podemos limitarnos únicamente a la reducción de la renta, también debemos tratar de mejorar las capacidades humanas y luchar de esta forma contra la discriminación sexual, el analfabetismo, etc.

4.2. Interrogantes básicos de la actividad económica

Todas las sociedades, ya sea una simple, como la de Robinson Crusoe, o una compleja, como la sociedad española actual, deben enfrentarse a los mismos interrogantes básicos, sintetizados por el economista **Paul Samuelson:** ¿Qué producir? ¿Cómo producir? ¿Para quién producir?

En otras partes, parece que el agua es más abundante y se destina a regar los campos.

¿Qué producir?

¿Qué producimos: más bienes o más servicios? ¿Bienes de consumo, como la ropa, o bienes de capital, como las máquinas? Si nos decidimos por producir ropa, ¿qué tipo de ropa?, ¿mucha de poca calidad o poca de mucha calidad?

Respondemos a estas cuestiones teniendo en cuenta los gustos o preferencias de los individuos y los recursos disponibles. Dado que sabemos que los recursos son escasos y susceptibles de usos alternativos, tendremos que elegir a qué los dedicamos. ¿Producimos más alimentos que cubran necesidades primarias o más joyas que cubran las secundarias?

ACTIVIDADES

11 > Observa las dos fotografías de esta página y responde: ¿crees que los recursos en el mundo son escasos o piensas que, más que una cuestión de escasez, se trata de una mala distribución? Razona tu respuesta.

¿Cómo producir?

Cuando nos decidimos por producir determinados bienes o servicios ¿cómo lo hacemos?: ¿utilizamos técnicas manuales o mecánicas?, ¿empleamos más energía solar o más energía nuclear?, ¿más trabajadores o más máquinas?, ¿sistemas contaminantes más baratos o sistemas caros y menos contaminantes?

Aquí solamente existe consenso en un aspecto y es, de nuevo, que, dada la escasez de recursos, debemos producir del modo más eficiente posible.

¿Para quién producir?

¿Para quién serán los bienes producidos? ¿Quién disfrutará los servicios que se realicen? ¿Cómo se repartirá el total de lo elaborado? ¿Se hará de una forma igualitaria o se permitirá que unos acumulen más que otros? ¿Tendrá todo el mundo acceso a los bienes y servicios? ¿Se establecerán unos bienes y servicios mínimos para todos los ciudadanos con menos recursos?

Las sociedades más tradicionales siguen haciendo uso de sus antiguos modos de vida.

4.3. Formas de responder a los grandes interrogantes

Normalmente las decisiones a los tres interrogantes se toman teniendo en cuenta: la tradición, la autoridad o el mercado.

Tradición

Las sociedades más primitivas suelen resolver sus problemas acudiendo a la tradición, a las costumbres transmitidas de generación en generación. Todo se decide en virtud de unos usos que surgieron en el pasado y se han consolidado a lo largo del tiempo. Los hijos heredan el trabajo de los padres y, de esta forma, nos aseguramos lo que hay que producir. Se distribuye de manera, tal vez, tosca o un poco ruda. Tradicionalmente la mujer ha recibido menos en este tipo de sistemas. El principal problema de basarse en la tradición es que se responde al «cómo se hace» con un «como siempre» y, por tanto, no se lleva a cabo ningún progreso económico.

Bajo la amenaza de la autoridad se han construido algunas de las más bellas creaciones de nuestro patrimonio mundial.

Autoridad

Las decisiones son tomadas por la autoridad existente. Así, los faraones de Egipto mandaron construir obras tan colosales como las pirámides; o los emperadores romanos ordenaron levantar templos, palacios y otros edificios como el Coliseo. Es una forma que funciona bien en tiempos de crisis (guerras o hambrunas) y tiende a mantener cierta igualdad entre los ciudadanos. El principal problema radica en que la autoridad no conoce la totalidad de las preferencias de la sociedad y suele cometer errores respecto a qué producir.

Mercado

La forma de adoptar las decisiones económicas sobre los bienes (qué, cómo y para quién se producen) se toma en el mercado, a través del mecanismo de los precios. Este sistema se basa en la soberanía del consumidor, el cual expresa sus preferencias comprando aquellos bienes que desea. Esto hace que aumente el precio de los bienes demandados y esta señal indica al productor qué debe producir. Además, puesto que el productor busca los máximos beneficios, trata de minimizar costes y producir eficientemente.

El mercado regula la oferta y la demanda de los productos.

5 Los agentes económicos

En este apartado vamos a estudiar quiénes son los protagonistas de la economía, quiénes toman las decisiones de qué, cómo y para quién producir, y quiénes, condicionados por unos recursos escasos, tratarán de cubrir sus necesidades.

Familias o economías domésticas

Son aquellos agentes económicos cuya **función** principal es **consumir.** Se trata de las unidades básicas de consumo.

Se plantean como principal objetivo maximizar la utilidad de los bienes y servicios cubriendo el mayor número de necesidades condicionadas por unos recursos escasos.

¿De dónde proceden los recursos de las familias? Principalmente del trabajo, pero también pueden proceder de la tierra, del capital, etc. Profundizaremos en esta idea en el siguiente epígrafe, denominado *El flujo circular de la renta.*

Empresas

Son aquellos agentes económicos cuya **función principal** es **producir bienes y servicios,** es decir, son unidades básicas de producción. Se plantean como principal objetivo maximizar sus beneficios y se enfrentan al problema económico de tratar de usar los recursos de la manera más eficiente posible, para poder ser rentables y sobrevivir en el mercado. Las empresas, además de producir bienes y servicios, contratan los factores productivos, tal y como veremos en el siguiente epígrafe.

Estado

El **Estado o sector público** se define como el conjunto de instituciones y organismos que regulan las decisiones de un país en diferentes materias, tales como política, economía, cultura, etc.

La principal función del Estado es regular la actividad del país e intentar que todo funcione mejor, creando para ello un marco legal. Además, actúa como consumidor y como productor.

EJEMPLO

El Estado ejerce de consumidor cuando demanda pizarras para los colegios públicos y ejerce de productor cuando presta un servicio sanitario en alguno de los hospitales públicos existentes.

Su problema económico básico consiste en tratar de atender el mayor número de necesidades colectivas, lo que intenta conseguir a través los Presupuestos Generales del Estado.

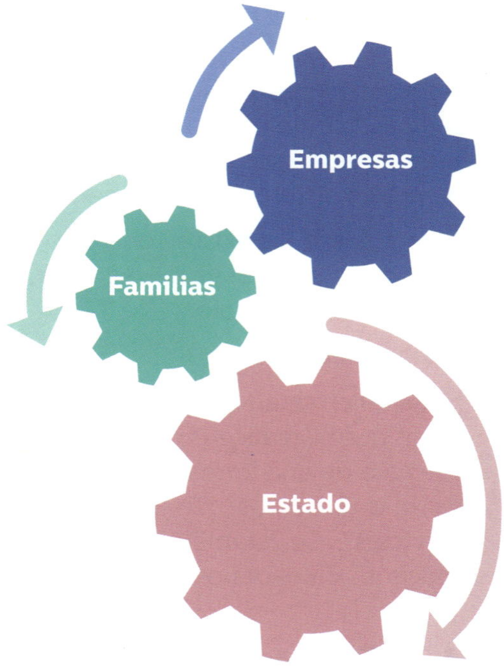

Los tres agentes económicos principales.

La unión hace la fuerza

La *startup* Predictiva es una empresa malagueña que ha creado una tecnología de voz que analiza e interpreta las llamadas telefónicas de atención al cliente. Esta empresa, dedicada a la inteligencia artificial y apoyada por Andalucía Emprende (entidad adscrita a la Consejería de Empleo, Formación y Trabajo Autónomo de la Junta de Andalucía), ha captado recientemente un fondo de 2,6 millones en su primera ronda de financiación. Con esta inyección de capital, la compañía continuará con su estrategia de crecimiento y acometerá un ambicioso plan de expansión internacional en EE. UU. y Latinoamérica.

Fuente: <https://bit.ly/3faWeio>

ACTIVIDADES

12 > Indica qué agente económico representa cada uno de los siguientes ejemplos:

- IBM
- La Junta de Andalucía
- La familia del alcalde de Zaragoza
- Burger King
- Un estudiante de Bachillerato de Ciencias Sociales
- El enfermero de una clínica pública

6 El flujo circular de la renta

El **flujo circular de la renta** representa de forma esquemática las relaciones de intercambio que se producen entre los diferentes agentes económicos.

Es un modelo muy utilizado por su simplicidad. Debemos su origen al economista **François Quesnay,** quien, sin duda condicionado por sus estudios de Medicina, comparaba el comportamiento de la economía con el del corazón y el flujo de dinero o monetario que se produce entre los agentes económicos con el flujo de la sangre, lo que ha dado como resultado el modelo que nos disponemos a analizar.

Conviene advertir que tiene sentido estudiar el flujo circular de la renta solo en aquellas economías que se apoyan o sustentan en el mercado.

Partiendo de que nosotros vivimos en una economía basada en él, hemos de mencionar, en primer lugar, los dos tipos de mercado que incluye el modelo:

- **Mercado de productos,** también llamado de **bienes y servicios,** en el cual se produce el intercambio de los bienes y servicios necesarios entre los agentes para cubrir sus necesidades.
- **Mercado de factores productivos,** donde se produce el intercambio de los factores **tierra, trabajo** y **capital** a cambio de una retribución. Los dueños de los factores productivos son las familias o economías domésticas y estas, cuando ceden los factores que son de su propiedad, obtienen una retribución que recibe genéricamente el nombre de **renta.**

  Si esta renta retribuye al **factor tierra,** la denominaremos **alquiler.** A veces las tierras no son de nadie, son tierras comunales, por cuyo uso no debemos pagar ningún alquiler y, precisamente por esta característica, tienden a ser sobreexplotadas.

  Si esta renta retribuye al **factor trabajo** se llama **sueldo** o **salario.** Ya sabemos que los sueldos son muy diferentes, entre otras razones porque los trabajadores son distintos debido a su experiencia, formación y habilidades naturales.

  Si esta renta retribuye al **factor capital** se denomina **interés** o **dividendo:** *interés* cuando remunera un capital prestado y *dividendo* cuando remunera el capital propio.

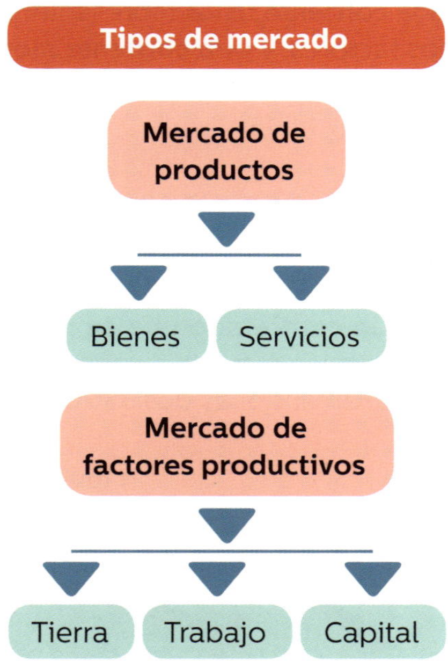

EJEMPLO

Si montamos un negocio de ordenadores con un amigo y aportamos, para empezar, nuestro propio dinero y un préstamo que pedimos al banco, cuando repartamos beneficios una parte la destinaremos a pagar los intereses al banco por el capital prestado y otra parte, que recibe el nombre de *dividendos* nos la repartiremos entre nosotros como socios de la empresa.

Una vez que sabemos que estos son los dos mercados existentes, supongamos una economía en la que solo existen dos tipos de agentes: familias y empresas.

¿Cómo actúan ambos agentes en el mercado de bienes y servicios?

En el mercado de bienes y servicios las **familias** actúan como **demandantes** de dichos productos y, a cambio, deben entregar a las empresas un dinero que representa el precio de dichos artículos.

Por su parte, las **empresas** actúan como **oferentes** y entregan los bienes y servicios a las familias a cambio de recibir el precio de los mismos.

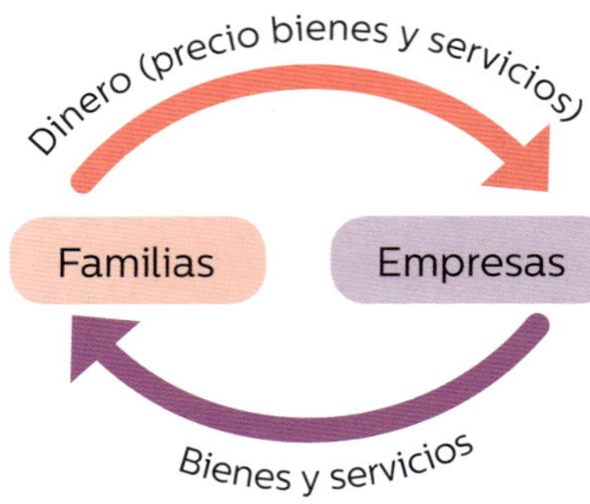

¿Cómo actúan ambos agentes en el mercado de factores productivos?

En el mercado de factores productivos son las **familias** las que actúan como **oferentes** poniendo a disposición de las empresas los factores productivos. A cambio, las empresas deben entregarles las rentas que retribuyen a dichos factores.

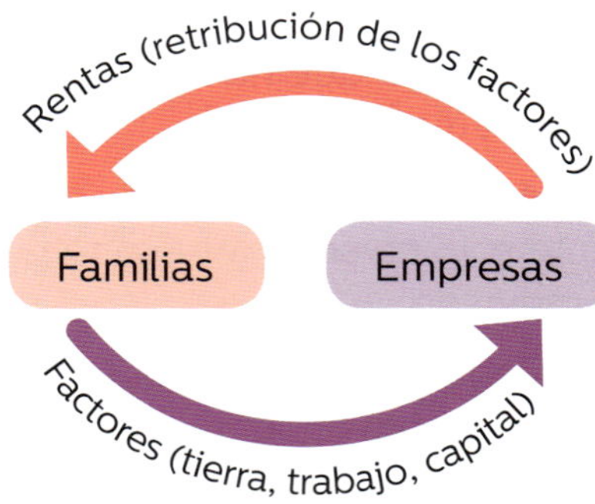

Aparecen en ambos mercados dos tipos de flujos o corrientes: una **corriente física** representada por los bienes y servicios o por los factores, y otra **corriente monetaria** representada por el flujo de dinero que circula entre las familias y las empresas en forma de precios y rentas.

ACTIVIDADES RESUELTAS

Elena y Alicia son dos amigas que van a hacer una fiesta para celebrar sus diez años de amistad. Han contratado una empresa que presta servicios de animación, Divierteté, SA, para que les organice la fiesta a cambio de 600 euros. Por otro lado, ellas dos son empleadas de la banca y ganan entre las dos 3500 euros al mes. Vamos a representar el flujo circular de la renta:

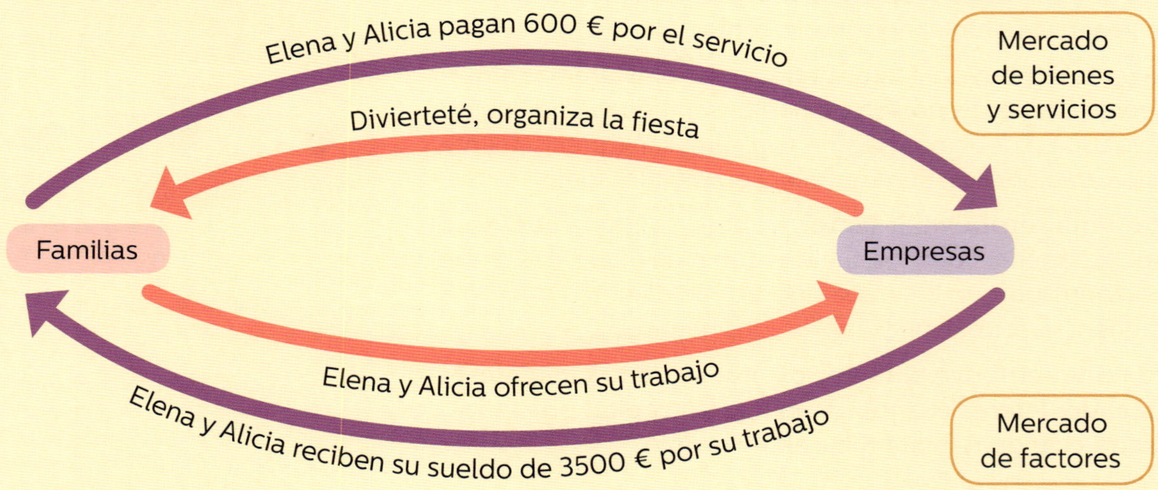

Hemos realizado un supuesto para simplificar la realidad con la premisa de que no había sector público ni sector exterior, pero debemos advertir que las economías actuales y reales tienen ambos sectores. El sector exterior está formado por todos aquellos agentes con los que los agentes residentes mantienen relaciones económicas. Así, la presencia del sector exterior hace que parte de los bienes y servicios se produzcan o se vendan en el exterior, del mismo modo que parte de las rentas retribuyan a factores de fuera. Aunque para un primer curso de economía no suele incluirse el sector exterior, sí es cierto que vamos a considerar, a continuación, al Estado o sector público.

6.1. El flujo circular de la renta con presencia del sector público

El sector público se encarga, en muchas ocasiones, de consumir como si fuera una familia y en otras de producir como si fuera una empresa. Además, el sector público regula la actividad económica a través de los impuestos, transferencias y leyes.

Si representáramos todo lo dicho en un gráfico, sería así:

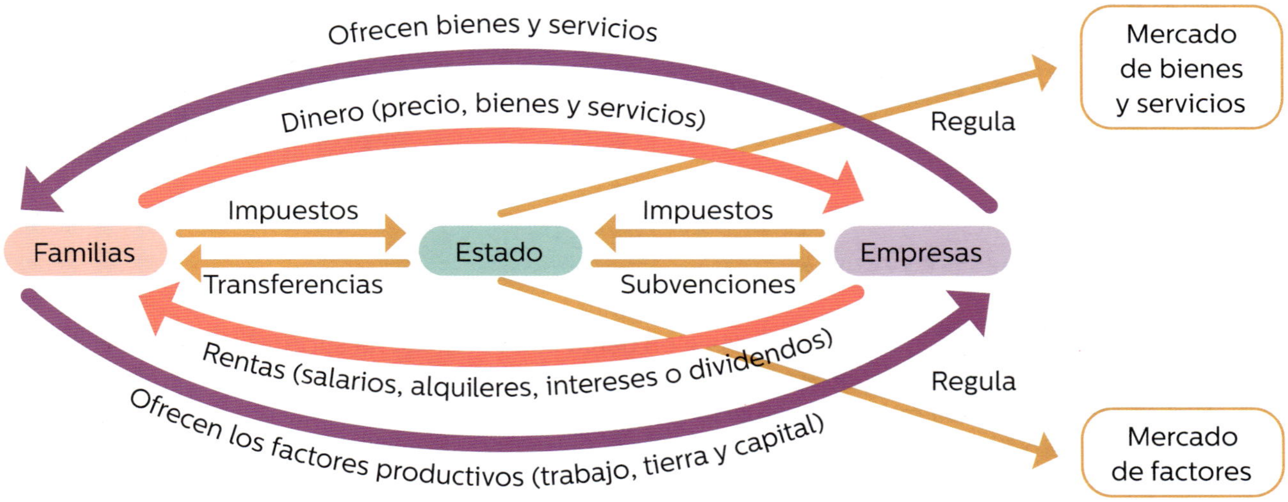

Apliquemos ahora todo lo aprendido.

ACTIVIDADES RESUELTAS

Manuel gana 1600 euros como policía local en Granada. Elena acaba de comprarse un juego de maletas en Zara por valor de 120 euros. Enrique gana 2400 euros trabajando para la empresa Portero Escobar. Raquel recibe un beca para estudiar inglés en el extranjero por valor de 5000 euros. Alicia paga el impuesto sobre la renta por valor de 560 euros.

Vamos a representar el flujo circular de la renta de este caso.

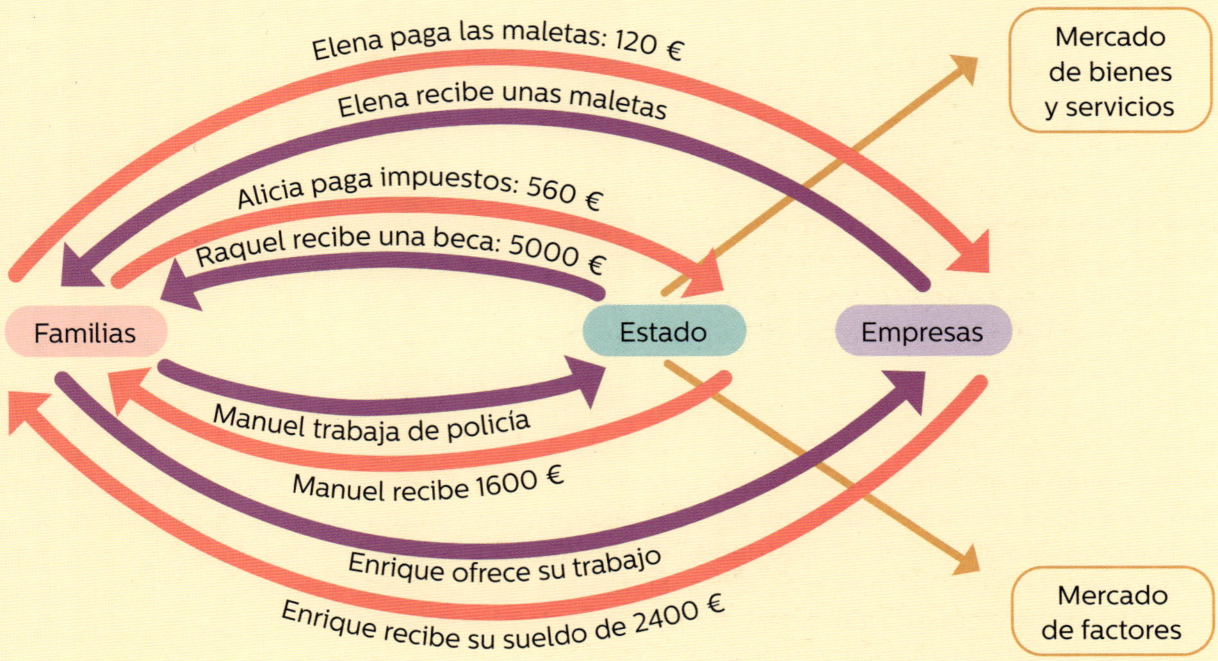

7 La frontera de posibilidades de producción

La **frontera de posibilidades de producción (FPP)** se emplea para representar el problema económico básico de la escasez de recursos y la necesidad de elegir. Muestra la cantidad máxima posible de bienes y servicios que puede producir una determinada economía con los recursos y la tecnología de que dispone y teniendo en cuenta las cantidades de otros bienes y servicios que también produce.

Vamos a construir paso a paso la FPP. Para ello, analizaremos el siguiente caso.

La FPP

Se trata de un modelo económico que simplifica la realidad, al igual que cualquier otro modelo, y su finalidad es ayudarnos a explicarla.

A través de la FPP vemos cómo asignan las sociedades sus recursos para producir y asumen diferentes costes de oportunidad.

ACTIVIDADES RESUELTAS

Imaginemos por un momento que en un viaje en barco con tu familia ha sucedido un imprevisto; de pronto, naufragas y vas a sobrevivir varios meses en una isla desierta. No te preocupes, que al final te salvan, pero de momento estás en la isla desierta. Cada día puedes destinar 10 horas a trabajar, el resto las necesitas para comer, beber, descansar y dormir.

Recuerdas algunas técnicas acerca de cómo se pesca, lo cual te permite conseguir dos peces cada hora que dedicas a pescar. Otras veces decides cazar perdices, pero eso se te da bastante peor y solo consigues una cada hora. Tus únicos recursos son las horas que dedicas a trabajar y lo que puedes hacer es obtener peces o perdices. Reflejamos en la siguiente tabla tus posibilidades de producción.

HORAS DEDICADAS A LA PESCA	PECES	HORAS DEDICADAS A LA CAZA	PERDICES
0	0	10	10
1	2	9	9
2	4	8	8
3	6	7	7
4	8	6	6
5	10	5	5
6	12	4	4
7	14	3	3
8	16	2	2
9	18	1	1
10	20	0	0

Si analizamos la primera fila de esta tabla observamos que si dedicamos 0 horas a pescar obtenemos 0 peces y, al tener las 10 horas de trabajo disponibles para cazar logramos 10 perdices. En la última fila sucede lo contrario, dedicamos las 10 horas de trabajo a pescar, lo cual hace que consigamos 20 peces, en cambio no disponemos de ninguna hora para cazar y, en consecuencia, el número de perdices es 0. En el resto de la tabla podemos observar combinaciones intermedias en las que pescamos y cazamos, y por tanto obtenemos peces y perdices.

ACTIVIDADES RESUELTAS

Si representamos gráficamente el supuesto obtenemos lo siguiente:

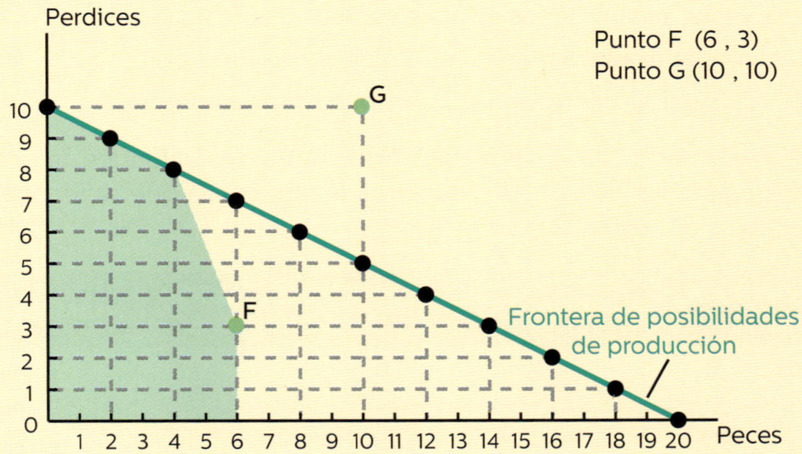

Del análisis del gráfico podemos deducir las siguientes conclusiones:

- Los puntos situados en la FPP representan asignaciones eficientes, en el sentido de que no se puede producir mayor cantidad de un bien sin producir menor cantidad de otro.
- Se denomina *frontera* porque delimita dos regiones:
  - Una **interior a la curva,** que representa **asignaciones ineficientes** con recursos ociosos. Ejemplo: en el punto F es posible aumentar la producción de ambos bienes o, al menos, la de uno sin disminuir la del otro.
  - Una **exterior a la curva,** que representa **posiciones inalcanzables,** dados los recursos y la tecnología disponibles en ese momento. Ejemplo: punto G.
- A través de la FPP es muy fácil deducir el concepto de coste de oportunidad.

Recuerda que el **coste de oportunidad** de un bien se define como la cantidad de otro u otros bienes a los que habrá que renunciar para poder disfrutar del bien elegido.

En la FPP podemos ver que, si los recursos están siendo plena y eficientemente utilizados, producir una cantidad mayor de un bien exigirá necesariamente producir menos de otro; esta renuncia, esta opción que se abandona, refleja el coste de oportunidad.

EJEMPLO

Si estamos situados en el punto que representa 10 peces y 5 perdices, pasar al punto 8 peces y 6 perdices implica una renuncia; hemos dedicado una hora más a cazar y tenemos una perdiz más, pero hemos tenido que renunciar a 2 peces. Esos 2 peces son el coste de oportunidad.

ACTIVIDADES RESUELTAS

Imaginemos que dispones de 5 euros semanales para comprar comida y dudas si gastarlos en dónuts o en hamburguesas. Si compras hamburguesas, cada una de ellas te cuesta 1 euro, y si decides comprar dónuts el precio de los mismos es de 0,5 euros.

Representa gráficamente la frontera de posibilidades de producción con los datos del ejemplo.

Calcula el coste de oportunidad de comprar 3 hamburguesas a comprar 5.

Para llevar a cabo la representación gráfica de la frontera de posibilidades de producción de los dónuts y las hamburguesas, lo primero será construir la tabla en la que se recogen las diferentes opciones que tenemos a nuestro alcance.

DINERO DESTINADO A DÓNUTS	DÓNUTS	DINERO DESTINADO A HAMBURGUESAS	HAMBURGUESAS
0	0	5	5
1	2	4	4
2	4	3	3
3	6	2	2
4	8	1	1
5	10	0	0

Su representación gráfica sería:

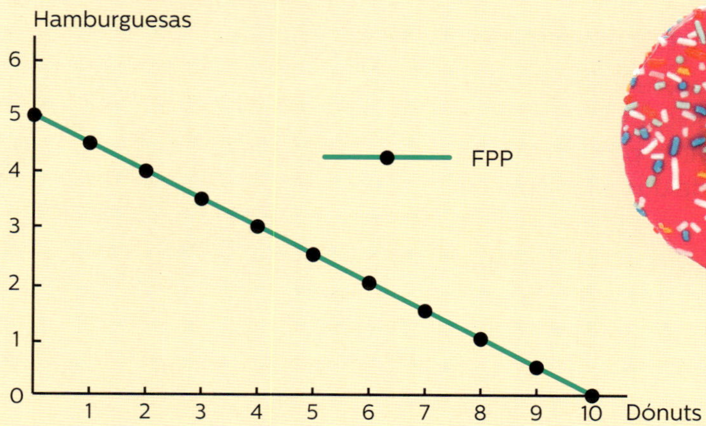

Si pasamos de un punto en el que compramos 3 hamburguesas a otro en el que estamos comprando 5 hamburguesas, significa que hemos destinado 2 euros más a comprar hamburguesas o, lo que es lo mismo, 2 euros menos para comprar dónuts. Si hemos quitado 2 euros de la compra de dónuts, el coste de oportunidad son los 4 dónuts que dejamos de comprar.

ACTIVIDADES

13 > Una empresa debe decidir entre producir ordenadores o *tablets*. Si utiliza los recursos que tiene a su alcance de forma eficiente consigue las distintas combinaciones que aparecen en el gráfico.

a) Representa gráficamente la FPP de esta empresa.

b) Define qué es el coste de oportunidad.

c) Calcula el coste de oportunidad de pasar de A a B y de D a C.

d) Si tuvieras delante una opción que fuera (10, 10), ¿qué significaría?

Opción	Ordenadores	*Tablets*
A	10	15
B	20	10
C	30	5
D	40	0

8 Economía positiva y economía normativa

Es necesario precisar desde el principio que la economía presenta una doble naturaleza: por un lado, debemos definir o considerar la economía positiva y, por otro, la economía normativa.

Economía positiva es aquella vertiente teórica o analítica que explica los hechos tal cual son, la problemática real, lo que está sucediendo.

Economía normativa es aquella vertiente más práctica o política, basada en juicios de valor, que no estudia lo que está sucediendo sino lo que debería estar sucediendo.

En palabras de Paul Samuelson, «La economía positiva describe los hechos de una economía (¿cómo influyen los ordenadores en la productividad?, ¿por qué gana más un médico que un conserje?), mientras que la economía normativa implica juicios de valor (¿debe Estados Unidos dividir Microsoft porque ha infringido la legislación antimonopolio?)».

Si nos damos cuenta, los interrogantes que se plantea la economía positiva tienen una respuesta que podemos resolver a través de la observación. En nuestro caso, podemos analizar la productividad en las empresas con y sin ordenadores para ver qué pasa. Por el contrario, los interrogantes de la economía normativa no tienen una contestación afirmativa o negativa, su respuesta depende de nuestra ética, nuestros valores.

Harriet Marthineau (1802-1876)

Escritora, filósofa, socióloga y activista social, esta inglesa se interesó por las cuestiones económicas de la época. Seguidora de Adam Smith, se propuso explicar conceptos relacionados con la producción, la distribución y la riqueza con un lenguaje accesible a las clases más humildes. Con ese fin publicó una colección de 25 novelas titulada *Ilustraciones de economía política* (1832).

Economía positiva	Economía normativa
¿Qué sucede?	¿Qué debería suceder?

ACTIVIDADES

14 > Indica si las siguientes afirmaciones son verdaderas o falsas y justifica tu respuesta:

- Las necesidades vitales aumentan el bienestar de los individuos.
- El reconocimiento es una necesidad intelectual.
- Cada individuo toma sus decisiones de forma aislada, sin influencias externas.

15 > Ahora que conoces la diferencia entre economía positiva y economía normativa, identifica a qué tipo de economía se refieren los siguientes enunciados:

- El Gobierno anuncia una reducción de la ayuda al desempleo.
- Los economistas creen que la crisis durará hasta el 2020.
- Tu jefe acaba de bajarte el sueldo porque considera que así te esforzarás más para conseguir que vuelva a subírtelo.
- Los precios de los carburantes suben por tercer mes consecutivo.

YouTube y la economía

1. ¿Qué es la economía?

1 El vídeo nos muestra una empresa que tiene que decidir entre producir 10 muebles o 10 000 lápices. ¿Por qué nos dice que la empresa debe elegir?

2 Cuando el vídeo responde al interrogante de cómo producir, ¿qué es lo que nos cuenta?

2. Principios en economía

1 Además de los principios de economía estudiados en la unidad, ¿qué otros principios aparecen en este vídeo? Cítalos.

3. Pirámide de las necesidades de Maslow

En este vídeo se muestran las necesidades de Maslow a través de un personaje conocido por todos, Homer Simpson.

1 ¿Cómo cubre el protagonista de *Los Simpson* cada uno de los niveles de necesidades que enunció Maslow?

2 ¿A través de qué simpático producto nos muestra el vídeo que cubre el protagonista de los Simpson sus necesidades fisiológicas?

3 ¿Qué hace que Hommer sienta más seguridad?

4 ¿Cómo consigue autorrealizarse?

Visualiza este vídeo donde aparece reflejada la teoría de las necesidades de Maslow, que hemos estudiado, a través de imágenes y secuencias de la película *Up*, que muestran los distintos tipos de necesidades.

1 ¿Qué dos necesidades aparecen en el primero de los niveles, en el de las necesidades físicas, para Ellie y Carl, los protagonistas de la película?

2 Indica qué tipo de necesidades cubren las gafas de explorador que lleva Carl?

3 Ellie le da a Carl una chapa cuando son pequeños, ¿qué clase de necesidad cubre dicha chapa?

DIRECCIONES WEB

1. <http://bit.ly/1ljO62X>
2. <http://bit.ly/1HH67gc>
3. <http://bit.ly/1Y3VwWO>
4. <http://bit.ly/1WMda3F>

Cine y economía

Náufrago, EE. UU., 2000, Robert Zemeckis

Este filme retrata la historia de una persona al igual que si leyéramos el relato de *Robinson Crusoe*, de Daniel Defoe. Observamos cómo el personaje principal (interpretado por Tom Hanks) debe aprender a vivir en una isla desierta. La realidad lo fuerza a tomar conciencia de que no tiene bienes con los que cubrir sus necesidades y debe aprender a fabricarlos, así como a proteger su vida de las inclemencias del tiempo.

A lo largo del filme se ponen de manifiesto las diferentes necesidades, sobre todo primarias, que experimenta el protagonista.

Es una película muy recomendable para trabajar algunos de los principales conceptos de economía introducidos en esta unidad.

ACTIVIDADES

1 > ¿Cuáles son las principales necesidades que tiene el protagonista en la isla?

2 > ¿Como trata de cubrir sus necesidades sociales o de pertenencia?

3 > ¿Qué bienes o recursos resultan imprescindibles para poder huir de la isla?

Lecturas de contenido económico

En este libro, *Economía eres tú*, del que podemos saber más consultando la página <www.econoplastas.org>, José Luis Sampedro muestra su visión del mundo de la economía. En palabras del propio autor, «Se impone cada vez más —pese a la resistencia de los intereses establecidos y a la rutina del pensamiento académico en economía— la necesidad de un nuevo desarrollo, humano y ecológico, fruto del sistema de valores correspondiente a una nueva cultura».

ACTIVIDADES

Organiza un debate en torno al libro en el que se responda a las siguientes cuestiones:

1 > ¿Qué valores crees tú que son necesarios para que la economía funcione mejor?

2 > ¿Es posible que todos los países crezcan y mejoren?

Niños africanos en las afueras de una ciudad.

Salir de la calle es posible

El País, **19/10/2018** <https://bit.ly/2Ddge44>

Esta es la historia de Kimuli Isaac, que pasó de una infancia en la mendicidad a ayudar, durante la última década, a más de 200 menores de Kampala, capital de su país, Uganda.

Isaac nació en 1986 en Uganda. Su padre murió cuando él tenía cuatro años y sus parientes se quedaron con su negocio, su casa y todas sus pertenencias. Y las vendieron. Su madre fue obligada a casarse con otro hombre de la aldea, pero ella se negó. Como consecuencia de esta decisión, fue rechazada por todas las familias de su entorno. Al poco tiempo enfermó de cáncer de pulmón y, al no tener nada de dinero, envió a Isaac y a su hermano a Kampala, donde supuestamente un amigo debía recogerlos y hacerles un préstamo para pagar las medicinas.

Cuando llegaron a Kampala nadie apareció, así que Isaac y su hermano pasaron la primera noche en una parada de taxis esperando a que al día siguiente el amigo de su madre llegara. Tenían cinco y seis años respectivamente, y así fue como se convirtieron en niños de la calle. Se alimentaban de los restos de comida que les daba la gente y dormían en la parada de taxis, a pesar de no ser un sitio seguro. Unicef estima que en Kampala existen más de 10 000 menores viviendo en las calles. La principal causa es la violencia doméstica, aunque hay otros factores como la pérdida de parientes (la mayoría afectados por el VIH).

Al segundo día, un grupo de chicos mayores les robaron lo poco que tenían: los zapatos y las camisetas, y se quedaron sin nada. Pero esa misma jornada conocieron a Mark, otro joven de la calle, que les ayudó y les enseñó a moverse por la ciudad. Los menores suelen vivir en guetos donde se sienten más protegidos, el más grande de Kampala es Kisenyi. Los más pequeños sobreviven recogiendo botellas de plástico que luego venden a unos 200 chelines ugandeses el kilo, alrededor de cinco céntimos de euro. Los mayores hacen algunos trabajos como ayudantes en la construcción, de carga en los mercados o limpiando casas.

Mark le enseñó a Isaac algo de *kick boxing* para poder defenderse de los ataques de los chicos mayores en la calle. También a moverse por los barrios de la ciudad, evitando las horas más peligrosas, y localizando los puntos más seguros de Kampala donde pasar la noche.

«La noche era el momento más peligroso; los grupos de chicos mayores que venían drogados de esnifar gasolina nos agredían e intentaban violarnos. Y también sufríamos ataques de varias personas contratadas por gente adinerada que intentaban secuestrarnos para matarnos. Todavía existe la creencia de que para hacerse rico hay que obtener sangre humana a través de un ritual de sacrificio. Yo conseguí sobrevivir a varios ataques de este tipo, pero mi amigo Mark murió a mi lado al recibir una puñalada en el estómago. Vi cómo lo arrojaban a un canal en el barrio de Kivulu por donde desaguan las aguas fecales de Kampala», se lamenta Isaac entre lágrimas.

Tras la muerte de su amigo, Isaac se dio cuenta de que tenía que aprender mejor *kick boxing* para defenderse de los peligros de la calle. Se le daba bastante bien, así que a base de práctica empezó a luchar en peleas ilegales por dinero. Al cabo de unos meses, decidió emplear su tiempo libre y lo que sabía en enseñar a otros niños autodefensa personal.

Los niños de la calle sobreviven en Kampala en condiciones extremas, no suelen tener acceso a agua potable, alimentos, refugio, atención médica, educación y protección. Algunos de ellos consiguen salir de la calle a través de ONG que los rescatan, pero para la mayoría es muy difícil y acaban formando una familia con alguna chica que han conocido en su misma situación. Al carecer también de educación sexual hay muchos embarazos no deseados a edades muy tempranas, y otro de los grandes problemas es el VIH.

Entre lo que ganaba con las peleas y con las clases, Isaac consiguió mejorar su nivel de inglés e ir a la universidad, y su situación fue mejorando hasta llegar el momento de abandonar las calles. En el ataque a su amigo Mark juró que si algún día salía de esa situación ayudaría a otros niños que estaban pasando por lo mismo que él, y así fue como decidió montar *The Dream Foundation of Uganda.*

Con *The Dream Foundation* Isaac pretende ofrecer a los menores de la calle educación y comida, además de ayudarles a buscar una familia que pueda darles un techo donde vivir. Mientras, suelen vivir en guetos donde se sienten más protegidos. Muchos de estos chicos han sufrido agresiones violentas, quemaduras, violaciones y abusos de todo tipo, quedando marcados de por vida con secuelas tanto físicas como emocionales. Los niños de la calle suelen moverse en pequeños grupos para protegerse entre ellos, y los adolescentes cuidan de los más pequeños.

En este último año, la fundación de Isaac ha recibido el apoyo y las donaciones de dos ONG, *WeArtPhoto* y *The Blue Butterflies,* formadas por fotógrafos y videógrafos que, además, se han desplazado hasta Kampala para conocer la situación de primera mano, donde han realizado diversos talleres y juegos con los pequeños. La fundación de Isaac ha ayudado a más de 200 niños como Kalim, que han dejado las calles de Kampala y han sido reubicados entre la casa de acogida de Masaka y diferentes familias del barrio de Mengo.

ACTIVIDADES

1 > ¿Qué es lo que más te he impresionado y entristecido de lo leído en la noticia?

2 > ¿De qué manera eres consciente de que muchos niños viven en el mundo en situaciones como las descritas en esta noticia?

3 > ¿Cómo consigue el protagonista el dinero que le permitió salir de la calle? ¿A qué dedicó dicho dinero?

4 > Busca en internet tres ONG de tu comunidad que destinen su tiempo y recursos a la infancia.

S 1 ¿Crees que alguien de tu edad que vivió en la Prehistoria tenía las mismas necesidades que tú? Justifica tu respuesta.

L 2 Una vez que conoces la teoría de las necesidades de Maslow, imagina que eres un empresario al frente de un equipo de personas. Vamos a describir a cada una de ellas y deberás identificar qué tipo de necesidad sienten y, lo que es más importante, qué vas a hacer para solucionar sus necesidades, puesto que damos por hecho que eres un buen jefe.

- Raúl es un hombre responsable, adora su trabajo y tiene dos hijos; acaba de saber que va ser padre por tercera vez y esto le tiene un poco preocupado; no hace más que calcular su nómina y los gastos de sus dos hijos actuales y el que viene de camino.
- Beatriz es una mujer agradable que disfruta mucho interactuando con la gente. Lo que más le gusta de su trabajo es, precisamente, el trato con los compañeros.
- Jesús es el empleado más joven de la empresa. Estuvo un tiempo de becario y ahora tiene un contrato temporal de seis meses. Está muy contento en la empresa, pero le preocupa su futuro.
- Manoli es una mujer relativamente mayor que se siente un poco perdida con las nuevas tecnologías. El caso es que lo hace todo genial, pero tiende a sentirse insegura y piensa que no va a ser capaz de hacerlo.
- David tiene claro, desde el momento en el que entró en la empresa, que lo daría todo por esta. El sueño de su vida era trabajar aquí; no le importa trabajar horas y horas, se siente bien trabajando.
- Ezequiel es un empleado que lleva ya diez años en la empresa y se siente bien en ella, pero necesita un empujón profesional que le ayude a sentirse a mejor, a ganar más seguridad y confianza en si mismo.

E 3 Escribe una lista con cinco de los bienes que más utilizas un día cualquiera y clasifícalos según los criterios estudiados.

L 4 ¿Conoces algún bien o servicio en el que España destaque internacionalmente?

5 Ayuda a la alcaldesa de tu pueblo y al presidente de tu comunidad a tomar una decisión. Justifica la elección que haces y señala cuál es el coste de oportunidad.

- La alcaldesa de tu ciudad tiene que optar entre hacer una pista de atletismo para que la gente haga más deporte o un centro para ancianos.
- El presidente de tu comunidad no se decide entre restaurar algunas carreteras que han sufrido daños durante las lluvias del invierno o conceder becas de comedor a 1000 familias.
- El próximo año el alcalde de un pueblo vecino debe elegir si gastar 6000 euros en las fiestas locales, contratando un grupo musical que amenice la verbena los días de las fiestas, o destinar esa cantidad a ayudar a seis familias que lo están pasando bastante mal, dándole a cada una de ellas 1000 euros para cubrir sus necesidades básicas.

S L 6 Ahora que conoces la diferencia entre economía positiva y economía normativa, identifica a cuál de ellas se refieren los siguientes enunciados:

- Juan Antonio considera necesario dar más ayudas a las familias numerosas.
- La cifra de parados en España ha vuelto a crecer en el último trimestre.
- Elena piensa que cuando acabe la carrera tendrá que buscar trabajo en otro país porque la situación en España seguirá complicada en el ámbito laboral.
- La última encuesta del INE (Instituto Nacional de Estadística) sobre el equipamiento informático de los hogares españoles muestra que el 90 % de los hogares tiene acceso a internet.

7 Pregunta a tus familiares la última decisión que hayan tomado y explícales cuál fue el coste de oportunidad de su elección.

S 8 ¿Se pueden realizar experimentos en las ciencias sociales, entre ellas la Economía, igual que en las ciencias naturales? Razona tu respuesta.

9 Sabemos ya que la Economía se relaciona con ciencias muy diferentes. ¿Podrías comentar la relación que tiene con la Literatura y con el Derecho?

10 ¿Desde qué momento se considera la economía una ciencia? ¿Qué ocurrió ese año?

11 ¿Cuál es la principal diferencia entre las necesidades primarias y las secundarias?

12 Elabora un esquema con los distintos tipos de necesidades que hemos estudiado y pon ejemplos diferentes de los que aparecen en el libro.

E 13 Elabora una lista con las cinco necesidades que consideres principales en tu vida ahora mismo y clasifícalas según los criterios que hemos estudiado.

14 Ordena, según la pirámide de Maslow, las siguientes necesidades:

- Ver la televisión.
- Salir con tus amigos.
- Comer.
- Tener un contrato fijo.
- Escuchar a tus amigos y familiares hablar bien de ti.

15 Piensa en la última vez que has gastado 10 euros; recuerda en qué los has gastado y revisa la(s) necesidad(es) que intentabas cubrir.

S L 16 Razona la veracidad o falsedad de la siguiente afirmación: «El problema de la escasez de recursos solo lo afrontan los pobres, que son los que tienen recursos escasos».

17 ¿A qué llamamos *bienes complementarios*?

18 ¿Qué diferencia los bienes económicos de los bienes libres? Pon un ejemplo de cada uno.

19 Explica cómo podrías clasificar cada uno de los siguientes bienes atendiendo a tres de los criterios que has estudiado:

- Sillón
- Cámara de fotos
- Sal
- Aire

L 20 Comenta el significado de las siguientes frases:

- Voltaire: «Solo es inmensamente rico aquel que sabe limitar sus deseos».

- Eisenhower: «Cada pistola que se fabrica, cada buque de guerra que se bota, cada cohete que se dispara significa, en último término, un hurto a los que pasan hambre y no son alimentados». Relaciona esta frase con uno de los conceptos principales vistos en esta unidad.

21 Pon tres ejemplos de decisiones que hayas tomado en el último año y en cada una de ellas señala cuál fue el coste de oportunidad.

22 Al estudiar el flujo circular de la renta hemos dicho que es complementaria la actuación de las familias y las empresas. ¿Por qué? Explica las dos relaciones principales entre ambos agentes.

T 23 Representa gráficamente el flujo circular de esta situación especificando qué aporta y qué recibe cada uno de los agentes que intervienen, separando de forma clara el mercado de factores del mercado de bienes y servicios. La empresa Ara Electricidad, SL, realiza unas reparaciones en el chalé de la familia Sánchez por valor de 3000 euros. Ese mismo mes la empresa ingresa en Hacienda los impuestos del trimestre, 670 euros. La familia Sánchez recibe una beca de comedor de 400 euros y cada mes ingresa en concepto de nóminas 3460 euros.

T 24 Cita dos ejemplos de decisiones que tomen cada uno de los agentes estudiados: familias, empresas y Estado.

25 Responde bajo cuál de los tres interrogantes estudiados se englobaría cada una de las siguientes decisiones:

- Un ganadero debe decidir si criar cerdos o vacas, puesto que no tiene instalaciones para ambos.
- Unos cines se plantean si contratar un trabajador más para la venta de palomitas o ubicar una máquina de palomitas.
- El Estado se plantea si reducir las pensiones o reducir el subsidio de desempleo.
- Un joven estudiante está angustiado, ya que todavía no sabe qué carrera cursar cuando termine, el próximo año, 2.º de Bachillerato.

26 Los puntos situados justo en la frontera de posibilidades de producción son los que denominamos...

a) Ineficientes.

b) Eficientes.

c) Inalcanzables.

d) Inaceptables.

27 Señala la respuesta correcta:

a) La escasez es una situación caracterizada por el exceso de recursos para cubrir todas las necesidades primarias.

b) La escasez es una situación caracterizada por la falta de recursos para cubrir todas las necesidades secundarias.

c) La escasez es una situación caracterizada por la falta de recursos para cubrir todas las necesidades primarias y secundarias.

d) La escasez es una situación caracterizada por la falta de recursos para cubrir las necesidades primarias.

28 Imaginemos una economía muy sencilla en la que existen cinco trabajadores. Estos pueden dedicarse a fabricar mesas o toallas. Si se dedican a fabricar mesas son capaces de hacer dos cada uno, y si a lo que se dedican es a producir toallas son capaces de hacer cuatro cada uno en el mismo tiempo.

a) Representa gráficamente la frontera de posibilidades de producción.

b) ¿Cuántas toallas pueden fabricarse si renuncian a producir mesas?

c) ¿Cuál es el coste de oportunidad si en lugar de tener tres trabajadoras fabricando toallas y dos haciendo mesas, pasamos a tener cuatro produciendo mesas y solo una haciendo toallas?

d) Considera los siguientes puntos y explica si son eficientes, ineficientes o inalcanzables.

Situaciones	Mesas	Toallas
A	6	8
B	6	4
C	6	12

e) ¿Qué sucedería con la FPP si los trabajadores descubriesen una nueva forma de fabricar mesas que les permitiera mejorar su rendimiento y producir tres mesas cada uno? Representa gráficamente la nueva FPP.

29 Completa las siguientes definiciones con los conceptos necesarios:

- La economía estudiará dentro del comportamiento … cómo asignar correctamente los … recursos existentes para satisfacer las … de los agentes.
- Una … es una sensación de carencia de algo que se acompaña o va unida al deseo de … .
- Un … es todo aquello que sirve para cubrir … o … las necesidades o deseos de los seres humanos.

30 La economía de un país debe decidir entre dedicar sus recursos a la construcción de aeropuertos o la fabricación de pisos. Con los recursos disponibles, las combinaciones que se pueden hacer aparecen reflejadas en la siguiente tabla.

Opciones	Aeropuertos	Pisos
A	0	1500
B	1	1200
C	2	1000
D	3	750
E	4	500

Con estos datos se pide:

a) Representar gráficamente la frontera de posibilidades de producción de esta economía.

b) ¿Cuál es el coste de oportunidad de pasar de fabricar un aeropuerto a producir tres aeropuertos?

c) ¿Qué podríamos decir de una combinación que fuera, por ejemplo, 2 aeropuertos y 1200 pisos)?

Elabora un mapa conceptual sobre los contenidos que has trabajado en esta unidad a partir de las ideas principales que se ofrecen a continuación.

1. La Economía es una ciencia social que trata de asignar correctamente los escasos recursos existentes para satisfacer las necesidades de los agentes.
2. Tiene una doble vertiente: economía positiva y economía normativa.
3. Está relacionada con otras ciencias y, para avanzar, se utilizan modelos económicos.
4. Una necesidad es una sensación de carencia que va unida al deseo de satisfacerla.
5. Un bien es todo aquello que cubre una necesidad.
6. La economía responde a tres interrogantes básicos: qué, cómo y para quién producir.
7. Para responder a estos interrogantes se apoya en la tradición, el mercado y la autoridad.
8. Los agentes económicos son tres: familias, empresas y Estado.
9. Los agentes económicos se relacionan entre sí a través del flujo circular de la renta.
10. El problema básico de la escasez se puede representar mediante el modelo de la FPP.
11. Existen unos principios económicos que nos ayudan a tomar decisiones.
12. Razonamos en términos marginales.
13. Nos movemos por incentivos.
14. Siempre que elegimos renunciamos a algo.
15. Aquello a lo que se renuncia se denomina *coste de oportunidad*.
16. Los costes irrecuperables nos afectan.
17. Cada vez se valoran más la solidaridad y la equidad.

GLOSARIO

Elabora un diccionario económico con los principales términos utilizados en esta unidad.

- Economía
- Modelo económico
- Ciencia social
- Necesidad (tienes que definir los diferentes tipos de necesidades)
- Bienes (tienes que definir los diferentes tipos de bienes)
- Coste de oportunidad
- Costes irrecuperables
- Solidaridad
- Equidad
- Pobreza
- Escasez
- Agentes económicos
- Familias
- Empresas
- Estado
- Flujo circular de la renta
- Frontera de posibilidades de producción
- Economía positiva
- Economía normativa

Resuelve en tu cuaderno o bloc de notas

1 > El principal problema cuando una sociedad se basa en la tradición es que:

a) No se conocen la totalidad de las preferencias de la población.

b) No existe ningún problema si nos basamos en la tradición.

c) No se lleva a cabo ningún progreso tecnológico.

d) No se acierta en la planificación realizada.

2 > Los factores productivos son:

a) Familias, empresas y Estado.

b) Capital físico fijo, capital físico circulante y capital financiero.

c) Alquileres, intereses y sueldos.

d) Tierra, trabajo y capital.

3 > Señala la respuesta correcta:

a) En el mercado de factores las empresas actúan como demandantes.

b) En el mercado de bienes y servicios las familias actúan como oferentes.

c) En el mercado de factores las empresas entregan factores a cambio de recibir rentas.

d) En el mercado de bienes y servicios las familias demandan trabajo.

4 > Los puntos situados justo en la frontera de posibilidades de producción son los que denominamos:

a) Ineficientes.

b) Eficientes.

c) Inalcanzables.

d) Inaceptables.

5 > Según la pirámide de las necesidades de Maslow, las últimas necesidades en cubrir son:

a) Físicas.

b) Seguridad.

c) Autorrealización.

d) Autoestima.

6 > La economía se convierte en una ciencia a partir de:

a) 1786.

b) 1796.

c) 1976.

d) 1776.

7 > Si el principal problema que nos encontramos es la falta de innovación estamos hablando de un sistema basado en:

a) La autoridad.

b) El mercado.

c) La tradición.

d) Ninguna de las anteriores.

8 > El creador del flujo circular de la renta fue:

a) François Quesnay.

b) Robert Maslow.

c) Adam Smith.

d) Paul Samuelson.

9 > Señala la respuesta correcta:

a) La Economía es una ciencia social en la que se llevan a cabo experimentos con facilidad.

b) La economía como ciencia existe desde el principio de la humanidad.

c) Adam Smith escribió su obra *La riqueza de las naciones* en 1776.

d) John K. Galbraith era partidario de utilizar un lenguaje especialmente científico en la economía, lo que dificulta su lectura.

10 > Los problemas básicos de cualquier economía son:

a) Qué, cómo y dónde producir.

b) Cómo y para quién producir.

c) Dónde y cuánto producir.

d) Qué, cómo y para quién producir.

11 > Un modelo económico...

a) Sirve para describir la realidad.

b) No describe la realidad, pero nos ayuda a explicarla.

c) No explica la realidad, pero la describe.

d) Explica y describe la realidad.

12 > Las necesidades humanas...

a) No han cambiado en los últimos cien años.

b) Dependen del siglo que nos toca vivir.

c) Se pueden cubrir todas, dada la abundancia de recursos.

d) No son una preocupación para la ciencia económica.

13 > ¿Cuál de los siguientes bienes es un bien libre?

a) La luz del sol.

b) Un dónut.

c) Una entrada que nos regalan para asistir a un concierto.

d) Una mesa.

14 > Según Abraham Maslow:

a) Los seres humanos experimentamos tres niveles de necesidades.

b) Las necesidades de autorrealización son las primeras que debemos cubrir.

c) Los seres humanos experimentamos las necesidades de forma gradual.

d) En la base de la pirámide se encuentran las necesidades de seguridad.

15 > El coste de oportunidad...

a) Solo es algo que deben tener en cuenta los pobres.

b) Está presente en todas las decisiones.

c) Se da solo en países subdesarrollados.

d) No se produce en todas las decisiones.

16 > Indica la pareja de bienes que no son perecederos:

a) Pan y jamón.

b) Aceitunas y anchoas.

c) Televisor y mando.

d) Leche y galletas.

17 > Un plátano:

a) Es siempre un ejemplo de bien final.

b) Puede ser un bien final o intermedio.

c) Será siempre un bien intermedio.

d) Ninguna es correcta.

18 > Señala la respuesta correcta:

a) *Pobreza* es un concepto económico que se refiere a no poder cubrir las necesidades básicas.

b) *Escasez* es no tener para cubrir las necesidades primarias.

c) *Pobreza* es no tener lo mismo que tienen los demás.

d) La escasez puede ser absoluta y relativa.

19 > Señala la respuesta correcta:

a) La economía normativa estudia lo que debería ser.

b) La economía positiva estudia lo que sucede.

c) La economía normativa se basa en la ética y los valores.

d) Todas son correctas.

20 > Según su dimensión temporal, las necesidades son:

a) Primarias o secundarias.

b) Ocasionales o recurrentes.

c) Materiales o intelectuales.

d) Presentes o futuras.

21 > La retribución que reciben los dueños de los factores por su cesión se llama:

a) Dinero.

b) Renta.

c) Ingresos.

d) Beneficios.

22 > Marca la respuesta correcta:

a) En el mercado de factores las empresas actúan como demandantes.

b) En el mercado de bienes y servicios las familias actúan como oferentes.

c) En el mercado de factores las empresas entregan factores a cambio de recibir rentas.

d) En el mercado de bienes y servicios las familias demandan trabajo.

23 > Las rentas recibidas por el capital entregado se denominan:

a) Alquiler.

b) Salario.

c) Intereses o dividendos.

d) Préstamo.

2) Economía y empresa

Vamos a aprender

1. La empresa
2. Tipos de empresa
3. El empresario
4. Proceso productivo y factores productivos
5. Fuentes de financiación
6. Los costes en la empresa
7. Trámites para la puesta en marcha de una empresa

El canto del pájaro

¿Quién no ha pensado alguna vez montar una empresa y hacerse rico? ¿Quién no querría en un futuro tal vez ser un exitoso empresario, retirarse a una isla paradisíaca y vivir de las rentas de nuestro negocio? Todos, en algún momento, razonamos de esta manera. A lo largo de la unidad veremos lo necesario para poder crear una empresa, tipos de empresas, objetivos, etc., y también reflexionaremos sobre el deseo de las empresas y los empresarios de querer aumentar sus beneficios. Para ello, se propone el siguiente fragmento de *El canto del pájaro*, de Anthony de Mello.

> «El rico industrial se horrorizó cuando vio a un pescador tranquilamente recostado en su barca y fumando su pipa.
>
> —¿Por qué no has salido a pescar? —preguntó el industrial.
>
> —Porque ya he pescado bastante por hoy —respondió el pescador.
>
> —¿Y por qué no pescas más de lo que necesitas? —insistió el industrial.
>
> —¿Y qué iba a hacer con ello? —preguntó a su vez el pescador.
>
> —Ganarás más dinero. De ese modo podrías poner un motor a tu barca. Entonces podrías ir a aguas más profundas y pescar más peces. Entonces ganarías lo suficiente para comprarte unas redes de nailon. Pronto ganarías para tener dos barcas... Y hasta una verdadera flota. Entonces serías rico como yo.
>
> —¿Y qué podría hacer entonces? —preguntó de nuevo el pescador.
>
> —Podrías sentarte y disfrutar de la vida —respondió el industrial.
>
> —¿Y qué estoy haciendo en este preciso momento? —respondió satisfecho el pescador».

¿QUÉ SABEMOS DE?

1 ¿Conoces a alguien que trabaje como autónomo? ¿Qué aspectos positivos y negativos ves en ello?

2 ¿Te gustaría o te has planteado alguna vez montar un negocio y ser autónomo?

3 ¿Crees que tendrás que hacer muchos trámites para crear una empresa o intuyes que será algo sencillo?

4 ¿Qué es lo que más te ha llamado la atención del texto que acabamos de leer?

1 La empresa

Ya vimos en la unidad anterior la existencia de tres tipos de agentes económicos: las familias, las empresas y el Estado.

La **empresa** se define como un agente económico que actúa siempre condicionada por el entorno en el que desarrolla su actividad, cuya principal función es producir bienes y servicios con el fin de obtener la máxima rentabilidad.

Cualquier empresa se plantea los siguientes objetivos:

- Maximizar beneficios.
- Crecer y expandirse.
- Adaptarse al medio.
- Diferenciar sus productos y fidelizar a los clientes.
- Aumentar la productividad.

El objetivo por excelencia, lo que se persigue, en definitiva, es conseguir **ser rentable:** nadie emprende un negocio para perder. Además, las empresas aumentan la **utilidad de los bienes** para cubrir necesidades, es decir, generan o añaden valor a través de la cadena de valor. Por ejemplo, tiene más utilidad para nosotros y, por tanto, más valor, la madera una vez transformada en una mesa o silla que sin transformar.

Para conseguir estos objetivos la empresa se estructura en diferentes **áreas funcionales** o departamentos, como vemos a continuación:

Contabilidad y finanzas

Toda organización necesita, en un primer momento, conseguir financiación para poner en marcha su proyecto y, posteriormente, invertir las ganancias obtenidas para conseguir mayor rentabilidad.

Compras

Las empresas necesitan proveerse de materias primas para desarrollar su actividad. También aquellas que no transforman o no producen nada, sino que simplemente comercian, deben proveerse y abastecerse de aquello que van a vender.

Dirección general

Producción

Debido a que las empresas productoras transforman las materias primas en productos terminados, añaden valor a dichas materias y las convierten en bienes más útiles para los consumidores.

I+D+i

Investigación, desarrollo e innovación: las empresas son cada vez más conscientes de la importancia de innovar dado el entorno cambiante, global y con alto grado de desarrollo tecnológico en el que deben actuar.

Marketing y comercial

Se planean las estrategias de la empresa referidas al cliente: estudio de las necesidades y los segmentos del mercado, diseño de productos y distribución comercial (para que los productos lleguen a nuestras manos es necesario que estén disponibles en los puntos de venta).

Recursos humanos

Hoy en día los trabajadores están considerados como uno de los principales activos de las compañías, por lo que es necesario un departamento que se ocupe de su selección, formación y motivación.

Para saber más

Cadena de valor de una tienda de ropa

La empresa cultiva y obtiene el algodón que luego transforma en camisetas.

Además, las distribuye para que se puedan comprar en las tiendas. Para nosotros tiene mucha más utilidad la camiseta que el algodón tal cual, por eso decimos que las empresas aumentan la utilidad de los bienes.

Las empresas tienen una serie de elementos comunes y diferenciadores que están presentes en todas ellas.

Grupo humano

Se incluyen principalmente los trabajadores, pero también los proveedores y clientes que se relacionan con la empresa, los socios que aportan el capital, los directivos al frente de las mismas, etc.

Organización

Es la estructura de la empresa constituida por las personas, los recursos, los procesos o tareas y la forma en que se gestionan para conseguir unos objetivos.

Patrimonio

Se define como el conjunto de bienes y derechos que la empresa posee. Si nos centramos en los bienes, es posible advertir cómo algunos de ellos permanecerán largos periodos de tiempo en la empresa (patrimonio fijo o no corriente), mientras que otros se gastarán en el día a día (patrimonio corriente). Por ejemplo, en el instituto en el que estudias las pizarras son patrimonio fijo, mientras que las tizas o los folios son patrimonio corriente.

Entorno

Es todo aquello que rodea a la empresa, pero hemos de diferenciar dos tipos:

- **Entorno genérico.** Recoge aquellos hechos y circunstancias que afectan a la totalidad de las empresas situadas en un determinado mercado. Ejemplo: si se produce una subida de los tipos de interés, afecta a todas las empresas al margen de que se dediquen a fabricar coches, ropa o utensilios de cocina.

  Son aspectos propios del entorno genérico aquellos relacionados con las leyes dictadas por el Gobierno; con los aspectos económicos tales como la inflación o el paro; con los factores socioculturales como, por ejemplo, la demografía o el nivel educativo; y con los factores tecnológicos.

- **Entorno específico.** Engloba aquellos acontecimientos, hechos y circunstancias que solo afectan a las empresas que pertenecen a un determinado sector. Ejemplo: si se encarece el precio del trigo esto afectará a las empresas dedicadas a elaborar pasta, mientras que no afectará a aquellas que se dedican a producir ropa.

  Por su parte, dentro del entorno específico se incluyen aspectos tales como clientes, proveedores y competencia, dado que cualquiera de ellos afecta a las empresas de un sector, pero no a la totalidad de las empresas.

En la actualidad se concibe la empresa como un **sistema,** es decir, formada por un **conjunto de elementos humanos y técnicos.** Este sistema es:

- **abierto,** en tanto en cuanto interrelaciona continuamente con el entorno;
- **global,** porque cualquier influencia sobre un elemento de este afecta a los demás;
- y **autorregulado,** porque el propio sistema, la propia empresa, trata de adaptarse y mantener un equilibrio.

Además, es un sistema en el que se generan **sinergias,** es decir, cuando los diferentes componentes de la empresa actúan conjuntamente obtienen mejores y mayores resultados que cuando lo hacen de forma independiente.

ACTIVIDADES RESUELTAS

Una empresa de producción de puertos USB quiere que la ayudes a saber si los siguientes hechos forman parte del entorno genérico o específico.

a) La subida del salario mínimo que debe pagarse a los trabajadores. Este hecho afecta a la totalidad de las empresas, por tanto forma parte del entorno genérico.

b) Se ha abaratado uno de los componentes de la producción de carcasas para puertos USB. Esto afecta directamente a las empresas dedicadas a este producto, mientras que a una empresa de productos agrícolas o a un banco no le afecta; por tanto, forma parte de su entorno específico.

2 Tipos de empresa

Existe una gran variedad de clasificaciones de las empresas atendiendo a diferentes criterios.

Según quién sea el propietario:

- **Empresas públicas.** Son aquellas que pertenecen al Estado, como Correos.
- **Empresas privadas.** Aquellas que pertenecen a inversores particulares, ya sean personas físicas o jurídicas; por ejemplo, IBM, Sony, Nestlé...
- **Empresas mixtas.** Son aquellas cuya propiedad está compartida entre los particulares y el Estado.

Según los sectores de actividad en los que participe:

- **Empresas del sector primario.** Aquellas empresas cuyas actividades se relacionan con la agricultura, la ganadería, la caza, la pesca y la actividad forestal.
- **Empresas del sector secundario.** Empresas que desarrollan actividades industriales, es decir, que transforman las materias primas en productos elaborados, como la construcción, la producción de energía o la industria metalúrgica, siderúrgica, química, textil, alimentaria, etc.
- **Empresas del sector terciario.** Todas las empresas que producen servicios y que, por tanto, el resultado de su proceso productivo no es algo material. Aquí tenemos las empresas de comercio, transportes, finanzas, sanidad, turismo, enseñanza, etc.

Según su ámbito de actuación: locales, regionales, nacionales y multinacionales.

Según el tamaño de la empresa:

- **Pequeñas:** tienen menos de 50 trabajadores.
- **Medianas:** cuentan entre 50 y 249 trabajadores.
- **Grandes:** disponen de 250 trabajadores o más.

2.1. Clasificación según su forma jurídica

Una de las primeras decisiones que debe tomar una empresa es la forma jurídica que va a adoptar, lo cual hará en función de diferentes variables: ¿qué capital tiene para poder empezar el negocio?, ¿es uno solo o hay varios socios?, ¿están dispuestos a asumir más o menos responsabilidad?

Estas preguntas debemos saber responderlas antes de iniciar un negocio, ya que todos hemos oído decir que tal persona es autónomo, que Telepizza es una sociedad anónima o que un familiar está dentro de una cooperativa de construcción de pisos y en tres años se lo entregan. Pero ¿qué significan realmente estas calificaciones: *autónomo, sociedad anónima* y *cooperativa*? ¿Qué derechos y obligaciones conllevan? Debemos tener claro desde el principio qué se esconde detrás de cada una de las diferentes formas jurídicas.

Recogida de la aceituna en Jaén: sector primario.

Control de calidad en la producción de aceite de oliva: sector secundario.

Cata de aceite: sector terciario.

Los aspectos que se tendrán en cuenta a la hora de tomar esta decisión serán:

- La responsabilidad que están dispuestos a asumir los socios.
- La forma en que va a distribuirse el poder.
- Las cargas fiscales, los impuestos que van a pagar.
- El proceso de transmisión de la propiedad, que también varía de unas formas jurídicas a otras.

Teniendo en cuenta estos cuatro aspectos, la normativa española reconoce muy diferentes formas jurídicas, entre las que destacan:

Empresas con personalidad física

Son aquellas en las que el propietario es una persona. Por ejemplo, empresario autónomo.

Empresas con personalidad jurídica

Son aquellas en las que la sociedad adquiere una personalidad distinta a la de sus propietarios.

Sociedades mercantiles

Cooperativas y sociedades laborales

Personalistas

Son aquellas en las que son más importantes las características personales de los socios que su capital. Por ejemplo, sociedades colectivas y comanditarias.

Capitalistas

Son aquellas en las que importa más el capital aportado por los socios que sus características personales. Por ejemplo, sociedad de responsabilidad limitada, sociedad anónima, etc.

De las formas jurídicas posibles, nos vamos a centrar en cinco.

2.1.1. Empresario individual autónomo

- Es un tipo de empresa que tiene personalidad física: el propietario es una sola persona física.
- Para poder ser un empresario individual es necesario ser mayor de 18 años y tener plena disponibilidad de los bienes propios.
- El empresario tiene responsabilidad ilimitada, es decir, responde antes las deudas que tenga con un tercero con todo su patrimonio presente y futuro.
- No se requiere un capital mínimo.
- La razón social, es decir, el nombre de la empresa, es el nombre y los apellidos del titular; y su DNI es su NIF.
- El empresario individual paga el impuesto sobre la renta de las personas físicas (IRPF).

Para saber más

Razón social, marca y nombre comercial

- La **razón social** de la empresa es el nombre legal que la identifica en el **Registro Mercantil.**
- El **nombre comercial** identifica las actividades de la empresa.
- La **marca** es un signo que distingue productos y servicios en el mercado.

Nombre comercial y marca se registran en la **Oficina Española de Patentes y Marcas.**

EJEMPLO

Si un señor que se llama Antonio López García abre un asador de pollos, el nombre comercial puede ser el que quiera, por ejemplo, Al Rico Pollo, mientras que, si es autónomo su razón social será Antonio López García.

En cambio, si constituye una SL puede ponerle el nombre social que quiera (siempre que esté libre en el Registro Mercantil) y el nombre social y el comercial pueden coincidir o no.

Una misma empresa puede tener varios nombres comerciales, y también varias marcas, para distinguir productos o servicios.

2.1.2. Empresario autónomo dependiente

Todas las características son iguales que las del empresario autónomo, simplemente que aquí el 75 % de su facturación procede de un mismo cliente.

Ventajas e inconvenientes del empresario autónomo

Entre las principales ventajas de darse de alta como un empresario autónomo se encuentran las siguientes:

- Es la forma jurídica que menos trámites implica para su constitución, además de que se simplifican sus obligaciones empresariales y concede al empresario plena autonomía.
- Se adapta de forma idónea a los negocios de reducido tamaño y no requiere un capital mínimo.
- Es económica en la medida en que no necesita una personalidad jurídica diferente a la del propio empresario.

Entre los diversos inconvenientes que tiene se pueden destacar:

- El empresario responde de todas las deudas generadas por la actividad de la empresa con su patrimonio personal presente y futuro.
- Son negocios que dependen mucho de la figura del fundador, de su experiencia, habilidad y en muchas ocasiones no sobreviven cuando este falta.

2.1.3. Sociedad de responsabilidad limitada

- El número de socios que se necesita es de uno o más.
- La responsabilidad de los socios está limitada al capital aportado, es decir, solo responden ante las deudas con el capital invertido.
- El capital mínimo necesario son 3 005,06 euros.
- La razón social es el nombre elegido seguido de sociedad limitada (SL) o sociedad de responsabilidad limitada (SRL).
- Al transmitir sus participaciones tienen preferencia los socios.
- Esta sociedad paga el impuesto de sociedades (IS).

Panadero, ejemplo de una SRL.

2.1.4. Sociedad limitada nueva empresa

- Esta forma jurídica permite la creación de empresas de pequeña dimensión de una forma sencilla y rápida.
- La mayoría de los trámites se llevan a cabo utilizando las TIC (tecnologías de la información y la comunicación), de tal manera que puede estar creada en 48 horas.

2.1.5. Sociedad anónima

- El número de socios que se necesita es de uno o más.
- La responsabilidad de los socios está limitada al capital aportado, es decir, solo responden ante las deudas con el capital dado.
- El capital mínimo necesario son 60 101,21 euros.
- La razón social es el nombre elegido seguido de las siglas SA.
- Cuando surjan nuevas acciones tienen preferencia los socios.
- Esta sociedad paga el impuesto de sociedades.
- Es un tipo de forma jurídica pensada para grandes empresas.

Dos socios en una empresa SA.

Ventajas e inconvenientes de la SL y la SA

La principal ventaja que tiene una sociedad limitada es la responsabilidad limitada con la que cuentan los socios, y su principal inconveniente es la dificultad de transmisión de las participaciones.

La principal ventaja que tiene una sociedad anónima es la facilidad para obtener fondos mediante la emisión de bonos y acciones, así como la facilidad de transmisión de las mismas. Su principal inconveniente sería que pueden surgir conflictos entre los directivos y los accionistas, ya que ambos colectivos pueden tener objetivos contrapuestos.

¿Dónde acudir para crear una empresa?

La página web de la DGIPYME (Dirección General de Industria y de la Pequeña y Mediana Empresa) contiene información muy útil para todos aquellos que desean montar una empresa. Además, incluye diferentes herramientas para orientarnos sobre las diferentes formas jurídicas, así como las ayudas económicas que podemos recibir, etc.: <www.ipyme.org>.

2.1.6. Sociedades de interés social

Son sociedades caracterizadas porque la mayoría de su capital está en manos de los propios trabajadores. Surgen en épocas difíciles como una forma de salvar la empresa y generar empleo. Las autoridades promueven este tipo de sociedades mediante bonificaciones fiscales. Entre ellas destacan:

- **Sociedad laboral.** Es una sociedad anónima o sociedad limitada en la que el 51% del capital social o más está en manos de los trabajadores indefinidos de dicha empresa. Ningún socio puede tener más de la tercera parte del capital, a excepción de las entidades públicas, que pueden alcanzar el 49%.

  Estas sociedades deben destinar el 10% de los beneficios obtenidos a crear un fondo de reserva.

- **Cooperativa.** Esta sociedad no busca obtener beneficios, sino satisfacer las necesidades que tienen en común los miembros de la cooperativa. En las cooperativas se sigue el principio democrático de «una persona, un voto», más allá del capital que cada uno aporte.

Ejemplo de cooperativa.

ACTIVIDADES

1 > Elena posee un pequeño piso adquirido hace años y una parcela que heredó de una de sus tías en Málaga. Es autónoma y hace 5 años que montó una peluquería que está atravesando serias dificultades financieras, de forma que no está siendo capaz de pagar sus deudas.

¿Es posible que le embarguen a Elena el piso o la parcela? Razona tu respuesta.

2 > Imagina que has creado una asesoría jurídica y debes asesorar a los siguientes clientes:

- Andrés acaba de montar una sociedad limitada y no sabe qué capital debe aportar en el momento de la constitución.
- Francisco necesita saber las principales diferencias entre una sociedad limitada y una sociedad limitada nueva empresa.
- Óscar se da cuenta de que el 80% de sus ingresos como autónomo proceden del mismo cliente y quiere saber qué denominación jurídica recibe su situación.
- Luisma forma parte de una sociedad anónima en la que el 40% del capital pertenece a los trabajadores y quiere saber si pueden formar una sociedad laboral.
- José ha decidido que quiere emprender un negocio con el que aspira a ganar importantes beneficios, ¿le recomendarías una cooperativa?

Argumenta razonadamente el consejo que le das a los diferentes clientes en cada una de las situaciones.

3 El empresario

A partir de la Revolución industrial, momento en el que surgen las grandes empresas, han sido varios los autores que han hablado sobre el empresario y lo que, a su entender, era la característica principal que los definía. Recogemos las principales aportaciones.

- **Siglo XVIII.** El economista **Adam Smith** define al *empresario* como «el propietario de los medios de producción», o sea, el dueño de la empresa.
- **Siglo XIX.** El economista **Alfred Marshall** determina que el empresario es «la persona que organiza los diferentes factores productivos».
- **Siglo XX.** Aparecen diferentes teorías:
  - **Teoría del empresario riesgo,** de **Frank H. Knight.**

    La actividad empresarial se lleva a cabo en un entorno de incertidumbre, lo que conlleva un riesgo. El empresario se establece como una persona dispuesta a asumir dichos riesgos y, si todo sale bien, es compensado mediante un beneficio.
  - **Teoría del empresario innovador,** de **Joseph Alois Schumpeter.**

    El empresario debe detectar y poner en marcha oportunidades aún no explotadas que permiten que obtenga un beneficio como premio a la innovación. La Ley de Patentes y Marcas, que protege al creador de un nuevo invento, parece darle la razón a Schumpeter.
  - **Tecnoestructura,** de **John Kenneth Galbraith.**

    Las empresas cada vez tienen mayor tamaño y se necesitan grandes capitales. Ante la dificultad de financiarse con un solo patrimonio aparecen varios inversores que aportan el capital. Se produce una separación entre propiedad (inversores anónimos preocupados principalmente por su rentabilidad) y control en la empresa (directivos o tecnócratas, que son los que toman las decisiones, los auténticos empresarios). Los profesionales que actúan como verdaderos empresarios serían economistas, informáticos, abogados, etc.
  - **Teoría del empresario en estado de alerta,** de **Israel Meir Kirzner.**

    Concluye que el empresario es una persona que está permanentemente en estado de alerta, en busca de oportunidades.
- **Siglo XX-XXI.** Las aportaciones más recientes señalan que una característica propia del empresario es la de líder. La diferencia entre un líder y un jefe consiste en que que a este último le obedecemos porque tiene una autoridad formal sobre nosotros, puede sancionarnos, mientras que a un líder se le sigue por admiración, no porque tenga autoridad sobre nosotros.

Mark Zuckerberg, creador de Facebook.

Juan Roig, dueño de Mercadona.

Steve Jobs, fundador de Apple.

ACTIVIDADES

3 > Te mostramos las fotos de los fundadores de tres grandes compañías con las que te relacionas día a día: Facebook, Mercadona y Apple. ¿Cuál de las teorías sobre el empresario utilizarías para describir a estos fundadores? Justifica tu respuesta.

4 > ¿Las teorías sobre el empresario estudiadas son incompatibles entre sí? Razona tu respuesta.

4 Proceso productivo y factores productivos

El **sistema de producción** se define como un conjunto de tareas, procedimientos y técnicas a través de las cuales la organización transforma unos *inputs* o entradas en unos *outputs* o salidas, cuyo valor para la organización es mayor que los *inputs* originales.

El sistema productivo se analiza a través de cuatro características:

- **Capacidad.** Es una medida del caudal de producción obtenido. Se distingue entre *capacidad máxima*, lo máximo que podríamos llegar a producir, y *capacidad efectiva*, lo que realmente se está produciendo.
- **Eficiencia.** Se trata una medida que relaciona el valor del *output* con el valor del *input*. Cabe diferenciar *eficiencia técnica* y *eficiencia económica*.
- **Efectividad.** Mide el *output* real en comparación con el planeado.
- **Flexibilidad.** Es una medida del tiempo preciso para cambiar el proceso productivo de forma que se pueda producir otro *output* o que se pueda utilizar un conjunto distinto de *inputs*.

Hablamos de que una tecnología es **eficiente técnicamente** cuando produce la misma cantidad de productos, o incluso más, con menos unidades de factores productivos (tierra, trabajo y capital) que otra tecnología.

Cadena de producción en una fábrica de bebidas.

EJEMPLO

Tecnología	Manteles	Trabajo	Capital
A	100	2	1
B	120	2	1

Al comparar estas dos tecnologías, observamos que es más eficiente técnicamente la tecnología B, ya que empleando la misma cantidad de trabajo e idéntica cantidad de capital es capaz de producir 20 manteles más.

En otros casos no podemos decir cuál es más eficiente técnicamente y tenemos que recurrir a la eficiencia económica. Una tecnología es **eficiente económicamente** cuando produce la misma cantidad de productos, o incluso más, con menor coste que otra tecnología.

EJEMPLO

Imagina que ahora se nos presenta otra tecnología. En este caso B y C producen lo mismo, pero B lo hace utilizando más trabajo y C lo hace usando más capital.

Tecnología	Bolígrafos	Trabajo	Capital
B	120	2	1
C	120	1	2

En esta situación hay que analizar la eficiencia económica. Supón que cada trabajador cuesta 10 unidades monetarias (u. m.) y cada máquina cuesta 12 u. m. En este caso la tecnología B costaría: $(2 \times 10) + (1 \times 12) = 32$ u. m., mientras que la tecnología C costaría: $(1 \times 10) + (2 \times 12) = 34$ u. m.

Por tanto, resultaría más eficiente económicamente la opción B. En ocasiones, las empresas no pueden permitirse la tecnología más eficiente.

4.1. Tipos de procesos productivos

El proceso de producción de una empresa puede ser clasificado atendiendo a múltiples criterios, entre los que se pueden destacar:

- Según el **destino del producto.** Se diferencia la *producción por encargo*, en la cual la empresa espera a tener un pedido para elaborar los bienes y servicios (un carpintero que hace muebles a medida) y la producción para el mercado, en cuyo caso no se espera a tener un encargo de un cliente, sino que se produce para los consumidores en general (IKEA).
- Según el **grado de tipificación del producto.** Se distingue entre *producción individualizada*, en la que cada unidad presenta unas características específicas (una pastelería que hace tartas personalizadas para cumpleaños) y *producción en serie*, donde todas las unidades son iguales, como en la producción de dónuts.

  Estas dos clasificaciones suelen presentarse juntas del siguiente modo: la producción por encargo suele ser individualizada, mientras que la producción para el mercado suele ser en serie.

  Un estadio intermedio entre la producción individualizada y la producción en serie lo encontramos a través de la *producción por lotes*, en la que la empresa produce un número reducido de unidades de una gran variedad de productos. Por ejemplo: en el sector textil se producen 1000000 camisetas con un determinado dibujo y, luego, se producen de otro modelo.
- **Según la dimensión temporal** se fija *producción continua*, en la cual no existe descanso, pues se mantiene sin interrupción o *producción intermitente* o discontinua, en la que se produce a intervalos discontinuos.
- **Según el número de *outputs* obtenidos en la producción** se habla de *producción simple*, en caso de producir un solo producto con características homogéneas, o *producción múltiple*, en caso de fabricar varios productos.

Debemos hacer dos reflexiones respecto al proceso productivo. La primera es que el proceso que adoptemos está condicionado por las características del producto. En este sentido, no parece sensato producir transatlánticos de lujo para el mercado y en serie, pues resulta más productivo hacerlo por encargo y de forma individualizada. La segunda es que la realidad suele manifestar formas intermedias y no procesos productivos puros.

EJEMPLO

En la construcción de un hotel de lujo en Marbella se espera a tener un encargo y unas especificaciones, pero gran parte del mobiliario que incorpore (mesas, sillas, espejos, jarrones...) habrá sido producido en serie y para el mercado.

División del trabajo

Tanto la producción en serie como la producción por lotes se basan en la división del trabajo en tareas elementales, simples y repetitivas.

La fabricación de ropa sigue un proceso de producción para el mercado.

ACTIVIDADES

5 > Según el grado de tipificación del producto existe producción individualizada, en serie y por lotes. ¿En qué se diferencian estas dos últimas?

4.2. Factores productivos

Ya sabemos que la finalidad de una empresa consiste en producir bienes y servicios con los que cubrir las necesidades de los ciudadanos. Ahora bien, ¿qué necesitan las empresas para producir bienes y servicios?

Las empresas necesitan **factores productivos,** tradicionalmente clasificados en tierra, trabajo y capital, si bien, desde Alfred Marshall, se incluye un cuarto factor productivo, la organización o iniciativa empresarial.

- **Tierra:** se incluyen todos los recursos naturales que ofrece el planeta, tales como: suelos, ríos, animales, minerales, petróleo, agua, etc., y se clasifican en renovables y no renovables.
- **Trabajo:** toda aportación física o intelectual que realiza el ser humano al proceso productivo con la finalidad de obtener bienes y servicios. El trabajo está especialmente condicionado por las habilidades naturales de los trabajadores, por su experiencia y por la formación de los mismos.
- **Capital:** incluye tanto las máquinas y herramientas necesarias para producir otros bienes (capital físico) como las fuentes de financiación, tales como préstamos, créditos, etc. (capital financiero). Dentro del capital físico se diferencia el **capital no corriente** o fijo (aquel que permanece en la empresa un largo período de tiempo), como los ordenadores, y el **capital corriente** (aquel que permanece en la empresa por un tiempo inferior a un año), por ejemplo, folios, bolígrafos, etc.

El capital, un factor productivo fundamental para las empresas.

4.3. Productividad

Tradicionalmente se ha instado al departamento de producción, al resto de departamentos y a los trabajadores a ser productivos. ¿Por qué? Porque la productividad mide la eficiencia y relaciona la producción de un período con la cantidad de factores empleados. Así, una mejora de la productividad nos permite obtener más *outputs* con los mismos *inputs* o, incluso, con menos *inputs*. Existen diferentes formas de medir la productividad, entre ellas de forma general:

$$\text{Productividad} = \frac{\text{Producción obtenida}}{\text{Factores productivos empleados}}$$

EJEMPLO

Si 4 trabajadores son capaces de fabricar en un día 28 ventiladores, diremos que la productividad es de 7 ventiladores por trabajador, resultado de dividir la producción (28) entre el número de trabajadores (4). Si existen varios factores, y dado que no podemos mezclar trabajadores y máquinas, valoramos los factores y la producción en términos monetarios, obteniendo así lo que se denomina *productividad global:*

$$\text{Productividad global} = \frac{\text{Valor de la producción obtenida}}{\text{Coste de los factores empleados}}$$

ACTIVIDADES

6 > Clasifica los siguientes procesos productivos atendiendo a alguno de los criterios utilizados:

a) La producción de zapatillas de deporte.

b) Los servicios ofrecidos por el personal de urgencias de un hospital.

c) La producción de trajes de diseño exclusivos por parte de una diseñadora famosa.

Como las empresas desean que sus trabajadores sean productivos, vamos a plantearnos, a continuación, de qué factores depende la productividad.

- **La formación de los trabajadores**

  Uno de los factores que más influye es la **formación** de los trabajadores; de hecho, cualquier trabajador realizará mejor sus tareas si tiene una formación adecuada, conocimiento de idiomas, utiliza programas informáticos, posee un determinado máster, etc.

- **La experiencia**

  En segundo lugar influye la **experiencia** ya que, aunque la formación es clave, todos aprendemos a desarrollar mejor nuestras tareas con el paso del tiempo. ¿Crees que un cardiólogo operó igual el primer día que los siguientes?

- **La maquinaria**

  El tercer factor es la **maquinaria** que tengamos a nuestro alcance, la **inversión** que hayamos hecho en **bienes de capital,** etc. Si, por ejemplo, somos administrativos, podremos desempeñar mejor nuestras tareas, buscar información, procesarla o levantar actas de una reunión al usar buenos ordenadores. Debemos resaltar en este punto la importancia de las inversiones llevadas a cabo por las empresas denominadas *I+D+i* (investigación, desarrollo e innovación), a través de las cuales otras compañías consiguen mejorar los productos y los procesos, es decir, elevar la productividad.

- **La motivación**

  Por último, debemos considerar la **motivación,** ya que un trabajador motivado es más productivo que uno que no lo esté. Existen múltiples factores que pueden motivar a las personas: sueldo, formación, promoción, expectativas de continuidad en la empresa, reconocimiento del trabajo bien hecho, etc.

La formación de los trabajadores es importantísima para que las empresas mejoren su productividad.

Invertir en maquinaria es un requisito indispensable si una compañía quiere aumentar su productividad.

ACTIVIDADES RESUELTAS

La empresa Tomatina, SA, se dedica a la fabricación de mermelada de tomate. En un día cualquiera, trabajando 10 operarios y 5 máquinas, consiguen una producción total de 10 000 tarros de mermelada. Se pide:

1. **Calcular la productividad del trabajo.**
2. **Si otras empresas que se dedican al mismo proceso fabrican 800 tarros por trabajador al día, ¿qué puedes decir acerca de la productividad de la empresa Tomatina, SA? ¿A qué puede deberse?**

1. La productividad del trabajo se calcula dividiendo el total de tarros fabricados, que es igual a 10 000, entre el número de trabajadores, que son 10. (10 000 / 10) = 1000 tarros por trabajador.
2. Si en otras empresas los trabajadores solo producen 800 tarros de mermelada al día, podemos concluir que en la empresa Tomatina, SA, los trabajadores son más productivos. Entre las razones por las que esto podría estar pasando podemos encontrarnos que la empresa Tomatina, SA, tenga mejores máquinas, que sus trabajadores estén más formados y tengan más experiencia y también puede que estén más motivados. Estas podrían ser algunas de las razones que explicarían una mayor productividad.

4.4. Sectores económicos: retos y oportunidades

Un **sector económico** se define como el conjunto de empresas que se dedican a realizar actividades económicas similares con características homogéneas.

La principal forma de clasificar los sectores económicos existentes en una economía es en función de la actividad que llevan a cabo.

- **Sector primario:** comprende todas las actividades relacionadas con la producción de alimentos (agricultura, ganadería y pesca) y, además, incluye la explotación forestal.
- **Sector secundario:** abarca todas las actividades a través de las cuales se produce la transformación de las materias primas en otros productos. A este sector pertenecen la industria, la minería, la construcción y la producción de energía.
- **Sector terciario:** engloba todos los servicios, por tanto, aquí se incluyen actividades tan diversas como educación, sanidad, turismo, comercio, transportes, etc.
- Actualmente se habla de un cuarto sector al que se denomina **sector terciario superior o cuaternario**. Este nuevo sector incluye las actividades relacionadas con la ciencia y con la técnica. Existe una demanda continua de servicios relacionados con microelectrónica, informática, biogenética, industria espacial, etc. Estos servicios precisan profesionales con un alto grado de formación, de ahí que se incluya como sector terciario superior, ya que no dejan de ser servicios. Al mismo tiempo, otros autores han observado la mayor preparación requerida, por lo que prefieren llamarlo *cuaternario* para diferenciarlo.

Actividades agrícolas, incluidas en el sector primario.

Proceso de elaboración de queso, incluido en el sector secundario.

4.4.1. ¿Cómo han evolucionado estos sectores?

A medida que las sociedades se han ido desarrollando, el peso de los diferentes sectores económicos ha ido variando como consecuencia de dos hechos principales:

- En primer lugar, la **industrialización,** proceso por el cual la mano de obra y la producción pasaron del sector primario al sector secundario.
- En un segundo momento la **terciarización,** proceso por el cual la mano de obra y la producción se han trasladado del sector primario y secundario al sector servicios.

Si observamos la evolución de la población que trabaja en los diferentes sectores para el caso de España en el último siglo, podemos apreciar cómo el porcentaje de población ocupada que se dedica a la agricultura ha disminuido. Además, inicialmente, esa mano de obra agrícola fue absorbida por el sector secundario, que, salvo en épocas de guerra, siguió creciendo hasta 1970. A partir de esa fecha observamos el segundo de los procesos descritos: la terciarización de la economía, es decir, el sector primario y secundario caen y el terciario aumenta notablemente.

Tanto la venta en cualquier establecimiento como la educación son ejemplos de servicios incluidos en el sector terciario.

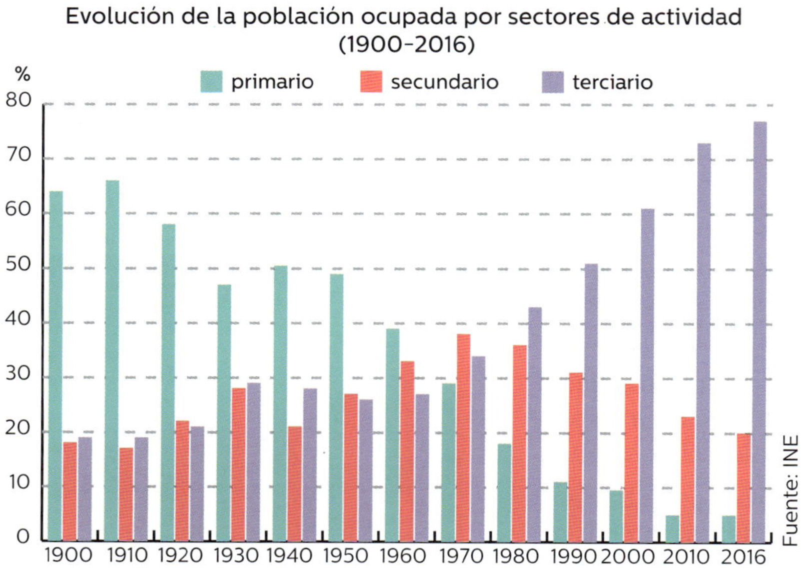

4.4.2. Los retos y las oportunidades de las empresas españolas

En primer lugar deben esforzarse en mejorar su productividad, llevando a cabo alguna de las técnicas que hemos visto en la unidad, para mantener y mejorar la competitividad en el ámbito internacional.

Además, cada vez es más necesario apostar por las nuevas tecnologías, así como tener una actitud responsable ante la sociedad.

Por último, es importante que las empresas vuelvan la vista a los yacimientos de empleo.

Los **yacimientos de empleo** se definen como aquellas actividades comerciales que satisfacen las necesidades de la sociedad actual, que se caracterizan por centrarse en mercados que ofrecen un nicho, en los que aparecen necesidades no cubiertas y que son generadores de empleo.

Los principales yacimientos de empleo en la actualidad son:

- **Servicios de turismo, ocio y deporte.** La sociedad cada vez muestra un mayor interés por viajar y por cuidarse.
- **Cuidado de mayores y niños.** El acceso de la mujer al mercado laboral ha cambiado la situación tradicional en la que ambos colectivos (niños y ancianos) eran cuidados por la mujer, que permanecía en el hogar realizando las tareas domésticas.
- **Ayuda a domicilio para personas dependientes.** Además del factor anterior que mencionábamos, se suma el progresivo aumento de la edad de la población.
- **Gestión medioambiental y ahorro energético.** Viene motivado por el agotamiento de algunos recursos y la preocupación por el deterioro del medioambiente y el cambio climático.

Los nichos de trabajo

Si vinculamos nuestro negocio a algunos de los denominados *yacimientos de empleo*, nuestras posibilidades de éxito serán mayores.

Cuidado de mayores.

Gestión medioambiental.

Servicios de ocio y cultura.

Nuevas tecnologías.

ACTIVIDADES

7 > Ahora que sabes que son los yacimientos de empleo, ¿se te ocurre algún otro diferente a los mencionados en esta página? Nómbralo.

5 Fuentes de financiación

Todas las empresas, antes de poder producir bienes y servicios, deben empezar por asegurarse los recursos con los que afrontar tanto su día a día como los requerimientos que surjan en un horizonte más alejado, es decir, a largo plazo. Así, una empresa puede necesitar de forma inmediata 10 000 euros para pagar las nóminas de los empleados de este mes, pero también debe tener presente que dentro de tres años una de las cadenas de montaje de la fábrica habrá que sustituirla y se requerirán en dicho momento 600 000 euros. El departamento financiero tiene que buscar los recursos para hacer frente a tales situaciones.

El dinero, requisito indispensable para cualquier emprendimiento.

Imaginemos que se nos ocurre que un medio de conseguir dinero consiste en acudir a una institución financiera para pedir un préstamo, pues esa es una posible vía de financiación; del mismo modo, si acudimos a pedir dinero a nuestros socios tenemos otra posible fuente de financiación.

Las **fuentes de financiación** se definen como todas y cada una de las vías a través de las cuales las empresas consiguen los recursos que necesitan para llevar a cabo sus inversiones.

5.1. Clasificación de las fuentes de financiación

Los principales criterios para clasificar las fuentes de financiación son los siguientes:

Según la procedencia: interna y externa

En su día a día, la empresa genera beneficios y parte de ellos se quedan en la propia compañía en forma de reservas con las que luego poder financiar proyectos de inversión. Estos recursos generados dentro de la empresa se denominan **financiación interna,** mientras que aquellos recursos que la empresa obtiene, pero que no se han generado en su interior, sino fuera, se denominan **financiación externa.** Sería un ejemplo de financiación externa el préstamo ofrecido por un banco o la aportación de dinero realizada por los socios.

Las fuentes para obtener un dinero pueden ser internas o externas.

Según la propiedad o titularidad: propios y ajenos

Cuando la empresa ha conseguido un préstamo se dice que ha obtenido una **fuente de financiación ajena,** en el sentido de que dichos recursos no le pertenecen. Tanto es así que se obliga a devolver lo que ha conseguido junto con unos intereses. Los préstamos pueden proceder de entidades financieras o de otras instituciones, de familiares y amigos o de los propios socios. Se les llama **recursos ajenos,** es decir, recursos que generan una deuda, un compromiso de pago en unas condiciones y términos preestablecidos. Sin embargo, cuando los socios aportan dinero en forma de capital social la empresa está obteniendo **financiación propia,** son recursos que pertenecen a la empresa. Además, esta no se compromete a devolverlos ni contrae una deuda.

Conviene aclarar que si bien podríamos identificar recursos internos con propios, así como ajenos con externos, estaríamos cometiendo un error importante a consecuencia de la consideración del capital propio. En efecto, los **recursos que genera la propia empresa,** derivados de los beneficios de su actividad, son internos; sin embargo, el **capital propio aportado por los socios** es un recurso que pertenece a la empresa, por eso es propio, pero que se ha generado fuera, de ahí que sea externo. Cada socio ha podido conseguir el dinero necesario de la manera que haya considerado oportuna (invirtiendo en Bolsa, una herencia, unos ahorros, etc.). Por ello, no podemos identificar interno con propio y externo con ajeno o, al menos, debemos acordarnos siempre de la peculiaridad que presenta el capital de los socios.

Según el plazo de devolución: corto plazo y largo plazo

Algunos recursos nos comprometemos a devolverlos en un plazo inferior al año (financiación a corto plazo), mientras que otros, como por ejemplo un préstamo hipotecario, tienen un plazo de devolución superior a los 12 meses (financiación a largo plazo).

Conviene advertir que las empresas son conscientes de los pros y los contras de la **autofinanciación,** pero para muchas de ellas, como las pymes, la mayoría de las veces es la única opción disponible.

5.2. Tipos de fuentes de financiación

A continuación, vamos a estudiar algunas de las principales fuentes financieras con las que puede contar una empresa.

- **Reservas:** cuando una empresa obtiene beneficios y, de ellos, retiene una parte dentro de la empresa, dicha parte recibe el nombre de *reservas*, y constituye la autofinanciación de enriquecimiento.
- **Amortización:** es la cuantificación de la depreciación. Coste que refleja la pérdida de valor que experimentan los equipos de una empresa a lo largo del tiempo. Ejemplo: si una máquina dura tres años, al término de los cuales necesito 30 000 euros para sustituirla; cada año debo cuantificar 10 000 euros como amortización, de tal forma que, al cabo de ese plazo tendré ahorrado el dinero necesario para sustituirla.
- **Provisiones:** las empresas destinan una parte de sus beneficios a constituir fondos con los que hacer frente a posibles imprevistos. Ejemplo: constituimos una provisión por si tuviéramos que retirar un producto del mercado ante el posible cambio de normativa.
- **Préstamos:** son las cantidades concretas que la empresa recibe de una institución financiera, de otras entidades, de familiares y amigos o de los propios socios y que debe devolver con intereses a corto plazo o a largo plazo.

¡OJO!

Ventajas e inconvenientes de la autofinanciación

Cuando una empresa se autofinancia obtiene dos ventajas:

a) La independencia o autonomía de no haber tenido que pedir a nadie los recursos.

b) El no tener que remunerar la obtención de los mismos.

A cambio se le presentan una serie de inconvenientes:

a) El dinero que se queda puede provocar el descontento de los socios accionistas que quieren un reparto de dividendos.

b) A veces, disponer de la autofinanciación de manera automática hace que los recursos sean destinados a proyectos que no son rentables.

ACTIVIDADES

8 > ¿Qué tipo de financiación es el capital aportado por los socios atendiendo a los tres criterios estudiados?

9 > ¿Cuál es el plazo de tiempo que separa la financiación a corto plazo de la de a largo plazo?

- **Crédito bancario:** es el derecho que concede una institución financiera a disponer de dinero con un límite determinado durante un periodo de tiempo. Ejemplo: solicitar una línea de crédito de 3000 euros sin saber si finalmente necesitaré 3000 euros o tal vez menos. Solo pagaré intereses por lo que realmente acabe utilizando.
- **Crédito comercial:** es la financiación que nos ofrecen nuestros proveedores cuando nos dejan las mercancías sin cobrar por un tiempo, que normalmente suele ser de 30, 60 o 90 días.
- **Descuento de efectos:** cuando una empresa necesita liquidez y tiene algún derecho de cobro sobre sus clientes puede acudir a una institución financiera para descontar dichos derechos de cobro, en lugar de esperar a que llegue la fecha de vencimiento del mismo.
- ***Factoring:*** para adelantar el cobro de clientes se pueden ceder los créditos comerciales a una empresa especializada en cobrar a los clientes, que se denomina *sociedad factor* y que asume el riesgo de impago. La entidad compra los derechos de cobro a la empresa que necesita liquidez y adelanta el importe convenido. El principal problema es que resulta bastante cara.
- ***Leasing:*** es un contrato de arrendamiento o alquiler por el que un fabricante o arrendador garantiza a un arrendatario o usuario el uso de un bien a cambio de un alquiler que el arrendatario pagará durante un periodo de tiempo, al final del cual podrá ejercer el derecho a comprar dicho bien.
- **Acciones:** son títulos de renta variable y se encuadran en la financiación propia. Representan una parte de la empresa y sus poseedores se convierten en socios.
- **Obligaciones:** son títulos de renta fija y forman parte de la financiación ajena. Representan una parte de la deuda de una empresa y los poseedores de obligaciones se convierten en acreedores.

El crédito bancario suele tener un tope de 3000 euros.

A través de las tarjetas bancarias un cliente puede contratar un préstamo bancario.

Principales fuentes de financiación

- **Financiación propia**
  - Reservas
  - Acciones
  - Amortización
  - Provisiones
- **Financiación ajena**
  - A corto plazo (CP)
    - Crédito comercial
    - Préstamos y créditos bancarios
    - Descuento de efectos
    - *Factoring*
  - A largo plazo (LP)
    - Préstamos y créditos bancarios
    - Obligaciones
    - *Leasing*

6 Los costes en la empresa

Los costes son tan importantes dentro de la empresa porque representan el inicio de la propia actividad, es decir, toda empresa incurre en costes al producir. Además, es necesario conocer todos y cada uno de los costes para poder valorar el impacto de los mismos en nuestro negocio y, de este modo, dedicar nuestros esfuerzos y recursos al seguimiento y control de los más representativos.

Para calcular el coste de los productos fabricados surge la contabilidad analítica, ya que necesitamos contemplar la información contable bajo diversas ópticas. Así es posible clasificar los costes en los que incurre la empresa desde diferentes puntos de vista.

Vamos a recoger a continuación la clasificación más utilizada **en función del volumen de producción:**

- **Costes fijos (CF).** Aquellos que permanecen constantes independientemente de que aumente o disminuya la producción. Ejemplo: nosotros tendremos el mismo coste de alquiler de local, al margen de que produzcamos más o menos.
- **Costes variables (CV).** Aquellos que varían en función del volumen de producción. Ejemplo: en una empresa que se dedica a hacer *pizzas* las materias primas representan un coste variable; a medida que produzcamos más pizzas consumiremos más ingredientes y, por tanto, su coste aumentará.

Cuando una empresa tiene sus costes fijos y sus costes variables está en condiciones de calcular sus **costes totales** (CT), que se definen como la suma de ambos.

$$CT = CF + CV$$

Además, el **coste medio o coste por unidad** (Cu), que se obtiene dividiendo el coste total entre el número de unidades producidas (Q).

$$Cu = \frac{CT}{Q}$$

Si por otro lado la empresa calcula sus ingresos, es decir, lo que obtiene por la venta de los productos, tendremos que los **ingresos totales** (IT) son el resultado de multiplicar el precio de venta (Pv) por las unidades.

$$IT = Pv \times Q$$

En este momento, la empresa puede calcular sus **beneficios totales** (B$^{\underline{o}}$T), que se obtienen de la diferencia entre ingresos totales y costes totales.

$$B^{\underline{o}}T = IT - CT$$

Y podría, igual que el coste unitario, calcular el **beneficio unitario**.

$$B^{\underline{o}}\ unitario = \frac{B^{\underline{o}}\ T}{Q}$$

También puede calcularlo diciendo: $B^{\underline{o}}\ unitario = Pv - Cu$

En la medida en que las empresas consigan reducir sus costes les resultará más fácil obtener beneficios a través de los ingresos.

¡OJO!

Las empresas hacen todo lo posible por tratar de reducir sus costes. Ahora bien, muchas veces detrás de una reducción de costes puede haber comportamientos poco éticos por parte de las empresas.

ACTIVIDADES RESUELTAS

Una empresa dedicada a la venta de ventanas de doble cristal tiene los siguientes costes diarios: alquiler del local = 200 euros, mobiliario y equipo = 150 euros, salario de un trabajador = 60 euros, materia prima (por ventana) = 70 euros. Teniendo en cuenta los datos anteriores y que el precio de venta es de 200 euros (precio unitario), se pide completar la siguiente tabla:

Número de trabajadores	Número de ventanas	Costes fijos	Costes variables	Costes totales	Coste unitario	Ingresos totales	Beneficios totales
0	0						
1	20						
3	150						

Lo primero es identificar qué costes del enunciado son fijos y no dependen del volumen de producción, y qué costes son variables y dependen del volumen de producción. El alquiler del local, el mobiliario y el equipo constituyen nuestros costes fijos, que debemos abonar al margen del número de ventanas fabricadas. Por tanto, CF = 350 euros.

El personal contratado, así como las materias primas consumidas, sí van a variar en función del número de ventanas, por tanto, constituyen nuestros costes variables.

En la primera fila, si no contratamos a nadie ni fabricamos nada, los costes variables son 0.

En la segunda fila, contamos con un trabajador al que pagamos 60 euros y fabricamos 20 ventanas, cada una de las cuales tiene un coste de materias primas de 70 euros. Por lo tanto: CV = (1 × 60) + (20 × 70) = 1460 €.

En la tercera fila los costes variables son los siguientes: (3 × 60) + (150 × 70) = 180 + 10 500 = 10 680 €

Para calcular los CT sumamos los costes fijos y variables que ya hemos calculado. CT = CF + CV. Los CT son igual a 350 euros en la primera fila, dado que solo hay costes fijos, mientras que en las siguientes ascienden a 1810 y 11 030 euros, respectivamente.

A continuación nos piden el coste unitario, que resulta de dividir los costes totales entre el número de unidades. Esta es la fórmula: Cu = CT / Q

$$Cu_1 = 350 / 0 = \infty;\ Cu_2 = 1810 / 20 = 90{,}5\ €;\ Cu_3 = 11030 / 150 = 73{,}53\ €$$

Para calcular los ingresos totales multiplicaremos el precio de venta que nos da el enunciado (igual a 200 euros) por el número de unidades vendidas. En estos ejercicios estamos suponiendo que lo producido y lo vendido coinciden, aunque, como podéis suponer, en la vida real no siempre resulta así: IT = Pv × Q

$$IT_1 = 200 \times 0 = 0\ €;\ IT_2 = 200 \times 20 = 4000\ €;\ IT_3 = 200 \times 150 = 30000\ €$$

Al tener todos los datos sobre costes totales e ingresos totales, ahora estamos en condiciones de calcular los beneficios totales de esta empresa: BºT = IT – CT

$$BºT_1 = 0 - 350 = -350\ €$$

Dado que en la primera fila no se produce nada, no se tienen costes variables. Además, como no se produce nada no podemos vender; en consecuencia, no tenemos ingresos, pero eso no quita para que tengamos que pagar los costes fijos y, por tanto, nuestros beneficios sean negativos o, lo que es lo mismo, tengamos pérdidas.

$$BºT_2 = 4000 - 1810 = 2190\ €$$

$$BºT_3 = 30\,000 - 11\,030 = 18\,970\ €$$

Número de trabajadores	Número de ventanas	Costes fijos	Costes variables	Costes totales	Coste unitario	Ingresos totales	Beneficios totales
0	0	350	0	350	∞	0	–350
1	20	350	1460	1810	90,5	4000	2190
3	150	350	10 680	11 030	73,53	30 000	18 970

7 Trámites para la puesta en marcha de una empresa

Las empresas tienen unas obligaciones con el Estado y deben realizar diferentes trámites para actuar dentro del marco de la legalidad, que son los que se exponen a continuación.

Abrir un negocio requiere cumplimentar una serie de trámites.

Trámites mercantiles

- La empresa debe solicitar la **certificación negativa de nombre o razón social** ante el Registro Mercantil. Se trata de comprobar que el nombre de la empresa no coincide con el de otra ya existente.
- **Elevar a escritura pública** ante notario el acuerdo de constitución de la sociedad.
- **Inscribir la empresa** en el Registro Mercantil.
- **Legalizar ante el Registro Mercantil** los siguientes libros: Libro de inventarios y cuentas anuales. Libro diario. Libro de actas de las juntas generales. Libro de registro de socios (solo para las sociedades limitadas). Libro-registro de acciones nominativas (sociedades anónimas). Libro-registro de contratos entre el socio único y la sociedad (solo para las sociedades unipersonales).

Trámites fiscales

- En el caso de sociedades, la Agencia Estatal de Administración Tributaria (AEAT) nos asignará un **número de identificación fiscal (NIF),** primero provisional y luego definitivo, que debe aparecer en todos los trámites, facturas y documentos fiscales posteriores.
- **Impuesto sobre transmisiones patrimoniales y actos jurídicos documentados.** La creación de empresas exime de este impuesto.
- Presentar la **declaración censal** de inicio de actividad en la AEAT.
- Darse de alta en el **impuesto sobre actividades económicas (IAE).**

Trámites sociales

- **Alta de los empresarios en el régimen especial de trabajadores autónomos (RETA)** en la Tesorería General de la Seguridad Social (TGSS), en el caso de empresarios individuales, sociedades civiles o comunidades de bienes. En las sociedades mercantiles los **socios trabajadores** y los **socios capitalistas no trabajadores** se dan de alta según el porcentaje de capital que posean. En las cooperativas los socios eligen el régimen en el que se darán de alta.
- **Inscribir la empresa en la TGSS,** cuando el empresario vaya a contratar por primera vez a trabajadores.
- Elegir la entidad que asume la **cobertura de riesgos de accidentes laborales y enfermedades profesionales.**
- Comunicar a la **Dirección General de Trabajo** la **apertura de los centros de trabajo** que habilite la empresa.
- Presentar ante dicha Dirección el **libro de visitas,** que recoge las actuaciones de los inspectores de trabajo.
- **Afiliar a los trabajadores en el régimen general de la Seguridad Social** a través de la Tesorería General de la Seguridad Social.
- Registrar los **contratos de los trabajadores** en el Servicio Público de Empleo Estatal (SEPE) antes de diez días.

¿En qué momento debe llevarse a cabo cada uno de estos trámites?

Antes del inicio de la actividad

1. Presentar la declaración censal y solicitud de NIF.
2. Legalización del libro de visitas.

Durante el mes siguiente al inicio de la actividad

3. Alta del impuesto de actividades económicas (IAE).
4. Alta del empresario o profesional en el régimen especial de trabajadores autónomos.

En caso de contratación de trabajadores y antes de su incorporación al puesto

5. Inscribir la empresa en la Seguridad Social.
6. Afiliación y alta de los trabajadores en la Seguridad Social.
7. Comunicación de apertura del centro de trabajo.
8. Registrar los contratos de los trabajadores en el Servicio Público de Empleo Estatal (SEPE) (plazo de 10 días desde el alta).

Trámites municipales

- Obtener la **licencia de apertura** para establecimientos que requieren licencias de apertura especiales como, por ejemplo, un estanco, una farmacia, una administración de lotería, un bar, etc.
- Solicitar la **licencia de obra,** en caso de que el establecimiento en el que vamos a desarrollar la actividad precise de una reforma.

Además de estos trámites de constitución, existen obligaciones fiscales periódicas, como son IVA, IRPF e IS.

Impuestos

- **IVA** (impuesto sobre el valor añadido). Este impuesto se establece sobre el consumo de bienes y servicios. Todas las empresas están obligadas a registrar todas sus operaciones de compra y venta, y liquidar el IVA trimestralmente.
- **IRPF** (impuesto sobre la renta de las personas físicas). Este impuesto grava las rentas que perciben las personas físicas; los autónomos son personas físicas, de manera que pagarán el IRPF. Este impuesto tiene naturaleza progresiva y eso significa que paga más aquel que ingresa más renta.
- **IS** (impuesto de sociedades). Este impuesto grava los beneficios obtenidos por las empresas, las cuales son personas jurídicas. El impuesto de sociedades es un porcentaje fijo sobre los impuestos. Desde el 1 de enero de 2016, el tipo de gravamen es del 25 % aplicable a todo tipo de empresas grandes o pymes. Por ejemplo, una empresa que obtenga un beneficio de 10 000 euros al tipo actual del 25 % pagará de impuestos = 0,25 × 10 000 = 2500 euros.

Tipos de IVA

El IVA tiene tres tipos impositivos diferentes; así, los productos de primera necesidad llevan un 4 %, una categoría intermedia de bienes y servicios, como el transporte de viajeros, tiene un 10 %, y el resto de los bienes y servicios tributan al 21 %.

7.1. Consecuencias del fraude fiscal

A menudo escuchamos a nuestros mayores quejarse del pago de impuestos, del mismo modo que todos opinamos que nos gustaría que hubiera más becas, más escuelas, más hospitales... Todos deseamos que el Estado recaude lo menos posible (en ese momento nos toca pagar) y que luego reparta lo máximo posible (momento en el que recibimos). La realidad es que nuestro planteamiento no es sostenible; esto hace crucial el hecho de que todas las empresas y todos los ciudadanos paguemos la parte que nos corresponde, ya que, de no hacerlo, seguramente el Estado tenga que volver a subirlos para recaudar la parte de los que defraudan al Estado.

Es vital que reprobemos a las empresas y personas que evitan el pago de impuestos y que entendamos que su actitud nos perjudica a todos. Si nadie paga es imposible sostener la sanidad, la educación, las carreteras, etc., y tampoco es justo que siempre paguen los mismos.

ACTIVIDADES

10 > «El 72 % del fraude fiscal de este país lo hacen las grandes empresas y las grandes fortunas». Con estas palabras, focalizaba el coordinador en Asturias del Sindicato de Técnicos del Ministerio de Hacienda, Jesús Barcelona, la problemática del fraude fiscal en España, un asunto que hace que «el Estado pierda 90 000 millones de euros al año». Este resultado muestra un país a la cabeza del fraude fiscal en Europa. Hace poco el Gobierno lanzaba la campaña: «Menos fraude, menos recortes». ¿Estas de acuerdo con este eslogan? Justifica tu respuesta.

YouTube y la economía

1. ¿Qué es una empresa?

1 Según el vídeo, ¿qué diferencia un negocio de una empresa?

2 ¿Qué ejemplos de empresas y negocios aparecen en el vídeo?

3 Pon ejemplos de negocios y empresas diferentes a los recogidos en el apartado anterior.

2. La empresa y su entorno

1 ¿Qué criterios de clasificación de empresas se recogen en este vídeo?

2 ¿Qué otro nombre reciben en el vídeo el entorno genérico y el específico?

3 ¿Podrías expresar con tus palabras en qué consiste el análisis DAFO que aparece en este vídeo?

3. Tipos de empresas

1 ¿Por qué dos tipos de empresas suelen apostar las pymes en el ámbito jurídico?

2 ¿Qué les hará decidirse por uno u otro tipo?

3 ¿Qué es la certificación negativa de nombre? ¿Dónde se solicita?

4. Lucha contra el fraude fiscal

1 ¿Qué significa el eslogan: «Fraude fiscal, tú también lo pagas»?

2 ¿Qué medidas ha tomado el Gobierno de Navarra para luchar contra el fraude fiscal?

3 ¿Cuánto ha sido el dinero que se ha podido recuperar de todo el dinero defraudado?

4 ¿Qué podemos hacer nosotros para luchar contra el fraude fiscal?

DIRECCIONES WEB

1. <http://bit.ly/1Z07dff>
2. <http://bit.ly/1Joqmpj>
3. <http://bit.ly/1Tz6ujB>
4. <https://bit.ly/2DVGzow>

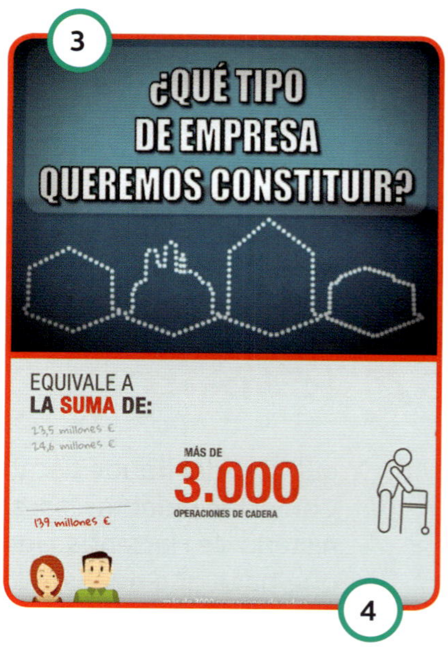

Cine y economía

El secreto de mi éxito, EE. UU., 1987, Herbert Ross

Brantley Foster (Michael J. Fox) es un joven de Kansas que acaba de finalizar sus estudios universitarios. El muchacho es muy emprendedor y ambicioso, por lo que decide trasladarse a Nueva York para alcanzar su sueño: ser un importante ejecutivo. Una vez en La Gran Manzana, Brantley pide ayuda a su tío Howard Prescott (Richard Jordan), un importante magnate de los negocios que posee una multinacional llamada Pemrose Incorporated. Howard le ofrece un empleo, pero no es precisamente el que había deseado, ya que le coloca en el departamento de correspondencia. Una vez que empieza a trabajar y a percatarse de los entresijos de la compañía, el chico conoce a Christy Wills, una ejecutiva de la que se queda prendado. Más allá de la historia de amor que aparece en la película, nos muestra el afán de superación de un joven por hacerse un hueco en una gran compañía.

Fuente: SensaCine

ACTIVIDADES

1 > ¿Qué descubre nuestro protagonista al trabajar en el departamento de correspondencia de la empresa?

2 > ¿Qué hace para conquistar a Christy Wils y qué observamos a través de dicho comportamiento?

Lecturas de contenido económico

Multimillonarios por accidente: el nacimiento de Facebook (2010), de Ben Mezrich.

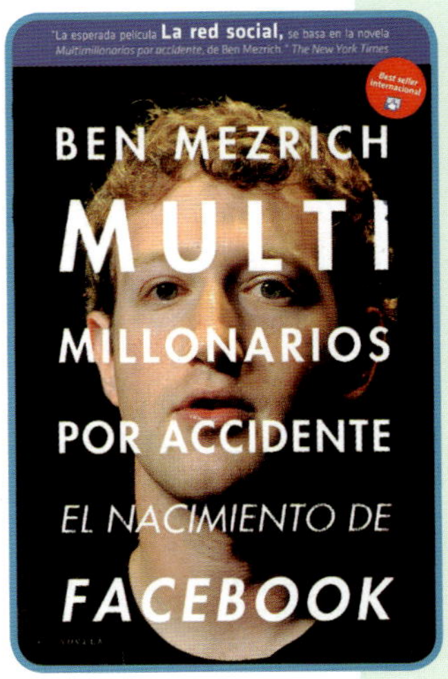

Esta novela recoge la fundación de la empresa Facebook, la red social más popular en el mundo en la actualidad. En sus páginas se narra el talento de sus fundadores (entre ellos, Mark Zuckerberg), el dinero de los inversores, las traiciones... En 2010 se llevó al cine la película basada en esta novela, *La red social*.

ACTIVIDADES

1 > ¿Dónde está ambientada la película *La red social*? ¿Cómo se muestra al protagonista? Describe sus principales características.

2 > ¿Qué sucede la última semana de octubre de 2003, qué da lugar al nacimiento de Facebook?

3 > ¿Te parecen correctos, éticos y apropiados los comienzos de Facebook?

Suma lanza un crowdfunding para un piso de acogida de ASPANION para niños oncológicos

***ABC*, 8/11/2018** <https://bit.ly/2QkfqBh>

Suma Gestión Tributaria se ha planteado un nuevo reto a través de su programa de voluntariado. En esta ocasión, será mediante un *crowdfunding* (donación popular) dirigido a ayudar a la Asociación ASPANION a acondicionar un piso de acogida que tiene en Alicante para apoyar a las familias de niños oncológicos.

Tras conocer las necesidades existentes para respaldar esta importante labor de apoyo a los familiares, el voluntariado del organismo dependiente de la Diputación de Alicante no ha dudado en lanzar esta iniciativa para sumar su granito de arena y hacerla extensiva al conjunto de la sociedad.

Para ello, se ha dado de alta el reto «Piso Solidario» en la web de *crowdfunding* migranodearena.org para que cualquier persona que lo desee pueda donar la cantidad que considere, por pequeña que sea. Asimismo, la iniciativa se ha hecho extensiva al Congreso Internacional de Inteligencia Artificial, que se celebrará el próximo 23 de noviembre en el ADDA y que congregará a más de 1200 asistentes. Una parte de la recaudación del cóctel que se servirá se destinará a este proyecto.

El Voluntariado de Suma es un proyecto que nació hace casi dos años, a iniciativa de un grupo de trabajadores del organismo de gestión tributaria con el respaldo de la dirección. En este tiempo han sido varias las causas sociales que se han promovido con éxito, entre ellas la recogida de material escolar para la asociación ACCII y destinado a un colegio de Togo, la recaudación de fondos para la infancia en el Día de la Banderita de Cruz Roja, la recaudación de alimentos y juguetes para Cáritas y Cruz Roja o la participación en la carrera contra el cáncer de mama de APAMM.

Con el lema «Cuidar a los que cuidan», ASPANION desarrolla una importante labor de apoyo a las familias de niños oncológicos desde 1985 en la Comunidad Valenciana. [...]

Crowdfunding *para recuperar lana autóctona*

***Cinco días*, 26/04/2018** <https://bit.ly/2r5kc7t>

Se llama *oveja guirra,* habita el litoral mediterráneo y, a través del proyecto Esquellana, nombre que resulta de la combinación en valenciano de *esquella,* 'cencerro', y *llana,* 'lana', se quiere revertir el proceso de su extinción. Solo quedan unos 5000 ejemplares.

Para conseguir financiación, Esquellana puso en marcha una campaña de micromecenazgo a finales de 2017, a través de Lateuaterra.org, la primera plataforma valenciana de *crowdfunding* dedicada a proyectos medioambientales, ecológicos y sostenibles, que ha sido un éxito, ya que han conseguido más de 13 000 euros precisos para echar a andar la iniciativa. [...]

¿*Qué es el* crowdfunding?

***TICbeat*, 13/02/2016:** <http://bit.ly/2OWg7kd>

El *crowdfunding*, o financiación colectiva de proyectos, existe desde el siglo XVIII, pero el auge de internet ha generado múltiples oportunidades para ponerla en práctica.

En 1728, un editor de libros alemán llamado Johan Heinrich Zedler empezó a publicar las obras de Martín Lutero tras haber puesto en marcha un sistema de suscripción mediante el que los compradores pagaban los volúmenes antes de que se imprimieran.

Más de un siglo después, Joseph Pulitzer puso en marcha una campaña a través del *New York World* para recaudar fondos que permitieran financiar el pedestal de la Estatua de la Libertad. Seis meses después había superado los 100 000 dólares, la mayor parte procedente de microdonaciones (el total de donantes fue superior a los 125 000).

En 1989, el grupo de rock español Extremoduro pudo sacar su primer disco al mercado gracias a un sistema similar: «Se nos ocurrió una locura, que fue empezar a vender el disco antes de hacerlo [...] con eso sacamos 250 000 pesetas y con eso nos vinimos a Madrid a un estudio a grabarlo».

Pero ¿de qué hablamos cuando hablamos de *crowdfunding*?

Los tres fueron pioneros en la aplicación a sus respectivos campos de un sistema de financiación colectiva que, años después, tras la popularización de internet, vendría a llamarse *crowdfunding* y consiste en un sistema de financiación colectiva por el cual un proyecto recauda el dinero requerido través de donaciones *online*.

No existen limitaciones en cuanto a la clase de proyectos que podemos impulsar a través de este sistema de micromecenazgo: desde proyectos artísticos (como libros, discos o películas) hasta *gadgets*, pasando por la creación de empresas o la financiación de campañas políticas.

El *crowdfunding* está dirigido a ampliar lo máximo posible la base de donantes, en lugar de aspirar a donaciones de gran cuantía. Para ello, facilita que los responsables del proyecto puedan comunicarse a través de la red con miles o millones de potenciales inversores. Además, es frecuente que a cambio de ese apoyo ofrezcan recompensas en forma de participaciones, servicios o productos, si bien la colaboración puede ser también altruista.

¿Cómo funciona una campaña de *crowdfunding* de recompensas?

Este tipo de *crowdfunding* es el más habitual y el más accesible para la mayor parte de los usuarios. En esta modalidad el creador difunde su proyecto a través de una plataforma *online*, desde la que informa a los usuarios de la historia, meta y objetivos del mismo, así como de la cuantía que necesita y de cuánto tiempo dispone para recaudarlo. Es importante que deje claro cuáles serán los plazos para la puesta en marcha y en qué se utilizará el dinero donado.

ACTIVIDADES

1 > ¿En qué consiste la financiación de un proyecto a través del *crowdfunding*?

2 > ¿Qué ejemplos de *crowdfunding* aparecen en los textos de esta página? ¿Cuál de ellos te resulta más curioso? ¿Hay algún tipo de *crowfunding* en tu comunidad?

3 > Busca en internet diferentes plataformas de *crowdfunding* y comenta cómo funciona cada una de ellas.

4 > Investiga y averigua en qué consisten el *equity crowdfunding* y el *crowdlending*. ¿En qué se diferencian estas dos variantes de *crowdfunding* del *crowdfunding* tradicional o de recompensas que aparece en los textos de esta página?

1 Una empresa dedicada a la producción y venta de frigoríficos presenta los siguientes costes:

- Alquiler del local: 10 000 euros
- Mobiliario y equipo: 8000 euros
- Salario de un trabajador: 12 000 euros
- Materia prima por frigorífico: 500 euros

Teniendo en cuenta los datos anteriores y que el precio de venta es de 800 euros, completa en tu cuaderno la siguiente tabla:

Número de trabajadores	Número de frigoríficos	Costes fijos	Costes variables	Costes totales	Coste unitario	Ingresos totales	Beneficios totales
0	0						
1	120						
2	360						
3	600						
4	720						
5	800						
6	840						

2 Elabora un esquema en tu cuaderno con los diferentes tipos de empresas atendiendo a los distintos criterios estudiados.

3 Las dos formas jurídicas más utilizadas son las sociedades anónimas y las sociedades limitadas. Comenta dos semejanzas y dos diferencias entre ambas.

4 Señala y explica la clasificación de las empresas según la titularidad de su capital.

5 La empresa McDonald's quiere que le ayudes a identificar cuáles de sus siguientes costes son fijos y cuáles variables:

- Ingredientes para elaborar las hamburguesas.
- Electricidad.
- Local.
- Mesas y sillas del local.

6 Realiza un esquema donde se recojan los diferentes autores que han hablado sobre las características que debe tener un empresario y señala en qué consiste su aportación y en qué siglo la realiza.

7 ¿Cuáles son las principales características de un empresario autónomo? ¿Cuál es la principal ventaja de este tipo de empresa? ¿Y el principal inconveniente?

8 Clasifica los siguientes empleados dentro del área funcional de la empresa a la que pertenecen:

- Encargado de pedir las existencias que entran en el almacén.
- Encargado de ensamblar los diferentes componentes del producto.
- Encargada de llevar a cabo la campaña publicitaria de la empresa.
- Encargada de seleccionar al nuevo jefe de almacén.
- Becario que está investigando junto a su supervisor cómo poder obtener un producto similar al actual, pero más resistente.
- Encargada de invertir los beneficios obtenidos de la forma más rentable posible.

9 Luisma y Jose son dos hermanos emprendedores que quieren iniciar un negocio familiar de elaboración de helados (en el que ya tienen cierta experiencia) para poder salir del paro, ganar dinero y ser independientes. Indica el tipo de forma jurídica más adecuada para este negocio, teniendo en cuenta las siguientes circunstancias:

- Solo pueden aportar 3500 euros entre los dos.
- No quieren responder de las posibles deudas que genere la empresa con el piso en el que viven.

Justifica la respuesta para cada una de las dos circunstancias del enunciado.

L **10** Tres amigos quieren montar una empresa de videojuegos, limitando su responsabilidad patrimonial al capital aportado, que asciende a un total de 45 000 euros (15 000 euros cada uno). Cita dos formas jurídicas que podrían adoptar, justificando que cumplen los requisitos exigidos por cada una de ellas.

L **11** Describe brevemente los criterios fundamentales de clasificación de las fuentes de financiación de una empresa.

L **12** Señala y explica las principales diferencias entre la financiación ajena y la autofinanciación de una empresa. Añade dos ejemplos de cada una de ellas.

L **13** Enumera tres diferencias entre acciones y obligaciones.

E **14** Imagina que decides montar un restaurante con varios de tus compañeros. Teniendo en cuenta que acabas de estudiar los componentes de cualquier empresa, analiza para este caso cómo se concreta cada uno de ellos.

T **15** Para producir 18 unidades de un bien podemos utilizar las siguientes combinaciones:

Producción	Trabajo	Capital
18	2	1
18	1	2
18	1	3
18	2	2

¿Qué proceso escogerías? ¿Por qué? ¿Te interesaría saber el precio de las máquinas y el coste de los trabajadores o puedes tomar la decisión sin conocer dichos datos? Justifica tu respuesta.

16 ¿Cuándo decimos que un proceso productivo es eficiente técnicamente respecto a otro? ¿Y cuándo decimos que es más eficiente económicamente?

T **17** Para producir 40 unidades de un producto se nos plantean las siguientes posibilidades:

Posibilidades	Trabajo	Capital
A	4	1
B	1	4
C	4	2
D	2	4

Responde a las siguientes cuestiones.

- ¿Qué procesos son eficientes técnicamente?
- Sabiendo que el coste del trabajo es 35 euros y el de la máquina 90 euros, ¿qué proceso es el más eficiente económicamente?
- Si el coste del trabajo fuera 25 euros y el de las máquinas 100 euros, ¿qué proceso es el más eficiente económicamente?

18 Comenta si la siguiente afirmación es verdadera o falsa: «Siempre que aumente la producción de una empresa supondrá un aumento de la productividad».

S **19** ¿Sabes a qué sector económico pertenecen la mayoría de las empresas en España?

D **20** Investiga qué es una microempresa.

21 Define el concepto de *fuentes de financiación de una empresa*.

S L **22** Uno de los principales objetivos de las empresas es maximizar beneficios y para ello las empresas intentan reducir sus costes.

- ¿Podrías poner algún ejemplo de cómo en la actualidad las empresas tratan de reducir los costes?
- ¿Te parecen correctas o éticas las medidas que acabas de nombrar?
- En caso de que no te lo parezcan, ¿qué se te ocurre para ahorrar costes de forma ética?

23 Una empresa que se dedica a la producción de material deportivo quiere que la ayudes a identificar si los siguientes elementos que la están afectando forman parte del entorno genérico o del entorno específico:

- El Gobierno acaba de subir el impuesto de sociedades.
- Una nueva empresa de ropa deportiva está sacando ropa y zapatillas de mucha calidad, y a un precio muy competitivo.
- Los tipos de interés de los préstamos bancarios caen por tercer mes consecutivo.

S **24** De los yacimientos de empleo que hemos estudiado que existen en la actualidad, ¿cuáles se dan en tu comunidad?

25 En tu cuaderno, une las definiciones de la primera columna con los conceptos que aparecen en la segunda.

Columna A
Aquella empresa que pertenece a los particulares se denomina...
Aquellas empresas que tienen entre 50 y 249 trabajadores reciben el nombre de...
El tramo del IVA que se articula mediante un 21% se denomina...
El proceso por el cual la mano de obra pasa de los sectores primarios y secundarios al sector terciario se denomina...
El proceso por el cual la mano de obra pasa del sector primario al sector secundario se denomina...

Columna B
Industrialización
Terciarización
Empresas medianas
Empresa privada
IVA general

T **26** Una empresa debe decidir entre una de las siguientes tecnologías:

Con todas ellas obtiene la misma producción, es decir, con todas está produciendo 10 000 kg de arroz.

Tecnología	Trabajo	Máquinas
A	2	3
B	3	2
C	4	3

a) ¿Qué tecnología es más eficiente técnicamente? Razona tu respuesta.

b) ¿Cuál es la tecnología más eficiente económicamente? Razona tu respuesta.

27 ¿Cuáles son las cualidades que observamos al analizar un proceso productivo cualquiera?

T **28** Una empresa incurre en unos costes fijos de 20 000 euros y en unos costes variables de 50 000 euros cuando produce 100 motos. Sabiendo que el precio de venta de dicho producto es de 1300 euros, se pide:

- Calcular el coste unitario del producto.
- Calcular los beneficios que obtiene la empresa si vende las 100 unidades producidas.

S **29** Indica en qué sector económico se clasifican las siguientes actividades:

- Una granja de crianza de avestruces.
- Una empresa que elabora maceteros.
- Una academia de peluquería.
- Una cooperativa agrícola que elabora con sus cosechas aceite y vino.

30 Cita las principales características de una sociedad limitada.

31 Explica con tus propias palabras qué es el *factoring*.

32 Razona si los siguientes cambios que sufre una empresa dedicada a fabricar muebles forman parte del entorno genérico o del entorno específico.

a) El Gobierno aumenta el impuesto de sociedades que deben pagar todas las empresas.

b) Los precios de los diferentes tipos de madera se encarecen.

33 El restaurante Viva la Pasta consigue servir a diario 1000 menús, y cuenta para ello con diez personas que trabajan ocho horas cada una de ellas.

Se pide: calcular la productividad del personal laboral por hora de esta empresa.

- Si la media del sector está en atender 15 menús por hora, ¿cuál es la situación de la empresa en relación con la media del sector?
- ¿Qué podrían hacer para aproximarse a la media del sector?

Elabora un mapa conceptual sobre los contenidos que has trabajado en esta unidad a partir de las ideas principales que se ofrecen a continuación.

1. La empresa es un agente económico cuya función principal es producir bienes y servicios.

2. Entre sus principales objetivos se encuentra la maximización del beneficio.

3. Para conseguir sus objetivos, la empresa se organiza en diferentes áreas.

4. Las principales áreas funcionales de una empresa son las siguientes: producción, compras, comercial, RRHH, finanzas e I+D+i.

5. La empresa cuenta con diferentes compontes, entre los que destacan: grupo humano, patrimonio, organización y entorno.

6. Existen distintos criterios para clasificar las empresas.

7. Entre los principales criterios tenemos su titularidad, sector, ámbito de actuación, tamaño y forma jurídica.

8. Encontramos empresas con:
   - Personalidad física
   - Personalidad jurídica:
     - Sociedades mercantiles (personalistas y capitalistas)
     - Sociedades de interés social

9. Si nos centramos en el proceso productivo que llevan a cabo las empresas observamos eficiencia, capacidad, flexibilidad y efectividad.

10. Los procesos productivos pueden ser de varias clases:
    - Por encargo o para el mercado
    - Individualizado y en serie
    - Continuo e intermitente
    - Simple y múltiple

11. En todo proceso se busca elevar la productividad, la cual depende de la formación, la experiencia, la maquinaria y la motivación.

12. Para funcionar, la empresa precisa financiación, que se clasifica en varios tipos:
    - C/P y L/P
    - Interna y externa
    - Propia y ajena

13. Las empresas deben calcular sus CF, CV, CT, IT y beneficios.

14. Para su constitución y puesta en marcha, la empresa debe llevar a cabo diferentes trámites: mercantiles, fiscales, sociales y municipales.

15. Entre las obligaciones fiscales periódicas de las empresas destacan:
    - IVA
    - IRPF
    - IS

16. Destaca la figura del empresario al frente de la empresa, de la que han hablado autores como Adam Smith, Marshall, Schumpeter, Knight, Galbraith y Kirzner.

GLOSARIO

Elabora un diccionario económico con los principales términos utilizados en esta unidad.

- Grupo humano
- Patrimonio
- Organización
- Entorno genérico
- Entorno específico
- Empresas privadas
- Empresas públicas
- Empresas mixtas
- Empresas pequeñas
- Empresas medianas
- Empresas grandes
- Personalidad física
- Personalidad jurídica
- Empresas personalistas
- Empresas capitalistas
- Empresas de interés social
- Proceso productivo
- Eficiencia económica
- Eficiencia técnica
- Factores productivos
- Tierra
- Trabajo
- Capital
- Fuentes de financiación
- Financiación interna
- Financiación externa
- Financiación a corto plazo
- Financiación a largo plazo
- Financiación propia
- Financiación ajena
- Amortización
- Provisiones
- Reservas

Resuelve en tu cuaderno o bloc de notas

1 > En las sociedades limitadas se cumple que:

a) Se necesitan más de dos socios.

b) Se necesita un capital mínimo de 3000 euros.

c) La responsabilidad de los socios es ilimitada.

d) El nombre debe ser el del socio principal seguido de la sigla SL.

2 > El *factoring* es:

a) Una fuente de financiación a largo plazo.

b) Una fuente de financiación a corto plazo especialmente recomendada por su bajo coste.

c) Una fuente de financiación a largo plazo especialmente cara.

d) Ninguna es correcta.

3 > Según el ámbito de actuación las empresas pueden ser:

a) Pequeñas, medianas y grandes.

b) Privadas, públicas y mixtas.

c) Locales, regionales, nacionales e internacionales.

d) Ninguna es correcta.

4 > El proceso por el cual la mano de obra pasa del sector primario al secundario se denomina:

a) Terciarización.

b) Industrialización.

c) Primarización.

d) Reestructuración.

5 > Los productos de primera necesidad llevan el siguiente tipo de IVA:

a) Un tipo normal del 4 %.

b) Un tipo reducido del 4 %.

c) Un tipo general del 4 %.

d) Un tipo superreducido del 4 %.

6 > La solicitud del certificado negativo de nombre es un trámite de naturaleza:

a) Mercantil.

b) Fiscal.

c) Municipal.

d) Social.

7 > La productividad se calcula:

a) Dividiendo los factores entre la producción.

b) Multiplicando los factores por la producción.

c) Dividiendo la producción entre los factores.

d) Restando a la producción los factores empleados.

8 > Una tecnología es eficiente técnicamente cuando:

a) Consigue la misma producción que otra con menos factores.

b) Consigue más producción que otra con los mismos factores.

c) Consigue más producción que otra con menos factores.

d) Todas son correctas.

9 > Según su procedencia, las fuentes de financiación se clasifican en:

a) Recursos propios y ajenos.

b) Recursos a corto plazo y largo plazo.

c) Recursos internos y externos.

d) Autofinanciación de enriquecimiento o de mantenimiento.

10 > El capital aportado por los socios es una fuente de financiación:

a) Interna y propia.

b) Interna y ajena.

c) Externa y ajena.

d) Externa y propia.

11 > Hablando de sociedades anónimas, es cierto que:

a) Se necesitan más de dos socios.

b) Es necesario un capital mínimo de 3000 euros.

c) La responsabilidad de los socios se limita al capital aportado.

d) El nombre debe ser el del socio principal seguido de la sigla SA.

12 > Señala cuál es la respuesta incorrecta si estamos hablando sobre un empresario individual:

a) Paga el impuesto de sociedades.

b) No necesita un capital mínimo para empezar.

c) Tiene responsabilidad ilimitada, responde de las deudas de la empresa con su patrimonio.

d) La razón social o nombre de la empresa debe coincidir con el del titular.

13 > Una asignación es eficiente económicamente respecto a otra cuando:

a) Produce menos cantidad con los mismos costes.

b) Produce la misma cantidad de producto con los mismos costes.

c) Produce más cantidad de producto con los mismos costes.

d) Ninguna es correcta.

14 > Señala la respuesta correcta:

a) Adam Smith desarrolló su teoría del empresario en el siglo XIX.

b) Marshall habló del empresario como cuarto factor productivo en el siglo XX.

c) Schumpeter habló del empresario en el siglo XXI.

d) Ninguna es correcta.

15 > Las empresas medianas son aquellas que:

a) Tienen entre 50 y 249 trabajadores.

b) Tienen menos de 50 trabajadores.

c) Tienen entre 50 y 200 trabajadores.

d) Ninguna es correcta.

16 > Señala la respuesta correcta:

a) Si estamos produciendo cero unidades, entonces los costes fijos son nulos.

b) Si estamos produciendo cero unidades, entonces los costes variables son nulos.

c) Los costes variables son aquellos que permanecen inmóviles ante cambios en el nivel de producción.

d) Los costes fijos varían al contrario de como varía la producción.

17 > El beneficio de una empresa es igual a:

a) Costes totales menos ingresos totales.

b) Ingresos totales entre costes totales.

c) Ingresos totales menos costes totales.

d) Ventas menos compras.

18 > Señala la respuesta correcta:

a) Adam Smith considera que el empresario es la persona que innova.

b) Marshall considera al empresario como la persona que asume riesgos.

c) Galbraith habló de la tecnoestructura en el siglo XIX.

d) Knight habló en el siglo XX del empresario como la persona que asume un riesgo.

19 > Señala la respuesta correcta en referencia a los componentes de una empresa:

a) Los componentes son el entorno y la organización.

b) El patrimonio circulante es aquel que permanece en la empresa más de un año.

c) La organización se define como «todo aquello que rodea a la empresa».

d) Los componentes son el entorno, la organización, el patrimonio y el grupo humano.

20 > Un ejemplo de coste fijo serían:

a) Los costes de pagar a los trabajadores.

b) Los costes de alquiler del local.

c) Los costes de las materias primas.

d) Los costes de energía eléctrica.

21 > Señala cuál de los siguientes trámites no es un trámite de naturaleza mercantil:

a) Solicitar la certificación negativa de nombre.

b) Inscribir a la empresa en el Registro Mercantil.

c) Elevar a escritura pública ante notario el acuerdo de constitución de la sociedad.

d) Obtener la licencia de apertura.

En este segundo trimestre vamos a completar algunas de las secciones que tiene nuestro periódico realizando dos trabajos. En primer lugar, vamos a grabar un vídeo sobre un tema de actualidad y, en segundo lugar, vamos a realizar una entrevista a un político de nuestro entorno.

MI PROYECTO UNIDAD 3

Elabora un vídeo

Lo que tienes que hacer

Crear un vídeo en el que se refleje algún aspecto de la economía personal que hemos trabajado; en concreto, nos vamos a centrar en los desahucios o la imposibilidad de pagar la hipoteca.

Pasos que seguir

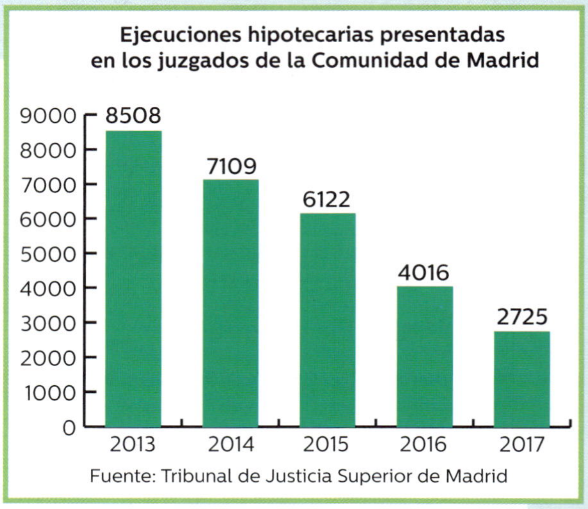

Paso 1

Infórmate. Ya sabemos que lo primero es documentarse sobre el problema al que nos enfrentamos, y para ello empezaremos leyendo diferentes estadísticas y artículos sobre desahucios: <http://bit.ly/1ZKfOEB>.

- Investiga si existen plataformas de ayuda a los desahuciados, así como asesorías jurídicas gratuitas, etc. Infórmate sobre cómo llegaron los desahuciados a esa situación.

Paso 2

Analiza la información.

- ¿Conocías, antes de realizar esta actividad, las cifras de desahucios en tu país?
- Tras investigar las causas por las que muchas familias pierden sus viviendas, ¿crees que se puede considerar culpables a todas ellas, solo a algunas, a ninguna? Razona tu respuesta.
- Define qué punto de vista vas a defender: ¿desahucios u otras medidas para que las familias paguen sin perder su hogar?

Paso 3

Elabora un vídeo. Ahora te convertirás en un cámara: prepara tu móvil o tu cámara de vídeo y...

- La organización. Trabajad en grupos de cuatro o cinco personas y distribuid las tareas que vais a realizar cada uno para elaborar el vídeo.
- La grabación. Preparad un guion con el argumento que queréis recoger en el vídeo. Mostrad los distintos puntos de vista: lo que el desahucio supone para quienes abandonan el hogar, para el personal del juzgado, para la policía que interviene, para las plataformas antidesahucios, etc.
- El montaje. Visionad las imágenes grabadas y seleccionad las que irán en el reportaje.
- Poner voz y música a las imágenes. Algunas partes de la grabación serán entrevistas o testimonios, pero habrá otras escenas que tendréis que ambientar con voz y música.
- Una vez montado todo... ¡Ya tenéis listo el vídeo! Ahora solo queda proyectarlo en clase y conseguir que la película final sea atractiva y permita que el resto de compañeros, al verla, se interesen por el tema.

MI PROYECTO **UNIDAD 4**

Realiza una entrevista

Lo que tienes que hacer

Realizar una entrevista a un cargo público de vuestro entorno (alcalde, concejal, etc.) para preguntarle sobre su gestión en su ámbito de actuación.

Pasos que seguir

Paso 1

Infórmate. Previamente, el entrevistador debe documentarse muy bien sobre el entrevistado, su actividad, gestión y trayectoria, etc. Te proponemos la lectura de este artículo <https://bit.ly/2ruCJcO>.

«Una familia española necesitaría tener diez hijos y ganar menos de 40 000 euros al año para disfrutar de las mismas prestaciones que una pareja de Luxemburgo con dos hijos y sin límite de ingresos. O tener ocho hijos y una renta de 30 000 euros anuales para disponer de las mismas ayudas que una familia alemana con dos hijos sin tener en cuenta el sueldo que entra en casa [...] no sorprende que nuestro país figure entre los que menos cuida a la familia de Europa [...]».

También te sugerimos que leas el siguiente artículo en <http://bit.ly/1PFfnUx>

Paso 2

Analiza la información. Para ello, te proponemos las siguientes actividades:

- ¿Crees que en España se pagan muchos impuestos?
- ¿Consideras que el nivel de prestaciones que nos ofrece el Estado está en consonancia con los impuestos que pagamos?
- Investiga las prestaciones sociales y la presión fiscal que existe en otro país de la UE y establece una comparativa.

Paso 3

Prepara y realiza la entrevista. Trabajad en grupos de cuatro o cinco personas y preparad una entrevista a un cargo público de vuestro entorno. Deberéis llamar previamente para concertar un día y una hora.

- Elaborad un cuestionario previo para dejar poco margen a la improvisación. Plantead al menos diez preguntas que sean interesantes, en la que debéis recordar:
  - No establecer preguntas condicionadas: permitid que el entrevistado responda libremente.
  - Dejad las preguntas más difíciles para el final, cuando se haya creado un clima de confianza.

  A modo de ejemplo, algunas de las preguntas que se puede abordar serían:
  - ¿Está llevando a cabo el Ayuntamiento alguna medida para generar empleo entre los jóvenes?
  - ¿Por qué en España se tiene la sensación de una mayor presión fiscal de la existente?
  - ¿Considera que el Estado de bienestar funciona bien en España, a la luz de los recortes en educación y sanidad?
- Grabad la entrevista en varios aparatos (móvil, grabadora) por si alguno falla.
- Redactad la entrevista para el periódico cuidando la corrección gramatical y ortográfica.

3) La economía personal

Vamos a aprender

1. La gestión del presupuesto
2. El ahorro
3. El endeudamiento
4. Necesidades económicas a lo largo de la vida
5. El dinero: relaciones bancarias
6. Los seguros

¿Qué sabemos de finanzas?

La seguridad financiera, entendida como la ausencia de deuda o de grandes riesgos para pagar las deudas, es uno de los mayores deseos que tenemos todos los ciudadanos. A menudo, tenemos que enfrentarnos a pagar los gastos que hemos asumido al comprar un coche o una vivienda y si, por cualquier causa, disminuyen nuestros ingresos podemos vernos en serios problemas. Es aconsejable vivir acorde con nuestras posibilidades, gastar siempre algo menos de lo que ingresamos y ahorrar cierta cantidad para imprevistos. Vivir de esta forma nos permitirá hacerlo de manera más relajada y sin miedo.

En esta unidad vamos a ver cómo gestionar nuestro presupuesto y cómo afrontar las diferentes necesidades que tendremos en las distintas etapas de la vida. También aprenderemos a cubrirnos ante posibles situaciones de riesgo. Asimismo conoceremos los productos financieros que contratamos (algo muy importante) y cómo hay que actuar en caso de que se produzca alguna negligencia por parte del organismo financiero con el que lo hemos contratado.

¿QUÉ SABEMOS DE?

1 > ¿Tienes alguna deuda ahora mismo? ¿Cuándo y cómo vas a pagarla?

2 > ¿Crees que vives de acuerdo a tus posibilidades económicas?

3 > ¿Conoces algún producto financiero que tengan contratados tus padres o familiares?

1 La gestión del presupuesto

¿Sabes cuánto ganan tus padres a lo largo de un año y cuánto gastan? ¿Conoces si tienen problemas para pagar facturas y deudas? Si tuvieran que comprar un frigorífico hoy, porque el actual se ha estropeado, ¿disponen de un fondo para gastos imprevistos?

Está claro que, por edad, ahora mismo no estáis al frente de la economía de vuestros hogares, pero es posible que la mayoría de vosotros tengáis algún ingreso, fruto del dinero que os dé algún familiar, y es importante que aprendáis a gestionar esos recursos para que en un futuro podáis administrar cuentas mayores. En este epígrafe debemos simular ser algo más mayores y estar, por tanto, ganando un sueldo y haciendo frente a los mismos gastos que tienen vuestros padres. Habrá familias que ganen más y otras que ganen mucho menos, del mismo modo que los gastos de las diferentes familias variarán, pero, sea cual sea la situación económica, la elaboración del presupuesto es una herramienta muy útil que nos ayudará con nuestras finanzas personales y, por tanto, debemos aprender a hacerlo.

Siguiendo las indicaciones de la CNMV (Comisión Nacional del Mercado de Valores), los **pasos** que hay que seguir **para elaborar un presupuesto** son los siguientes:

Primero: identificar ingresos y gastos

Los **ingresos** son todas aquellas **anotaciones positivas** que suponen una entrada de dinero en nuestra economía personal, y los principales son: el salario o sueldo, los intereses de las cuentas bancarias y acciones que podamos tener, ingresos por trabajos extras, etc.

Los **gastos,** por otro lado, resultan todas las **salidas de dinero,** todas las anotaciones negativas. Los principales gastos de una familia son vivienda, comida, ropa, luz, gas, transporte, etc.

Segundo: evaluar los gastos y hacer ajustes

La mayoría de las familias tienen unos ingresos que, más allá de ser elevados o bajos, se caracterizan por ser estables, mientras que los gastos varían mucho de un mes a otro. Cuando los gastos superan los ingresos debemos recurrir a nuestros ahorros. Sin embargo, si gastamos más de lo que ingresamos durante varios meses puede que nuestros ahorros se agoten. Por ello se recomienda que los gastos nunca sobrepasen el 90 % de nuestros ingresos y que, por tanto, todos los meses se destine al ahorro un 10 %.

Si el consejo es gastar el 90 % de lo ingresado, nos puede parecer que una manera de controlar nuestras finanzas consistiría en aumentar los ingresos y, así, la porción para gastar sería mayor; pero, lamentablemente, la mayoría de los ingresos no dependen de nosotros. Por eso, si queremos controlar nuestra situación financiera debemos aprender a vigilar los gastos. Para ello, lo esencial es saber priorizar un gasto sobre otro. Esto nos lleva a diferenciar tres tipos de gastos:

- **Gastos fijos obligatorios.** Son aquellos cuyo importe se mantiene relativamente fijo mes a mes y que no tenemos más remedio que asumir. Ejemplo: el alquiler de la casa en la que vivimos o la hipoteca.

¿De dónde proviene?
<www.finanzasparatodos.es>

Esta página web, por iniciativa de la CNMV y del Banco de España nos ofrece información financiera de mucha utilidad. A lo largo de esta unidad trabajaremos varias secciones utilizando los consejos ofrecidos en dicha web. Te invitamos a visitarla, ya que está construida de forma muy amena y fácil de entender.

En una de sus secciones, denominada «Banco de juegos», puedes acceder a una herramienta que te permite crear un presupuesto.

ACTIVIDADES

1 > Averigua cuáles son los principales medios por los que tu familia obtiene ingresos.

2 > ¿Qué gastos fijos obligatorios existen en tu familia? ¿Qué porcentaje de los ingresos se agota al atender los gastos fijos obligatorios?

Estos gastos fijos obligatorios son aquellos que primero debemos abonar, tales como la hipoteca de nuestra casa, la comunidad de vecinos, el impuesto de bienes inmuebles (IBI) o las cuotas del préstamo que pedimos para comprar el coche. Siempre hemos de atender en primer lugar estos gastos.

Se aconseja incorporar como un gasto fijo esencial el ahorro, es decir, igual que todos los meses nos las arreglamos para pagar la hipoteca, de igual manera debemos hacer los recortes necesarios para ahorrar alguna cantidad (se recomienda el 10 %). Si las circunstancias actuales nos impiden ese ahorro siempre se puede ahorrar menos, pero no debemos olvidar este importante hábito.

- **Gastos variables necesarios.** Son aquellos cuyo importe varía mes a mes, pero que igualmente debemos asumir para garantizar nuestro bienestar. Ejemplo: ropa, comida, energía, etc.

  Cabe la posibilidad de reducir los gastos variables necesarios, dado que podemos comprar tanto la comida como la ropa aprovechando ofertas y promociones, comparando los precios de diferentes establecimientos y haciendo un buen uso de las luces y la calefacción. En numerosas ocasiones tenemos encendidas varias luces de la casa sin ser necesarias o la calefacción está tan fuerte que acabamos estando en manga corta en invierno dentro de nuestros hogares.

- **Gastos ocasionales.** Son quellos que asumimos pero que, en caso de necesidad, podríamos reducir o eliminar. Ejemplo: abono del gimnasio, comidas en restaurantes, etc.

EJEMPLO

Imagina que todos los días en el recreo tomas un bocadillo en el instituto y que lo compras en la cafetería. En principio es un gasto de 1,5 euros al día, pero si lo multiplicas por los 200 días de curso que tienes suman un total de 300 euros, y hacértelo en casa te habría salido mucho más económico. Por lo tanto, si en un momento determinado nos vemos apurados, reducir este tipo de gastos ocasionales sería la mejor opción; por ejemplo, podríamos comprarlo en la cafetería solo dos días por semana.

Tercero: aplicar el nuevo presupuesto y hacer un seguimiento

Una vez que hemos identificado y ordenado según su importancia todos nuestros gastos, incluyendo además como gasto fijo el compromiso de ahorrar un 10 %, llega el momento de elaborar nuestro presupuesto y, lo más importante, cumplirlo. Al principio nos resultará pesado y tedioso tener que preparar dicho presupuesto, pero pronto se convertirá en un hábito o rutina.

Cuarto: revisar el presupuesto y hacer los ajustes necesarios

Si observamos que alguna de las partidas o conceptos de nuestro presupuesto siempre resultan inferiores a lo que planificamos podemos recortar en dicho concepto y destinar ese margen para otra partida en la que vayamos más ajustados. Aquí debemos prestar atención a un detalle: si a lo largo del tiempo nuestros ingresos varían podemos aumentar nuestros gastos, pero nunca en la misma cuantía que los ingresos, entre otras razones por el efecto de la inflación.

¡OJO!

Mucho cuidado si pagamos con tarjetas de crédito nuestros gastos ocasionales, porque se distorsiona nuestra percepción del gasto y podemos vernos en dificultades. Volveremos a esta idea en el epígrafe dedicado a las tarjetas.

ACTIVIDADES

3 > ¿Qué gastos tienes en una semana cualquiera? ¿Cuál de ellos consideras que podrías recortar con más facilidad si fuera necesario?

4 > Calcula una estimación de lo que podrías ahorrar si decides reducir ese gasto de la actividad anterior a la mitad y lo aplicas durante tres meses.

ACTIVIDADES RESUELTAS

Ayuda a Sofía a elaborar el presupuesto a partir de los datos que se muestran, distinguiendo entre ingresos, gastos fijos obligatorios, gastos variables necesarios y gastos ocasionales. Determina la cifra que puede ahorrar este mes.

Concepto	Importe (€)
Sueldo	1570
Hipoteca	550
Comida	200
Luz	55
Gas	40
Agua	20
Entradas para un musical	90
Abono transporte mensual	62
Ingresos por Letras del Tesoro	120
Cuadro de arte de un pintor joven	370
Entradas para ver un partido de fútbol	300

En primer lugar, debemos identificar los ingresos que tiene Sofía.

Ingresos:

- Sueldo = 1570 €
- Ingresos por letras del tesoro = 120 €
- Total de ingresos = 1690 €

Empezamos por los gastos fijos obligatorios:

- Hipoteca = 550 €

Seguimos con los gastos variables necesarios:

- Comida = 200 €
- Luz = 55 €
- Gas = 40 €
- Agua = 20 €
- Abono transporte mensual = 62 €

Y, por último, los gastos ocasionales:

- Entradas para un musical = 90 €
- Cuadro de arte de un pintor joven = 370 €
- Entradas para ver un partido de fútbol = 300 €

Total de gastos = 550 + 200 + 55 + 40 + 20 + 62 + 90 + 370 + 300 = 1687 €

La diferencia entre ingresos y gastos = 1690 – 1687 = 3 €

Esto implica que este mes Sofía no tiene ninguna capacidad de ahorro. Tal vez debe pensar si puede permitirse cuadros, entradas a partidos y musicales, porque ante cualquier imprevisto no tiene ninguna capacidad de respuesta.

2 El ahorro

Al hablar de los gastos del presupuesto hemos destacado la importancia de ahorrar una parte de nuestros ingresos. Tenemos que resaltar que el ahorro es una manera de conseguir nuestros objetivos. Renunciamos a una parte de consumo en el presente, por ejemplo, ir al cine, pero a cambio aumentan nuestras posibilidades de consumo futuro: tenemos más dinero ahorrado para poder comprarnos, por ejemplo, una moto.

Además de ahorrar para ciertos objetivos cualquiera de nosotros puede tener que hacer frente a la avería del coche o a un robo, etc., por lo que es preciso contar con un colchón, un seguro que nos permita salir de los momentos difíciles.

La cantidad que debemos tener en el fondo de emergencia varía según nuestras circunstancias (personas a nuestro cargo, ingresos, etc.), pero en cualquier caso se recomienda que dicho fondo comprenda entre tres y seis veces nuestros gastos necesarios.

EJEMPLO

Imaginemos que la familia del ejemplo anterior, tras haber elaborado el presupuesto, comprueba que sus gastos habituales (hipoteca, luz, gas, comida, ropa) son de 927 euros (hemos sumado todos los gastos, excepto los ocasionales); en ese caso, el fondo de emergencia debe ser entre 3000 y 6000 euros, fruto de multiplicar por 3 o por 6 los 927 euros y hacer un redondeo que favorezca el ahorro.

Es más que probable que a una familia le lleve un tiempo acumular dicho fondo de emergencia, ya que se trata de una cuantía importante. En cualquier caso, el dinero que poco a poco se va acumulando para tal fin, ¿dónde debe guardarlo?

Es vital atender a los siguientes tres consejos para saber dónde preservar el fondo de emergencia:

1. Debemos buscar la **liquidez,** es decir, la posibilidad de tenerlo disponible justo en el instante que haga falta, ya que las emergencias surgen sin más y no avisan. Según lo dicho, no se recomienda tener el fondo de emergencia invertido en un depósito a largo plazo, por el que pueden penalizarnos si decidimos retirarlo antes del vencimiento. Si el banco nos ofrece un 5% por invertir nuestro fondo de emergencia a dos años, retirarlo antes implica perder la rentabilidad prometida y pagar alguna comisión por no respetar lo pactado.
2. No hay que invertir el fondo de emergencia en productos con elevado **riesgo** de renta variable, puesto que podríamos perderlo y quedarnos sin el fondo previsto para tal fin.
3. Si bien debemos tener más en cuenta la **seguridad** que la rentabilidad para este tipo de recursos, también es verdad que debemos intentar obtener una rentabilidad y, en este caso, nos convienen las **cuentas bancarias a la vista remuneradas.**

   Es una cuenta que ofrece una liquidez total para poder disponer del dinero y, además, intereses. El inconveniente que tienen estas cuentas es que no admiten la domiciliación de recibos, pero para nuestra finalidad, que es ahorrar, esto se convierte en algo positivo.

Información financiera

BANCO DE ESPAÑA Eurosistema

CNMV COMISIÓN NACIONAL DEL MERCADO DE VALORES

GOBIERNO DE ESPAÑA MINISTERIO DE ECONOMÍA Y HACIENDA
DIRECCIÓN GENERAL DE SEGUROS Y FONDOS DE PENSIONES

Si tuviéramos que reclamar en relación con cualquier producto financiero de los que vamos a estudiar a lo largo de este tema, el BE, la CNMV y la DGSFP (Dirección General de Seguros y Fondos de Pensiones) nos ofrecen ayuda y nos asesoran.

- **Banco de España**

  <www.bde.es>
- **Comisión Nacional del Mercado de Valores**

  Oficina de atención al inversor

  <inversores@cnmv.es>
  <www.cnmv.es>
- **Dirección General de Seguros y Fondos de Pensiones**

  Servicio de reclamaciones

  <reclamaciones.seguros@meh.es>
  <www.dgsfp.meh.es>

3 El endeudamiento

Puede que una familia, aun controlando sus gastos e ingresos mediante la elaboración y el control del presupuesto, y disponiendo de un fondo de emergencia, tenga en un momento determinado que recurrir al endeudamiento. Si esto pasase, es conveniente saber cuáles son las diferentes opciones, así como el máximo nivel de endeudamiento que podemos asumir.

Dos de las principales formas que tenemos para poder financiarnos son los préstamos y los créditos. Aunque a menudo los tratamos como iguales, lo cierto es que no lo son.

- **Préstamo.** Operación financiera a través de la cual una persona o empresa, a la que denominamos *prestamista,* entrega una cantidad de dinero a otra persona o empresa, llamada *prestatario.* Dicho prestatario se compromete a devolver el dinero más los intereses pactados en los plazos que se acuerdan.
- **Crédito.** Operación financiera por medio de la cual una entidad, a la que denominamos *prestamista,* pone a disposición de una persona o empresa, a la que llamamos *prestatario,* una cantidad de dinero limitada durante un tiempo. A lo largo de ese período el prestatario puede utilizar la totalidad del crédito o solo una parte, y así pagar intereses solo por la cantidad que finalmente acabe utilizando.

En la mayoría de los casos, para comprar una casa necesitamos un préstamo del banco.

¿Cuáles son, por tanto, las diferencias entre un préstamo y un crédito?

PRÉSTAMO	CRÉDITO
El banco entrega al cliente el importe que ha solicitado de una sola vez.	El banco no entrega ningún dinero al cliente, pero pone a su disposición la cantidad acordada.
El cliente utiliza todo el dinero pedido.	El cliente utilizará solo lo que necesite.
El cliente pagará intereses por el total del dinero concedido.	El cliente pagará intereses solo por la parte que acabe utilizando.
Los tipos de interés son más bajos que en los créditos.	Los tipos de interés son más altos que en los préstamos.
La finalidad de un préstamo es poder adquirir un determinado bien, como una casa o un coche, y lo pueden utilizar tanto las empresas como los particulares.	La finalidad de un crédito es afrontar la diferencia entre cobros y pagos. Son concebidos para utilizarse en caso de falta de liquidez y están aconsejados más para empresas que para particulares.

Una vez que hemos visto que, para los particulares, es más común pedir un préstamo que un crédito, debemos abordar los diferentes tipos de préstamos.

Préstamos personales

Son aquellos préstamos que la entidad concede analizando la **solvencia del cliente** que, en caso de no pagar el préstamo, responde con todos sus bienes, tanto presentes como futuros. Es muy normal que en estos préstamos se pida un **avalista.**

Un **avalista** es una persona que se compromete a pagar el préstamo en caso de que el cliente no pueda hacerlo. Ejemplo: si uno de vosotros pide un préstamo y no tiene un sueldo muy elevado para responder, el banco puede pedir que alguno de vuestros padres actúe como avalista y, de esa forma, el banco tiene garantía de cobrar de vosotros o de vuestros padres.

ACTIVIDADES

5 > ¿Estarías dispuesto a avalar a tu mejor amigo en un préstamo que ha pedido para abrir un taller mecánico? ¿Qué riesgos estás asumiendo?

6 > Si necesitas una cantidad de dinero para pagar la matrícula de tu universidad y seguir estudiando, ¿pides un préstamo o un crédito? Razona tu respuesta.

Préstamos con garantía real

Son aquellos préstamos que la entidad concede analizando la solvencia del cliente pero, además, se utiliza un determinado bien como garantía del préstamo. Ejemplo: si nos conceden un préstamo para comprar un garaje, este puede actuar como garantía, de tal forma que, de no pagar el préstamo, pueden quedarse con el garaje y venderlo para recuperar la parte del préstamo no devuelto.

¿Qué parámetros debemos analizar para saber si pedir un préstamo en una entidad o en otra?

- Comprobar, en primer lugar, el tipo de interés que nos cobran.
- Considerar la comisión de apertura, es decir, el importe que nos cobran cuando nos conceden el dinero solo por el hecho de empezar a disfrutar de dicho préstamo.
- Comisión de cancelación parcial, es decir, lo que nos cobran por adelantar pagos del préstamo, en caso de que podamos hacerlo. Ejemplo: imagina que tenemos una hipoteca y tras haber ahorrado varios años podemos adelantar parte del dinero que debemos; el banco nos cobrará una comisión por permitirnos realizar dicha operación.
- Comisión de cancelación total, es decir, el importe que nos cobrarían, en caso de que tuviéramos el dinero, para zanjar el préstamo en su totalidad.
- Tiempo que tenemos para devolverlo, también llamado *plazo de amortización.*
- Importe de cada cuota mensual.

Préstamo hipotecario

Se trata de una cantidad que nos permite acceder a una vivienda o rehabilitar la que tenemos. Los préstamos hipotecarios se caracterizan por ser de garantía real, dado que la casa que se adquiere se ofrece como garantía en caso de no pagar el préstamo, pero, además, es personal, puesto que la persona que lo pide también ofrece su garantía personal.

Existen tres tipos de préstamos hipotecarios:

- **De interés fijo,** que consiste en pagar siempre la misma cantidad durante toda la vida del préstamo. Es más seguro, pero suele tener intereses más altos y un plazo de amortización menor.
- **De interés variable,** que supone pagar una cuota que varía en función del interés de referencia. Es más barato en el momento de apertura que los de interés fijo y concede mayor plazo de amortización pero, a cambio, corremos el riesgo de que la cuota suba mucho si el tipo de interés de referencia se dispara.
- De **interés mixto,** que ofrece un interés fijo los primeros 3-5 años y luego pasa a ser variable.

Educación familiar

La familia es uno de nuestros principales referentes. Si observamos que nuestros padres tienen unos hábitos financieros saludables es muy probable que luego los desarrollemos.

Glosario

euríbor: uno de los principales tipos de interés que se utiliza como referencia en los préstamos hipotecarios es el euríbor.

El euríbor es el tipo de interés al que se prestan dinero los bancos. Por eso, al negociar una hipoteca nos cobrarán el euríbor más un margen, siendo ese margen lo que el banco ganará con la operación.

ACTIVIDADES

7 > ¿Por qué son tan útiles los créditos para las empresas?

8 > Busca información sobre el euríbor en los últimos cinco años. ¿Ha subido? ¿Ha bajado? ¿Qué consecuencias ha tenido su evolución en las hipotecas o préstamos hipotecarios?

4 Necesidades económicas a lo largo de la vida

A lo largo de nuestra vida hemos de afrontar diferentes situaciones y etapas en las que se nos plantean distintas necesidades económicas. En la adolescencia estamos más interesados por el consumo que por el ahorro, mientras que cuando somos padres nos preocupa la seguridad de nuestros hijos y en la edad madura nos ocupará y preocupará nuestra jubilación. Analicemos brevemente las necesidades y la economía en las diferentes etapas.

La paga es un primer paso para gestionar las primeras necesidades económicas

Padres e hijos

En un primer momento son nuestros padres los que nos hablarán del dinero y nos inculcarán la importancia del ahorro, del mismo modo que un día seremos nosotros quienes trataremos de educar financieramente a nuestros hijos. En este sentido, la paga se convierte en una herramienta muy útil, porque nos enseña, tanto cuando somos niños como adolescentes, la importancia del dinero y a gestionarlo correctamente. Es esencial que los padres entiendan que la paga no es un gasto más, sino que se trata de transferir al hijo cierta cantidad de dinero para que él comience a asumir determinadas decisiones económicas; la cuantía destinada será la apropiada a los gastos de cada edad.

Nuestro primer trabajo

Un momento clave de nuestra vida será cuando empecemos a trabajar y a generar nuestros propios ingresos. En este momento suelen también aparecer los gastos y las obligaciones. Por eso, es importante tener en cuenta los siguientes puntos:

1. Gastar siempre una cuantía inferior a la ingresada.
2. Vigilar el endeudamiento.
3. Imponerse el ahorro como una obligación.

En definitiva, es vital que, una vez que gestionemos nuestros ingresos y gastos, adaptemos nuestro estilo de vida a nuestro presupuesto.

Prestación por desempleo

Cuando por situaciones varias alguno de nosotros pierda su trabajo temporalmente, debe saber que, en función del tiempo cotizado, el Estado le proporciona la prestación por desempleo. Esta es de tres meses por cada año trabajado, con un máximo de 24 meses, y siempre es un porcentaje del sueldo que se tuvo mientras se trabajó. Las cantidades mínimas y máximas varían dependiendo de los hijos a su cargo.

Nuestro primer coche

Otro de los momentos importantes de nuestra vida lo constituye la compra de un coche. Si algún familiar o conocido nos financia esta operación solo debemos ahorrar para poder devolvérselo. De no disponer de esa opción, la mayoría de las personas recurren o bien a un préstamo bancario o bien a un crédito concedido por el propio concesionario. En cualquiera de los dos casos es importante:

1. Comprarnos un coche que podamos permitirnos.
2. Haber ahorrado previamente para dar una entrada lo más elevada posible.
3. Comparar los precios ofrecidos en varios concesionarios.
4. Intentar, dentro de nuestras posibilidades, coger el menor plazo de devolución, dado que implicará menos intereses.

Además, debemos considerar otros gastos como seguros, combustible, impuesto de circulación, etc.

Vivir en pareja

En un determinado momento de nuestras vidas querremos independizarnos, vivir con nuestra pareja o incluso formar nuestra propia familia. Es importante a la hora de vivir en pareja tratar determinados temas económicos que en ocasiones no se tratan por pudor y que luego, a la larga, se convierten en situaciones más difíciles. Es vital conocer los hábitos de nuestra pareja en lo que se refiere al ahorro, estilo de vida, etc. Si bien es bueno que cada uno mantenga cierta independencia financiera, también es necesario que se deban establecer una serie de objetivos comunes. Ejemplo: ahorrar 20 000 euros en cinco años como fondo para los estudios de nuestros hijos, etc.

Formar una familia implica nuevos gastos.

Alquilar o comprar una casa

Debido a los precios que tienen las viviendas, la primera opción pasa por el alquiler, y solo cuando uno tiene una situación financiera muy sana puede aspirar a una vivienda propia. En defensa del alquiler debemos decir que se evitan gastos tales como la tasación, notarías, gestores, gastos de comunidad, gastos de mantenimiento, seguros del hogar, hipotecas... todos ellos asociados a la compra de una casa.

En caso de apostar por la compra de una vivienda es preciso valorar los diferentes préstamos hipotecarios que nos ofrece el mercado (que ya hemos estudiado en el epígrafe anterior) y considerar que siempre se debe tener entre un 20 % y un 30 % del precio de la casa, esta es la cantidad que nos pedirá la notaría y gestoría en gastos y es la cantidad que no suele darnos el banco, ya que este acostumbra conceder el 80 % del precio de la casa.

La llegada de un hijo

Seguramente el acontecimiento más importante para una familia es la llegada de un nuevo miembro. En estos casos hablar de dinero parece impensable pero, lamentablemente, hemos de pensarlo. Debemos saber que el gasto que implica un recién nacido el primer año oscila entre los 6000 y los 8000 euros sin hacer grandes excesos. Por eso, una paternidad responsable también implica efectuar unos cálculos de tiempo y dinero para valorar la vida que ofrecemos a nuestros hijos.

Jubilación

Por último, dentro de algunos años llegará el momento de nuestra jubilación. Dada la mayor esperanza de vida de la que gozamos, debemos asegurarnos los ingresos para un período de tiempo relativamente largo. Cuanto antes empecemos a planificar esta etapa de nuestra vida, más seguros estaremos y menos trabajo nos costará reunir los recursos necesarios.

Existen en el mercado diferentes **planes de pensiones** y tendremos que valorar cuál se adapta mejor a nuestras necesidades. Una característica común a los diferentes planes de jubilación es que conllevan deducciones fiscales, es decir, de alguna forma el Estado premia nuestra previsión hacia el futuro.

Aunque ahora nos pueda parecer impensable, un plan de pensiones puede suponer tener mayor tranquilidad en la etapa final de nuestra vida.

ACTIVIDADES

9 > ¿Sabes si tus padres tienen contratado un plan de pensiones? En caso afirmativo, pídeles que te expliquen cómo funciona dicho plan de pensiones y redáctalo en tu cuaderno.

10 > ¿Sabes cuánto pagan tus padres por el seguro del coche? ¿Y por el seguro del hogar?

5 El dinero: relaciones bancarias

Si analizamos los diversos agentes que intervienen en una economía, nos encontramos con las familias, las empresas y el Estado. Cada uno de estos agentes muestra una situación de déficit o superávit según los recursos de los que dispone para hacer frente a sus necesidades cotidianas.

Imaginemos un individuo que carece de recursos para acceder a una vivienda, mientras que una empresa puede tener exceso de recursos tras haber efectuado diferentes proyectos de inversión. ¿Qué debería suceder para que el ahorro de la empresa sea productivo y el individuo pueda disfrutar de la vivienda? Es necesario que dicho ahorro se canalice a cambio de un interés.

Pero ¿cómo se lleva a cabo este proceso de canalización del ahorro? Por medio del sistema financiero.

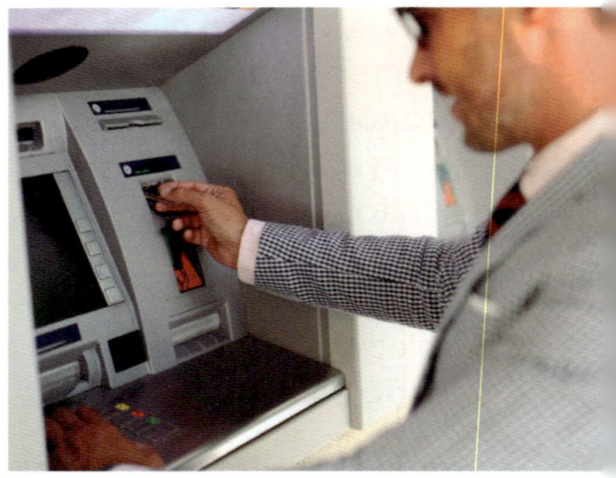

Hoy en día, la mayoría de los usuarios utiliza los cajeros automáticos para extraer dinero.

El **sistema financiero** de un país es el conjunto de intermediarios financieros encargados de canalizar el ahorro que generan las unidades con superávit hacia los prestatarios o unidades con déficit.

Los intermediarios financieros se dividen en los siguientes tipos:

- **Bancarios.** Aquí se encuentran los bancos privados.
- **No bancarios.** Aquí se encuadran las compañías aseguradoras.

El dinero o los recursos se canalizan a través de diferentes instrumentos financieros: cuentas bancarias, depósitos a plazo, acciones, cheques, tarjetas, etc.

Vamos a analizar a continuación los principales productos bancarios.

5.1. Las cuentas bancarias

¿Son necesarios los bancos? La respuesta es afirmativa, ya que es más seguro tener el dinero en un banco que en casa, además de permitirnos poder pagar los recibos sin necesidad de tener que desplazarnos. También los bancos nos ofrecen alguna remuneración, aunque sea pequeña, por tener allí depositados nuestros ahorros.

El servicio más contratado en los bancos es la apertura de una **cuenta a la vista,** es decir, una cuenta de la cual podamos retirar una parte o la totalidad del dinero en cualquier momento y sin penalización.

¿Qué ventajas y qué inconvenientes se derivan de la apertura de una cuenta bancaria a la vista?

Movimientos en una libreta bancaria.

VENTAJAS	INCONVENIENTES
• Tenemos nuestro dinero **disponible** en todo momento. • Efectuar **pagos y cobros** cómodamente. • **Fácil de contratar.** • Posibilidad de utilizar los **cajeros automáticos.**	• Son **productos pocos rentables,** ya que los intereses son bajos. • El **cobro de comisiones** (por tener recibos domiciliados, por hacer transferencias, por sacar dinero en otros cajeros, etc.). Algunas entidades anulan o disminuyen las comisiones que nos cobran si se domicilia la nómina.

Dentro de las cuentas a la vista tenemos las **cuentas corrientes** y las **cuentas de ahorro,** que se diferencian principalmente porque en las primeras se puede disponer del dinero mediante cheques y en las segundas no.

Otros tipos de cuentas

Además de las cuentas bancarias a la vista existen las siguientes:

- **Cuentas bancarias a plazo.** Ofrecen una mayor rentabilidad que las cuentas a la vista, en la medida en que el dinero queda comprometido en el banco durante un plazo de tiempo. Si decidiéramos sacarlo antes de dicho plazo seríamos penalizados.
- **Cuentas bancarias remuneradas.** Nos permiten retirar el dinero, al igual que las cuentas a la vista, y nos ofrecen mayor rentabilidad que estas; a cambio suelen tener alguna restricción como, por ejemplo, no domiciliar recibos.

5.1.1. La información bancaria

Cuando disponemos de una cuenta a la vista en un banco este nos remite periódicamente un extracto con la información de dicha cuenta. En este extracto aparecen los siguientes datos:

- El **IBAN** es el número de identificación internacional para las cuentas bancarias. Este código está formado por 24 caracteres. Los dos primeros se corresponden con las siglas ES e identifican al país (en nuestro caso, España). Los dos siguientes son dígitos de control para validar el IBAN. Los restantes constituyen el código cuenta cliente.
- El **CCC (código cuenta cliente)** es un conjunto de 20 dígitos numéricos que indican distinta información:

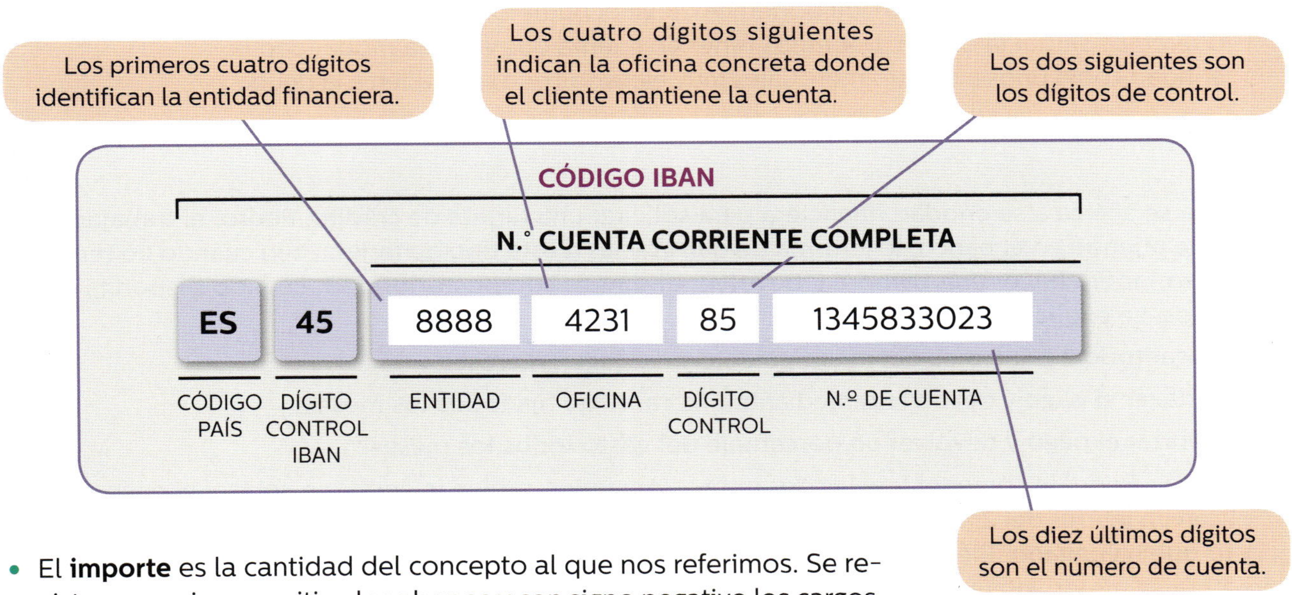

- El **importe** es la cantidad del concepto al que nos referimos. Se registran con signo positivo los abonos y con signo negativo los cargos.
- El **concepto de la operación** es donde se recoge si se trata de ingresos por una nómina, recibos domiciliados, intereses, etc.
- La **fecha del movimiento** es cuando el banco anota el movimiento efectuado.
- La **fecha valor** es el momento en el que se hace efectivo el ingreso o el cobro.
- El **saldo inicial** es el saldo que tenemos en la cuenta bancaria antes de la operación que estamos registrando.
- El **saldo final** es el saldo que resulta de sumar o restar (según sea un abono o un cargo) el importe de la operación al saldo inicial previo a dicha operación.

5.2. Las tarjetas

Las **tarjetas** son instrumentos financieros que utilizamos como medio de pago y que son emitidas por una entidad financiera o por una entidad comercial a aquellos clientes que disponen de una cuenta bancaria, por medio de las cuales se les permite disponer de dinero en efectivo y pagar las compras.

Las principales tarjetas existentes son las siguientes:

- **Tarjetas de débito**

  Son instrumentos de pago al contado, es decir, el importe de la compra o el importe retirado del cajero se descuenta de la cuenta bancaria en ese instante. De no tener dinero disponible en la cuenta el cajero no nos entrega la cantidad solicitada o no podemos realizar la compra. Es importante saber que el cliente puede limitar la cantidad de dinero diario que gastar o retirar como medida de seguridad.

- **Tarjetas de crédito**

  Son instrumentos de pago aplazado, es decir, el titular de la tarjeta puede efectuar la compra y retirar el dinero del cajero, aunque en ese momento carezca de fondos en su cuenta bancaria, dado que la operación que se realiza se carga en un plazo posterior. En estas tarjetas hay que diferenciar dos tipos:

  - **Tarjetas de crédito con pago por la totalidad,** es decir, todos los pagos que se efectúan en un mes se cargan en la cuenta asociada los primeros días del mes siguiente. Esta opción no implica intereses.
  - **Tarjetas de crédito con pago aplazado,** o sea, los pagos no se cargan en su totalidad al mes siguiente, sino que podemos elegir el número de meses en los que queremos saldar la deuda. Debemos tener en cuenta que en esta modalidad la entidad cobra unos intereses mensuales muy elevados que se añaden a la deuda.

ACTIVIDADES RESUELTAS

Elena se acerca a su entidad financiera para solicitar una tarjeta de crédito. Pedro, el trabajador que le atiende en el banco, le informa de que gracias a este tipo de tarjeta, aun cuando no tenga dinero, podrá hacer una compra y devolver el dinero con posterioridad, cuando disponga de fondos. Le explica que tiene tres opciones:

a) Pagar todo a principios del mes siguiente y no pagar intereses.

b) Aplazar el pago y devolverlo mediante una cantidad fija todos los meses.

c) Aplazar el pago y devolver un porcentaje del gasto todos los meses.

Además, Pedro le comenta que las dos últimas opciones, si bien le permiten aplazar el pago, implican un interés del 2 % mensual, que se calcula por diferencia entre lo que gastó en su momento y lo que ha pagado. Elena le comenta a Pedro que le ayude a razonar el siguiente ejemplo para enterarse mejor: «Si un mes cualquiera me gasto 240 euros, la cantidad fija por la que aplazo el pago son 60 euros y el porcentaje por el que aplaza un 20 %. ¿Qué es lo que pagaría con cada una de las opciones que me has explicado que puedo contratar?».

Pedro le responde lo siguiente:

- Si contratas la opción a, pagarás a inicios del mes siguiente 240 euros y ya no debes nada.
- Si contratas la opción b, pagarás al mes siguiente 60 euros y aún deberás 180 euros.
- Si contratas la opción c, pagarás al mes siguiente 48 euros (20 % de 240) y deberás 192 euros.

Además, si Elena elige las opciones b o c deberá pagar todos los meses el 2 % de intereses.

El primer mes en la opción b ha pagado 60 euros, luego aún debe 180, y pagará el 2 % de 180 euros de intereses, que son 3,6 euros. En la opción c, como aún debe 192, pagará de intereses el 2 % de 192, que son 3,84 euros.

- **Tarjetas comerciales**

  Son instrumentos de pago emitidos por empresas comerciales que nos permiten efectuar compras únicamente en sus establecimientos. Estas tarjetas aparecen vinculadas a una entidad financiera con la que la empresa comercial colabora.

En las tarjetas debemos identificar los siguientes datos:

- El **PAN** *(personal account number)* es el número de la tarjeta de crédito o débito.
- La **fecha de caducidad** de la tarjeta de crédito o débito.
- El **nombre y apellidos del titular.**
- El **CCV** *(card verification value)* o número de seguridad de la tarjeta de crédito o débito.

Consejos sobre las tarjetas

1. Tanto con las tarjetas de crédito como con las tarjetas comerciales se debe tomar conciencia de que se está gastando en el momento de realizar la operación los ingresos futuros, en la medida en que estos quedan comprometidos al pago de la deuda que se contrae.
2. No utilizar como número secreto una fecha que pueda intuir alguien por la relación que guarda con uno, por ejemplo, el cumpleaños.
3. No llevar anotado el número secreto en la tarjeta ni en ningún papel dentro del bolso.
4. Tener apuntado el número al que se debe llamar para anular la tarjeta en caso de robo.
5. No facilitar a ningún desconocido el número de la tarjeta ni dejarla a la vista de nadie.
6. No llevar encima las tarjetas que no se utilizan, sobre todo al salir al extranjero.
7. Conservar los tiques de los movimientos efectuados con las tarjetas y comprobarlos cuando llegue el extracto bancario.
8. Destruir todos aquellos documentos en los que aparezcan el nombre y números de tarjetas.

ACTIVIDADES

11 > ¿Qué ventajas tienen las tarjetas comerciales, como por ejemplo la de Zara, para el cliente? ¿Y para la empresa que las ofrece?

12 > Pregunta a tus familiares si suelen guardar los tiques de las diferentes compras y las facturas para comparar, posteriormente, si coincide con la información enviada por el banco.

13 > ¿Cuál crees que es uno de los principales riesgos de viajar al extranjero con muchas tarjetas?

5.2.1. Compras seguras por internet

Hoy en día, gracias a las nuevas tecnologías, se puede comprar casi de todo a través de internet. Sin embargo, no pocas veces un comprador es víctima de algún fraude perpetrado por algún pirata informático. Por ello, seguiremos los siguientes consejos:

1. No debemos efectuar compras por internet con la tarjeta en equipos informáticos de lugares públicos, como bibliotecas, institutos, etc.
2. Cuando se compra por internet nunca se introduce el pin de la tarjeta. El código de seguridad que sí nos pedirán será el CVV, que aparece en el revés de la tarjeta.
3. Comprobar que es una página segura mediante el icono en forma de candado que aparece en la URL seguido de **https://**.

5.3. Las transferencias

En nuestro día a día puede que debamos pagarle a un amigo unas entradas que compró para el teatro, que queramos regalarle a unos compañeros que se casan una cantidad de dinero para que se vayan de viaje, etc. En estos y otros casos recurrimos a las transferencias.

Una **transferencia** es una operación a través de la cual una persona le pide a su banco que, con cargo a una cuenta suya, transfiera a otra cuenta, que puede ser suya o no, una cantidad de dinero.

En las transferencias hemos de identificar los siguientes conceptos:

- **Ordenante,** el titular de la cuenta, quien da la orden a la entidad para que transfiera una cantidad de dinero.
- **Beneficiario,** el titular de la cuenta donde se reciben los fondos.

Se puede realizar una transferencia de manera presencial en una sucursal bancaria.

Es preciso saber que los bancos pueden cobrarnos comisiones por hacer transferencias, si bien la banca por internet suele eliminarlas. Además de las comisiones, otro inconveniente de las transferencias es el tiempo de demora, es decir, el tiempo comprendido desde que realiza la transferencia hasta que el dinero está disponible en la cuenta a la que se envía. Este plazo varía; si las dos cuentas pertenecen a la misma entidad suelen realizarse en el día y si son entidades diferentes, entre dos y tres días.

5.3.1. Tipos de transferencias

Según la **prioridad** o plazo para ejecutarse, tenemos transferencias **ordinarias** y transferencias **urgentes,** que son aquellas cuyo coste es más elevado pero tienen menor plazo de demora.

Según la **zona geográfica,** hay transferencias **nacionales,** en las que tanto el ordenante como el beneficiario están en el mismo país, frente a las **internacionales,** en las que el ordenante y el beneficiario no están en el mismo país. Si vamos a realizar una transferencia nacional debemos proporcionar el nombre de la persona o empresa a quien vamos a hacer la transferencia y los 20 dígitos de su cuenta cliente; si fuera una transferencia internacional necesitaríamos el IBAN.

EJEMPLO

Clara y Natalia son dos amigas que acaban de pagarse un viaje a Egipto. En el momento ha sido Clara quien ha pagado los 3000 euros que le pidieron y ahora le solicita a Natalia que le transfiera 1500 euros.

Natalia procede a cumplimentar el impreso bancario de transferencia a Clara con los siguientes datos:

Clara López Martín C/ Cueva de Menga, 12. 41020 Sevilla N.º de cuenta: 1111/2222/33/4444444444	Natalia Suárez Pérez C/ La Bañeza, n.º 2. 28029 Madrid N.º de cuenta: 5555/6666/77/8888888888

ORDENANTE Natalia Suárez Pérez	
Domicilio C/ La Bañeza, n.° 2	
Localidad MADRID (CP: 28029)	
Provincia	Cuenta número
MADRID	88888888888

BANCO EL SOL
Sucursal n.º 6666

SOLUCITUD DE TRANSFERENCIA

5 de febrero de 2018

Cumplimente las operaciones, cuyo importe total más gastos adeudarán en mi cuenta.

BENEFICIARIO Clara López Martín	IMPORTE # 1500€ #
Domicilio, localidad y provincia C/ Cueva de Menga, 12 (Sevilla)	N.º Cuenta del beneficiario 1111/2222/33/4444444444
Observaciones VIAJE TURISMO	
Entidad pagadora 1111	Sucursal 2222

TOTAL ÓRDENES (Importe en letra) Mil quinientos euros	TOTAL ÓRDENES (Importe en cifra) # 1500€ #

Atentamente (Firma)

5.4. Los cheques

Un **cheque** es un documento que se utiliza como medio de pago a través del cual el titular de una cuenta corriente ordena a su entidad que pague una determinada cantidad de dinero a otra persona o empresa.

Con las nuevas tecnologías, las chequeras se van utilizando menos.

El principal motivo por el que se usan los cheques es evitar la utilización de dinero en efectivo, sobre todo si estamos hablando de grandes cantidades.

Los agentes que intervienen en un cheque son los que a continuación se relacionan.

- **Librador** es el titular de la cuenta, quien da la orden de pagar el cheque.
- **Librado** es la entidad bancaria que efectúa el pago.
- **Beneficiario** es quien cobra el cheque.

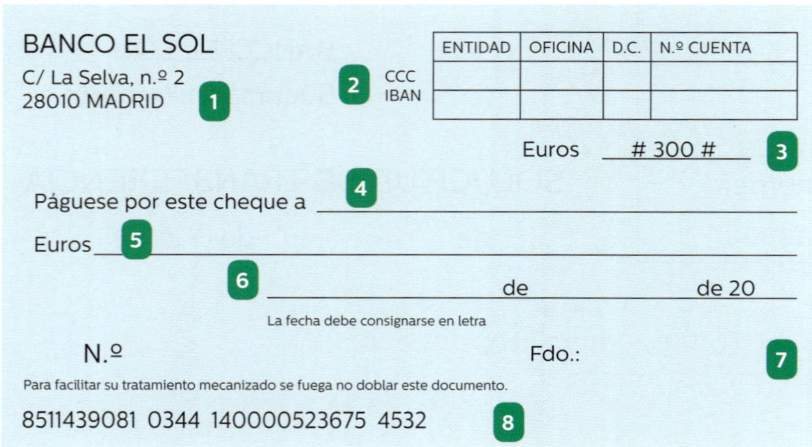

Los elementos que debemos identificar en un cheque son los siguientes:

- Información de la entidad bancaria y sucursal donde está la cuenta de la que se extraerán los fondos para pagar el cheque. **(1)**
- Código cuenta cliente y código IBAN. **(2)**
- Importe o cantidad del cheque expresado en números. Si bien no es necesario, se recomienda escribir delante de la cifra y detrás el símbolo "#". **(3)**
- Nombre de la persona o empresa a favor de quien se emite el cheque. **(4)**
- Importe o cantidad del cheque expresado en letras. **(5)**

  Importante: en caso de que no coincidan la cantidad expresada en números con la cantidad expresada en letras, la que se utiliza y se toma como correcta es la escrita en letra.
- Fecha y lugar donde se emite el cheque. **(6)**
- Espacio reservado para la firma del emisor del cheque. Si dicho emisor del cheque es una empresa suele acompañarse de la firma de quien lo emite y el sello de la empresa. **(7)**
- Zona para la impresión magnética. **(8)**

Es importante advertir que existen dos tipos de cheques:

- **Cheque al portador:** es aquel en el cual no se especifica el beneficiario, dado que solamente aparece la expresión *al portador*. Este tipo de cheque tiene un importante riesgo porque, en caso de pérdida, cualquiera que lo encuentre puede cobrarlo y no podremos reclamar nada.
- **Cheque nominativo:** es aquel en el que se indica a qué persona o empresa debe pagarse dicho cheque, por tanto es necesario que la persona o empresa se identifique cuando vaya a cobrarlo. No existe el riesgo de que lo cobre quien lo encuentre en caso de extravío.

Curiosidades sobre los cheques

- Para poder cobrar un cheque es necesario que el librador del mismo disponga de fondos en la entidad que actúa como librado.
- Para que no paguemos ninguna comisión es necesario cobrar el cheque presentándolo en la misma sucursal que figura en el cheque.
- Si presentamos un cheque en cualquier otra sucursal que no sea la que aparece en el cheque tendremos que pagar una comisión que puede oscilar entre el 2 % y el 3 %.
- Los cheques son instrumentos de pago a la vista, es decir, se cobran en el momento de su presentación, aunque en el cheque se hubiera escrito una fecha futura.
- No es aconsejable firmar el talonario de cheques, sino firmar a medida que vayamos utilizándolos, ya que si nos roban un cheque firmado y en blanco la persona podrá escribir el importe que desee y no podremos reclamar nada; de ahí la importancia de mantener el talonario de cheques en lugar seguro.

ACTIVIDADES RESUELTAS

Tania tiene que cumplimentar un cheque con el que pagar a su amiga Cynthia 300 euros hoy, día 8 de noviembre de 2018. Estos son los siguientes datos:

- **Cynthia Rodríguez Mejías**
- **Tania López Aguado**
- **CCC: 1111-2222-33-4444455555**
- **Banco El sol, C/ La selva n.º 2, 28010 Madrid**

Se pide cumplimentar el siguiente cheque.

BANCO EL SOL
C/ La Selva, n.º 2
28010 MADRID

	ENTIDAD	OFICINA	D.C.	N.º CUENTA
CCC	1111	2222	33	4444455555
IBAN				

Euros # 300 #

Páguese por este cheque a Cynthia Rodríguez Mejías

Euros # Trescientos #

Madrid, ocho de noviembre de 2018

La fecha debe consignarse en letra

N.º

Fdo.: Tania López Aguado

Para facilitar su tratamiento mecanizado se fuega no doblar este documento.

8511439081 0344 140000523675 4532

6 Los seguros

Durante nuestra vida tomamos muchas decisiones que incluyen la posibilidad de imprevistos. Por ejemplo, al comprar un coche podemos tener un accidente o al adquirir una casa esta puede sufrir un incendio, inundación, etc. Puesto que queremos maximizar nuestro bienestar y evitar estas situaciones de riesgo, podemos contratar seguros que nos cubran ante dichos imprevistos.

Antes de ver los diferentes tipos de seguros, debemos conocer la terminología propia de los seguros.

- **El tomador** es aquella persona física o jurídica que contrata el seguro.
- **El asegurado** es la persona que se beneficia del seguro.
- **El asegurador** es la compañía de seguros.
- **El contrato,** también llamado ***póliza,*** es el documento donde se detallan las condiciones que darán lugar a recibir la compensación del seguro.
- **La prima** es la cantidad de dinero que nos pide la compañía aseguradora por ofrecernos protección.
- **La contingencia o siniestro** es el evento o hecho previsto en la póliza (por ejemplo: enfermedad, muerte, accidente, robo, etc.), cuya producción da lugar al cumplimiento de las obligaciones del asegurador.
- **La suma asegurada** es el límite máximo de indemnización que debe pagar el asegurador en caso de producirse la contingencia o siniestro.

En la medida en que la prima que pagar depende del riesgo del asegurado, este puede tener la tentación de ocultar algún dato.

EJEMPLO

Si vamos a contratar un seguro de vida para que, en caso de fallecer, nuestros hijos reciban un dinero, nuestra prima será mayor si tenemos una grave enfermedad. Pero si ocultamos este hecho puede que la compañía no tenga que darnos ningún dinero si demuestra que hubo engaño en nuestra declaración.

Existen diferentes tipos de seguros, que agrupamos a continuación.

Según a quien cubran:

- **Seguro individual.** Es el que cubre únicamente a un individuo.
- **Seguro colectivo.** Es el que cubre a todos los miembros de un determinado colectivo o grupo.

Según la cobertura:

- **Seguro directo.** Aquel que cubre a quien lo contrata.
- **Seguro indirecto.** Aquel en el que estamos cubiertos por la contratación que efectuó un tercero. Ejemplo: si tenemos un accidente en el metro, como la compañía que presta el transporte tiene contratado un seguro, este nos cubre a nosotros como viajeros, a pesar de no haberlo contratado nosotros.

ACTIVIDADES

14 > Ahora que sabes qué es la prima de un seguro y cómo funcionan los seguros, ¿quién crees que debe pagar más por un seguro de coche: un conductor novato o uno experimentado?

15 > Si tenemos un seguro de coche y nos han puesto en el último año varias multas por ir muy rápido, ¿esto puede afectar a la prima de nuestro seguro?

16 > ¿Qué diferencia los seguros de prima única de los seguros de prima periódica?

Según la forma de pago:

- **Seguro de prima única.** Un seguro en el que todo el importe se paga de una sola vez.
- **Seguro de prima periódica.** Este seguro se divide el pago en varios tramos.

Según la obligatoriedad:

- **Seguro obligatorio.** Es aquel cuya contratación es obligatoria. Ejemplo: cualquiera de nosotros, al adquirir un vehículo, debe contratar un seguro a terceros que cubra la responsabilidad del propietario y del conductor del vehículo y aquellos daños que hagamos a terceras personas.
- **Seguro voluntario.** Es aquel cuyas coberturas completan el seguro obligatorio, esto es, podemos contratar un seguro voluntario a todo riesgo que no solo incluya lo que hacemos a terceros, sino también robos, incendios, etc.

  Entre los principales seguros voluntarios encontramos el de coche, así como el de hogar, negocio y jubilación.

  - **Hogar:** a través de este seguro se cubren los daños que pueda sufrir la vivienda o los bienes que en ella se encuentren. Así, se habla de cubrir el continente (edificio) o el contenido (muebles, electrodomésticos, obras de arte, etc.). Los seguros de casa también cubren el daño que causamos a otras personas, es lo que se denomina *responsabilidad civil*, es decir, el seguro de hogar puede cubrir tanto los desperfectos que se originen en nuestro piso como los que podamos provocar sobre los vecinos por algún tipo de incidente con los servicios básicos que utilizamos (agua, luz, gas, etc.).

    Si la casa se ha adquirido mediante un préstamo hipotecario, la entidad que nos concede el préstamo suele exigir la contratación de un seguro contra daños en la vivienda y un seguro de amortización del préstamo. Este último es un seguro de vida en el que el beneficiario es el banco, de modo que se asegura el cobro de dicho seguro y, por tanto, se hace cargo de la deuda contraída (la hipoteca) por el asegurado en caso de que este fallezca.
  - **Jubilación:** se entrega en la actualidad un dinero que nos será devuelto con creces en el momento de jubilarse.
  - **Negocio:** podemos proteger nuestras empresas o negocios que tengan existencias de coches, muebles, electrodomésticos, joyas..., frente al riesgo de un robo con un seguro.

Según el objeto del seguro:

- **Seguro contra daños.** El riesgo que se cubre recae sobre los bienes o sobre el patrimonio de las personas. Aquí destacan los seguros de coche y del hogar.
- **Seguro de personas.** El riesgo que se cubre recae sobre la persona. Aquí destacan los seguros de vida, que se contratan para reducir la incidencia que determinados hechos pueden tener en la economía de las personas. Ejemplo: una persona puede contratar un seguro de vida para que, en caso de fallecimiento, sus hijos (beneficiarios del seguro) tengan una ayuda económica.

Todos los conductores deben tener, por lo menos, un seguro obligatorio a terceros.

Claves para contratar y usar los seguros

A la hora de contratar y utilizar un seguro, los puntos claves son los siguientes:

- Informarse y asesorarse bien antes de contratar un seguro, ya que existen muy diferentes tipos.
- Buscar la información a través de algún comparador de seguros. Estas páginas nos muestran las condiciones de las diferentes compañías aseguradoras y presionan a las empresas para ser más eficientes, al tener que competir con otras.
- Guardar bien todos los documentos que se entregan para, en caso necesario, tener a mano todo para reclamar a la aseguradora.

YouTube y la economía

1. Dinero fácil

1. ¿Cuáles son los principales errores que comete el padre protagonista de este vídeo?
2. ¿Crees que la entidad financiera podría haber actuado de otra manera?

2. Finanzas éticas

1. ¿Qué es la banca ética?
2. ¿Habías oído hablar de la banca ética o es la primera vez que te acercas a este concepto? ¿Qué te parece?
3. ¿Qué entidades que practiquen la banca ética existen en tu país?

3. El ahorro

1. ¿Qué son los denominados *gastos hormiga* que nos mencionan en este vídeo?
2. ¿Qué gastos hormiga llevas tú a cabo en tu día a día? ¿Te sería difícil controlarlos?
3. Pregunta a algún familiar por alguno de sus gastos hormiga (previa explicación por tu parte si no sabe qué son), y calcula cuánto podría ahorrarse en un año si lo controla.

DIRECCIONES WEB

1. <http://bit.ly/1W1iOKl>
2. <http://bit.ly/1K6cz7e>
3. <http://bit.ly/1QOihdi>

1

2

3

Cine y economía

¡Qué bello es vivir!, EE. UU., 1946, Frank Capra

El protagonista, George Bailey, es un ciudadano honrado que dirige un pequeño banco familiar. Toda su vida tiene que luchar porque un acaudalado y poderoso banquero no cierre su negocio. Justo el día de Nochebuena descubre que ha desaparecido una gran cantidad de dinero; esto implicaría que la gente no confiara más en él, además de una ruina para su banco. Desesperado, decide suicidarse, dado que tiene un seguro de vida y considera que vale más muerto que vivo, pero algo lo impedirá.

Concursante, España, 2007, Rodrigo Cortés

Este filme nos muestra un joven profesor de Historia Económica que acaba de ganar un premio de tres millones de euros en un concurso televisivo. Aparentemente ha tenido un golpe de suerte, pero no hará otra cosa que complicarle la vida a través de los impuestos, créditos y gastos de mantenimiento que generan los múltiples bienes que tiene en este nuevo estilo de vida. Es una película muy interesante para reflexionar sobre aquello de «cuanto más tienes, más gastos generas».

ACTIVIDADES

¡Qué bello es vivir!

1 > ¿Qué sucede el día de Nochebuena?

2 > ¿Qué hace que el protagonista no acabe con su vida?

3 > ¿Qué moraleja podemos sacar de esta película?

Concursante

1 > ¿Cuál es la reflexión que más te ha llamado la atención de la película?

2 > ¿Podrías explicar con tus palabras qué sucede cuando el banco posee 100 monedas y las presta?

Lecturas de contenido económico

A lo largo de este libro la autora, Cristina Carrillo, nos muestra el contenido económico que se puede extraer de los diferentes cuentos y fábulas occidentales. Es un libro fácil de leer, que nos llevará aproximadamente 3-4 horas. Está integrado por 15 cuentos con los que podremos aprender a perder el miedo a la economía y a las finanzas. Por ejemplo, resulta curioso ver qué puede hacer el Gato con Botas para que gane prestigio la marca Marqués de Carabás.

ACTIVIDADES

1 > ¿Qué ajustes llevan a cabo los padres de Pulgarcito en su presupuesto?

2 > ¿Qué pasa con las pensiones en el país de Peter Pan?

Cinco consejos clave para una navegación y compra segura por internet

EL OBSERVATODO, <http://bit.ly/1Se0782>

«Hoy las compras *online* son muy seguras y la gente cada vez confía más, lo que no significa que no debamos ser cautos y evitar cualquier inconveniente con simples pasos. Si sospechamos que algo no va bien, hay que dejar constancia de la página en la PDI y hablar con nuestro ejecutivo del banco para que nos informe de cualquier movimiento», recomienda Marisol Cárdenas, jefa de comercio electrónico de la empresa SeguroSeguro.

1. **Conexión y comprobantes:** antes de comprar un producto a través de internet es imprescindible fijarse en que estén conectados a una red wifi segura, es decir, que no sea abierta a todo el público, ya que es el canal perfecto para el robo de datos. Además, debemos guardar todos los comprobantes de compra *online,* en caso de clonaciones o cobros excesivos.
2. **Información proporcionada:** no entregar información que nos parezca extraña, más de la que se pide en el momento de la compra, como datos de la tarjeta que se usará para adquirir el producto. Jamás entregar claves ni coordenadas de tarjetas de transferencia.
3. **En el momento de comprar:** es importante comprobar que el sitio sea seguro cuando se realiza una transacción. Esto se puede ver en cosas simples como, por ejemplo, que la dirección comience con las letras «https» y no solo «http», y que cuente con un color verde.
4. **Equipo:** lo ideal es que se use un ordenador propio o de la casa, así no dejamos registros personales en equipos ajenos. Hay que mantener el ordenador actualizado y con antivirus.
5. **Cuidado con el *phishing:*** nunca debemos abrir la página web desde un correo electrónico desconocido u otras páginas. Mejor ingresar al sitio desde la URL, ya que hay muchos plagios de páginas que terminan por ser virus roba datos.

Si seguimos estos simples pasos es poco probable sufrir algún ataque cibernético o robo de datos. Lo importante es estar siempre alerta y asegurados, mientras seguimos disfrutando de todas las bondades que hoy encontramos en internet.

ACTIVIDADES

1 > ¿Qué dice el texto sobre la utilización de una red wifi abierta para todos y la seguridad financiera?

2 > El método de pago más seguro que existe hoy en día a través de internet es *PayPal*. Investiga qué es y pregúntale a alguno de tus familiares si lo ha utilizado y en qué consiste.

3 > El primer párrafo recoge la opinión de la jefa de comercio electrónico de una compañía. Busca en internet en qué consiste el comercio electrónico.

Educación financiera: el reto de formar a inversores y ahorradores

La educación financiera sigue siendo una asignatura pendiente en España y aunque la Administración y las entidades financieras están sumando esfuerzos para ayudar a los ciudadanos a «aprobarla», los expertos reconocen que «aún queda mucho por hacer».

ABC, <https://bit.ly/2U8sMQh>

«La educación financiera de los españoles es mejorable», afirma Fernando Tejada, responsable del Plan de Educación Financiera del Banco de España (BdE), y los datos lo demuestran. Menos de la mitad de los ciudadanos sabe qué es el interés compuesto o conoce la importancia de la diversificación del riesgo al invertir, así lo recoge la Encuesta de Competencias Financieras elaborada por el BdE y la CNMV que mide los conocimientos financieros de la población entre los 18 y 79 años.

Este desconocimiento tiene sus consecuencias. No permite que un gran porcentaje de ciudadanos comprenda el funcionamiento, los riesgos y las oportunidades que ofrecen los productos financieros que contratan y «les impide tomar decisiones financieras responsables para planificar su futuro», reconocen desde el Banco de España. También desde la OCDE, el FMI y la Comisión Europea consideran que la educación financiera de la población es una buena herramienta para garantizar la protección de inversores y consumidores y para reforzar la estabilidad financiera internacional. Y más en un mercado financiero cada vez más complejo y difícil de entender, con nuevos productos de inversión y sofisticados modelos de negocio financiero basados en las nuevas tecnologías.

A pesar de su importancia, «la educación financiera sigue siendo una asignatura pendiente en España», admite Beatriz Morilla Piñeiro, responsable de RSC de la Asociación Española de Banca (AEB). [...]

Para Beatriz Morilla la solución tendría tres partes. Primero, la Administración tendría que contribuir a sensibilizar a los ciudadanos de la importancia de tener conocimientos financieros básicos para gestionar mejor su vida y consumir de forma más segura y responsable. Por su parte, las entidades financieras deberían «avanzar» en incluir procesos de educación en sus aplicaciones de banca y en hacer sus productos cada vez más sencillos y comprensibles. La tercera 'pata' de la solución sería que los educadores incluyan en sus planes de formación conceptos financieros básicos, desde los más simples «como diferenciar entre quiero y necesito, hasta algo más complejos como la relación entre riesgo y rentabilidad». Porque, en su opinión, «la educación financiera es fundamental para que los niños de hoy se conviertan en consumidores responsables en el futuro».

Incluir en el sistema educativo la educación financiera es «esencial» para superar este déficit de conocimientos. Así lo reconoce Jordi Martínez: «Si bien es cierto que desde hace pocos cursos existe una asignatura de economía optativa en cuarto de la ESO, y que hay algunas buenas iniciativas público-privadas, sería positivo que los conceptos financieros básicos formaran parte del currículum escolar de forma universal». [...]

ACTIVIDADES

1 > ¿Cuáles son las principales consecuencias que tiene para los ciudadanos no tener cultura financiera?

2 > A raíz de la pregunta anterior, ¿te alegras de estar estudiando Economía en este curso? Razona tu respuesta.

3 > ¿Qué tres aspectos nos señala el texto que deben abordarse para mejorar la educación financiera de la población?

T **1** Ayuda a Juan a elaborar el presupuesto a partir de los datos que se muestran, distinguiendo entre ingresos, gastos fijos obligatorios, gastos variables necesarios y gastos ocasionales. Determina la cifra que puede ahorrar este mes.

Concepto	Importe (€)
Sueldo	1600
Hipoteca	600
Comida	200
Luz	50
Gas	60
Agua	20
Entrada al parque de atracciones	30
Abono transporte mensual	54
Ingreso por acciones en bolsa	150

E **2** En los siguientes casos, ¿qué seguros le recomendarías a cada uno de ellos?

a) Laura es reportera gráfica y le toca estar muchas veces en países que están inmersos en conflictos bélicos, lo cual le supone cierto miedo.

b) Mario está planteándose completar las coberturas del sistema sanitario de la Seguridad Social con un seguro privado que le permita acceder a más especialistas.

c) Carla está preocupada por su futuro y quiere asegurarse ciertos ingresos cuando sea más mayor y se retire del trabajo.

L **3** Completa las siguientes definiciones con el tipo de seguro correspondiente.

- Si pagamos todo el seguro de una vez se denomina….
- Un seguro que nos cubre sin que nosotros lo hayamos contratado es un seguro de cobertura….
- El seguro a terceros que debo contratar al comprar un coche es un seguro….
- Si pagamos el seguro en varios tramos se denomina….
- La cantidad de dinero que nos pide la compañía aseguradora por ofrecernos protección es la….
- El documento donde se detallan las condiciones que darán lugar a recibir la compensación del seguro se denomina contrato o….

E **4** Imagina que eres gestor de seguros de una empresa y te llegan a contratar un seguro las personas abajo citadas. Asigna un número del 1 al 4, según la cantidad que deban pagar de prima, sabiendo que 1 es la prima más elevada y 4 la más reducida.

a) Amparo lleva conduciendo más de 30 años, nunca ha tenido ningún accidente y solo le han puesto una multa.

b) Luis Miguel jamás ha tenido accidentes de tráfico en los 25 años que hace que tiene el carné, pero todos los años le ponen alguna multa por exceso de velocidad.

c) Cristina tiene el carné desde hace tres años y ha sufrido dos golpes graves en este tiempo.

5 ¿Cuáles son las principales diferencias que hemos estudiado entre un préstamo y un crédito?

A **6** Cumplimenta el cheque que aparece a continuación conociendo los siguientes datos:

Javier Pérez Toledo, jefe de informática de Indra, tiene que rellenar un cheque con el que pagar a uno de sus empleados, Kilian Rivera Corredero, una prima de productividad de 400 euros.

- Kilian Rivera Corredero
  CCC: 1122-2233-44-5656565656
  Banco El Sol, C/ La selva n.º 2, 28010 Madrid

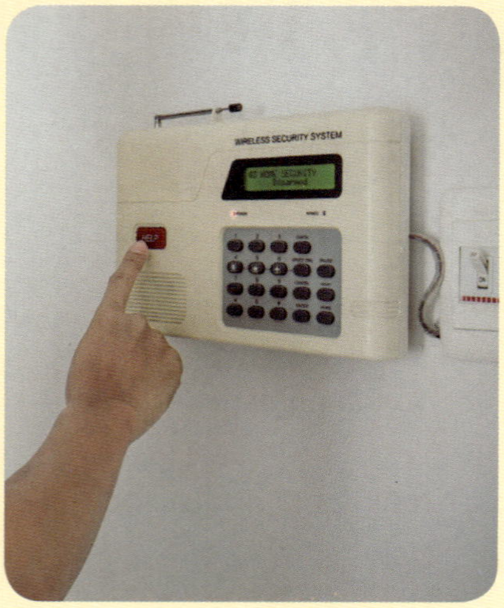

BANCO EL SOL
C/ La Selva, n.º 2
28010 MADRID

	ENTIDAD	OFICINA	D.C.	N.º CUENTA
CCC				
IBAN				

Euros ______

Páguese por este cheque a ______

Euros ______

______ de ______ de 20__

La fecha debe consignarse en letra

N.º

Fdo.:

Para facilitar su tratamiento mecanizado se ruega no doblar este documento.

8511439081 0344 140000523675 4532

7 Completa las siguientes expresiones:

- La operación bancaria por la que una persona envía, con cargo a su cuenta, dinero a otra cuenta bancaría se denomina....
- Según el plazo de ejecución las transferencias pueden ser....
- Según el área geográfica las transferencias pueden ser....
- Para realizar una transferencia internacional es necesario el....
- El titular de la cuenta bancaria que ordena una transferencia se denomina....
- El titular de una cuenta bancaria que recibe fondos se denomina....

8 Marta acude a su entidad financiera para contratar una tarjeta de crédito. Allí le ofrecen las tres posibilidades que hemos estudiado:

a) Abonar todo a principio del mes siguiente y no pagar intereses.

b) Aplazar el pago y devolverlo mediante una cantidad fija todos los meses.

c) Aplazar el pago y devolver un porcentaje del gasto todos los meses.

Le especifican que debe considerar los siguientes aspectos:

- El interés que le cobrarán en las opciones b y c es del 5%.
- Si escoge la opción b, el importe que tendrá que pagar todos los meses hasta cancelar el crédito será de 100 euros.
- Si la opción elegida es la c, el porcentaje de gasto que devolverá todos los meses será de un 25%.

¿Qué es lo que pagará Marta con cada una de las opciones que puede contratar el primer mes si el crédito utilizado es de 300 euros?

¿Cuánto dejará a deber pasado ese primer mes en cada una de las opciones?

9 ¿Qué diferencia los gastos obligatorios fijos de los gastos obligatorios variables? Pon ejemplos.

10 ¿Qué es más común, tener una tarjeta de crédito o de débito? Razona tu respuesta.

11 ¿Qué aspectos debemos tener en consideración a la hora de contratar un crédito?

12 ¿Qué es la comisión de apertura de un préstamo?

13 ¿En qué se diferencian la comisión de cancelación parcial de la comisión de cancelación total?

14 ¿Qué es más seguro, un cheque al portador o un cheque nominal?

15 ¿Cómo se calcula la prima o cuantía que se debe pagar por un seguro?

16 ¿Qué es el fondo de emergencia? ¿De qué cuantía debe ser aproximadamente?

17 ¿Qué instrumento crees que nos ayuda mejor a controlar nuestros gastos, una tarjeta de crédito o una tarjeta de débito? Razona tu respuesta.

18 Realiza un esquema con los principales tipos de seguros estudiados.

19 ¿Cuáles son las necesidades que se nos pueden plantear en las diferentes etapas de la vida en términos genéricos?

20 Pregunta a tus familiares sobre las situaciones de riesgo que más les preocupan y averigua si tienen contratado algún seguro. Realiza una ficha con los seguros que tengan tus familiares y clasifícalos según los criterios que hemos estudiado.

21 Teniendo en cuenta lo estudiado sobre presupuestos, elabora una lista donde aparezcan dos de tus principales ingresos, así como dos gastos fijos obligatorios y dos gastos ocasionales.

22 ¿Cuáles son los principales seguros voluntarios que hemos estudiado? Explícalos brevemente.

A 23 Cumplimenta, con los datos que se ofrecen a continuación, la siguiente transferencia:

Iván acaba de darse cuenta de que hace más de un mes que le debe a su amiga Elena 50 euros, que pusieron para un regalo de un compañero del trabajo que tuvo un hijo. Avergonzado por el tiempo que hace que no le paga, le ha pedido a Elena sus datos para hacerle un transferencia hoy mismo, 7 de agosto, sin más demora.

Iván Lorca Ruiz Calle tras la Puerta, 4, 14010 Córdoba N.º de cuenta: 1112-2223-34-4545454545	Elena Nieto Ayuso C/ Claudio Marcelo, 8, 14003 Córdoba N.º de cuenta: 5556-6667-78-8989898989

ORDENANTE	
Domicilio	
Localidad	
Provincia	Cuenta número

BANCO EL SOL

Sucursal n.º _______

SOLUCITUD DE TRANSFERENCIA

___ de __________ de ______

Cumplimente las operaciones, cuyo importe total más gastos adeudarán en mi cuenta.

BENEFICIARIO	IMPORTE
Domicilio, localidad y provincia	N.° Cuenta del beneficiario
Observaciones	
Entidad pagadora	Sucursal

TOTAL ÓRDENES (Importe en letra)	TOTAL ÓRDENES (Importe en cifra)

Atentamente (Firma)

Elabora un mapa conceptual sobre los contenidos que has trabajado en esta unidad a partir de las ideas principales que se ofrecen a continuación.

1. Una de las mejores herramientas para gestionar nuestra salud financiera es la elaboración de un presupuesto personal.

2. En el presupuesto se recogen los gastos y los ingresos. Los gastos pueden ser de tres tipos:
   - Fijos obligatorios
   - Variables necesarios
   - Ocasionales

3. Es importante guardar una parte de nuestros ingresos para constituir el fondo de emergencia.

4. En caso de recurrir al endeudamiento, debemos diferenciar entre préstamos y créditos.

5. Entre los principales préstamos tenemos los siguientes:
   - Personales
   - De garantía real
   - Hipotecarios

6. Nuestras necesidades varían en las diferentes etapas de la vida, siendo algunas de las principales: casa, coche, plan de pensiones, etc.

7. Algunos instrumentos financieros que debemos conocer son las cuentas bancarias, las tarjetas, las transferencias y los cheques.

8. Las principales cuentas bancarias son:
   - A la vista
   - A plazo
   - De ahorro
   - Remunerada

9. Las principales tarjetas de crédito son estas:
   - Crédito
   - Débito
   - Comercial

10. Para protegernos de situaciones adversas contratamos diferentes seguros, que pueden ser individual o colectivo, voluntario u obligatorio, entre otros.

GLOSARIO

Elabora un diccionario económico con los principales términos utilizados en esta unidad.

- Gastos fijos obligatorios
- Gastos variables necesarios
- Gastos ocasionales
- Fondo de emergencia
- Préstamos
- Préstamos personales
- Préstamos de garantía real
- Préstamo hipotecario
- Euribor
- Cuentas corrientes
- Cuentas de ahorro
- Cuentas bancarias a plazos
- Cuentas bancarias remuneradas
- IBAN
- Tarjetas de débito
- Tarjetas de crédito
- Tarjetas comerciales
- Transferencia
- Cheque al portador
- Cheque nominativo
- Prima de un seguro
- Contingencia o siniestro

Resuelve en tu cuaderno o bloc de notas

1 > Las anotaciones negativas o salidas de dinero que hacemos es lo que denominamos:

a) Ingresos.

b) Gastos.

c) Presupuesto.

d) Ninguna es correcta.

2 > En una cuenta a la vista remunerada se cumple que:

a) No dispones de liquidez total.

b) No genera intereses.

c) No se admiten domiciliaciones de recibos.

d) Todas son correctas.

3 > La persona que se compromete a pagar el préstamo en caso de que no pueda pagarlo el cliente se denomina:

a) Asegurado.

b) Asegurador.

c) Representante.

d) Avalista.

4 > El importe que se paga por adelantar ciertos pagos de un préstamo se denomina:

a) Comisión de cancelación parcial.

b) Comisión de cancelación total.

c) Comisión de apertura.

d) Cuota mensual.

5 > El gasto que puede suponer la llegada de un bebé el primer año oscila entre:

a) 10 000 y 20 000 euros.

b) 5000 y 10 000 euros.

c) 6000 y 8000 euros.

d) No existe estimación de los gastos de un bebé el primer año.

6 > Señala la respuesta incorrecta respecto a las cuentas a la vista:

a) Tenemos nuestro dinero disponible en todo momento.

b) Son productos muy rentables.

c) Son fáciles de contratar.

d) Sirven para efectuar cobros y pagos cómodamente.

7 > Los gastos variables necesarios son aquellos que:

a) Varían mes a mes, pero igualmente debemos asumirlos.

b) Podemos reducirlos en caso de necesidad.

c) Su importe se mantiene fijo mes a mes.

d) Su importe es fijo y no tenemos más remedio que asumirlos.

8 > En referencia al fondo de emergencia se recomienda que:

a) Sea un importe equivalente a entre 3 y 6 veces nuestros ingresos mensuales.

b) Se invierta en activos altamente rentables, aunque ello implique elevados riesgos.

c) Sea un importe equivalente a entre 3 y 6 veces los gastos necesarios mensuales.

d) Solo tengamos un fondo de emergencia si prevemos que pueda ocurrir algo negativo.

9 > Señala la respuesta incorrecta respecto a los préstamos:

a) El banco entrega el importe de una sola vez.

b) El cliente paga intereses por el total del préstamo.

c) El cliente utiliza todo el dinero pedido.

d) Los tipos de interés son más altos que en los créditos.

10 > Según el plazo o prioridad las transferencias pueden ser:

a) Nacionales y ordinarias.

b) Ordinarias y urgentes.

c) Nacionales e internacionales.

d) Urgentes y nacionales.

11 > En una transferencia el beneficiario es:

a) Quien ordena la transferencia.

b) La entidad financiera, porque se beneficia de la comisión.

c) El titular de la cuenta donde se reciben los fondos.

d) Todas las respuestas son correctas.

12 > **En un cheque el librado es:**

a) La entidad bancaria que efectúa el pago.

b) El titular de la cuenta, quien da la orden de pagar el cheque.

c) Quien cobra el cheque.

d) Ninguna es correcta.

13 > **La cantidad de dinero que nos pide la compañía aseguradora por ofrecernos protección se denomina:**

a) Prima.

b) Póliza.

c) Suma asegurada.

d) Contingencia.

14 > **Una cuenta que ofrece una liquidez total para poder disponer del dinero, intereses y no admite domiciliación de recibos se denomina:**

a) Cuenta bancaria a plazos.

b) Cuenta bancaria a la vista.

c) Cuenta a la vista remunerada.

d) Cuenta bancaria con garantía personal.

15 > **Un crédito sería la opción más aconsejable para:**

a) Un particular que quiere comprar un coche.

b) Una empresa que tiene problemas de liquidez a final de mes, pero no sabe la cuantía exacta que necesitará.

c) Una empresa que quiere comprar una furgoneta.

d) Un particular que quiere comprar una casa.

16 > **La posibilidad de disponer de dinero en efectivo en el momento que se necesita se denomina:**

a) Seguridad.

b) Ausencia de riesgo.

c) Rentabilidad.

d) Liquidez.

17 > **El momento en que se hace efectivo el ingreso o el cobro se denomina:**

a) Fecha valor.

b) Fecha efectiva.

c) Fecha del movimiento.

d) Fecha real.

18 > **El número de seguridad de la tarjeta se expresa con las siglas:**

a) IBAN.

b) CCC.

c) CVV.

d) Ninguna es correcta.

19 > **Un seguro directo es aquel que:**

a) Nos cubre en función de la contratación que hizo un tercero.

b) Se divide el pago en varios tramos.

c) Cubre a quien lo contrata.

d) Todo el importe se paga de una vez.

20 > **Una de las principales ventajas que tiene la apertura de una cuenta bancaria a la vista es:**

a) El cobro de comisiones por depositar allí nuestro dinero.

b) Poder disponer de nuestro dinero y efectuar cobros y pagos cómodamente.

c) La elevada rentabilidad que tienen las cuentas bancarias a la vista.

d) La posibilidad de que aumenten las comisiones si domiciliamos la nómina.

21 > **Para evitar que en caso de extraviar o perder una cheque cualquiera pudiera cobrarlo, se recomienda que el cheque sea:**

a) Nominativo, ya que así aparece indicado el nombre de la persona que puede cobrarlo.

b) Al portador, ya que así lo cobra la persona que aparece indicada en el cheque.

c) Nominativo o al portador, ya que es lo mismo.

d) Ninguna respuesta es correcta.

4) Ingresos y gastos del Estado

Vamos a aprender

1. El sector público
2. El estado de bienestar
3. La política fiscal
4. La financiación del déficit público
5. Tipos de política fiscal
6. El ciclo económico
7. La distribución de la riqueza y de la renta

Los impuestos: un difícil dilema

Muchas veces habrás oído a los adultos quejarse de la cantidad de impuestos que deben pagar. Probablemente, también les habrás escuchado que no se quejan solo por tener que pagar impuestos, sino porque si luego necesitan ayuda del Estado este no parece darles todo lo que requieren. En esta unidad vamos a trabajar sobre estos temas, es decir, de dónde obtiene el Estado los fondos necesarios para poder llevar a cabo sus funciones y en qué se gasta el dinero recaudado. Al igual que si se tratara de nuestra economía familiar, el Estado intenta que sus finanzas estén equilibradas, dado que si gasta más de lo que ingresa tendrá déficit, lo que a la larga generará deuda.

Además, el Estado —que nos observa a todos y se da cuenta de que no tenemos los mismos recursos— procura que los ciudadanos tengan lo necesario para llevar una vida digna y trata de ingresar dinero de los que más tienen para ayudar a los que poseen menos. Veremos cómo lo hace y analizaremos sus consecuencias. Si fueras pobre estarías encantado de que el Estado te diese ayudas. ¿Y si fueras rico? En este caso también te gustaría que el Estado ayudase a los demás, aunque a ti no te hiciese falta. El punto de enfrentamiento surge cuando para poder ayudar a los más necesitados tiene que obtener el dinero de ti, que estamos suponiendo que lo tienes.

Como puedes comprender, la polémica está servida. Por ello, es muy útil que entendamos bien los diferentes gastos e ingresos del Estado, cómo se distribuyen la renta y el déficit, y sus consecuencias, para poder tener una opinión lo más precisa posible.

¿QUÉ SABEMOS DE?

1 > ¿Qué opinas acerca de que la persona que más gana sea la persona que más impuestos pague?

2 > ¿Cuáles de los gastos que conozcas que lleva a cabo el Estado te parecen más importantes? ¿Por qué?

3 > Si tuvieras que efectuar recortes en alguna de las siguientes partidas, sanidad, educación o I+D+i, ¿en cuál de ellas llevarías a cabo los recortes? Razona tu respuesta.

1 El sector público

El **sector público** se define como el conjunto de instituciones mediante las cuales se trata de regular la actividad del país.

Para llevar a cabo las diferentes funciones se organiza en varios niveles y organismos, que recogemos en el siguiente esquema:

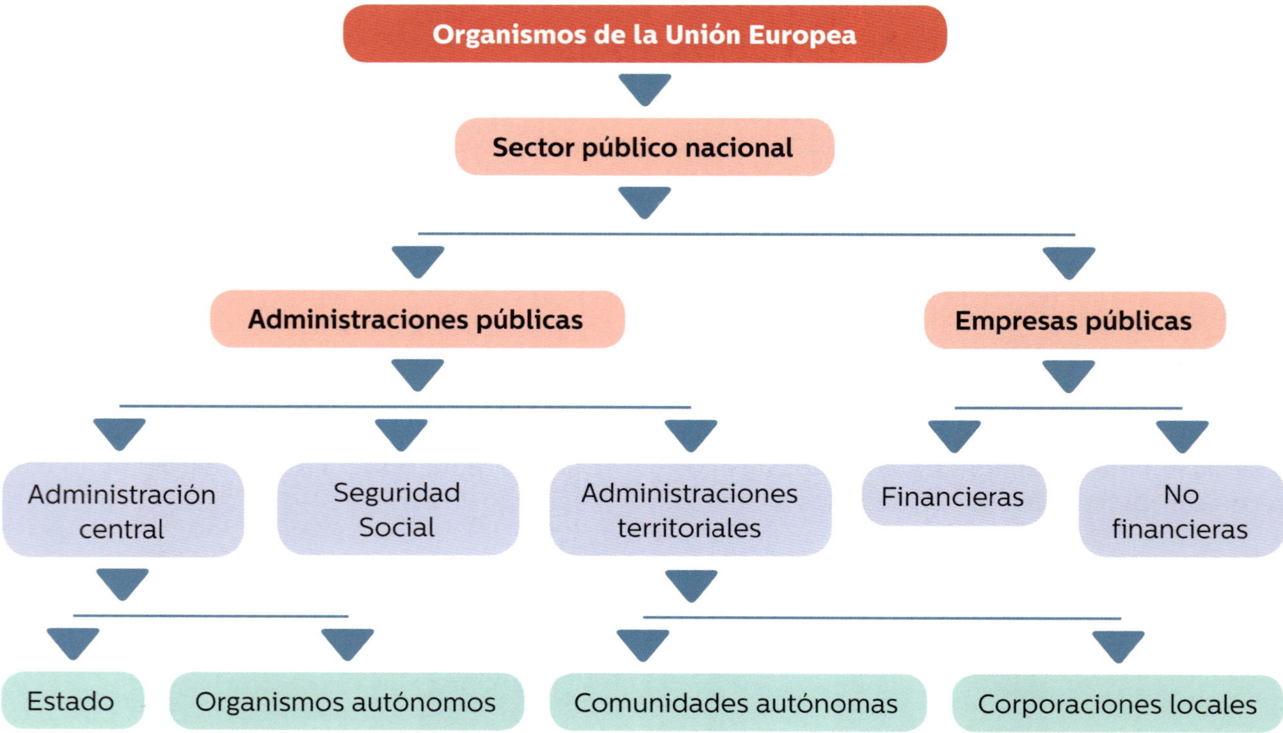

Apreciamos, por un lado, la presencia de las Administraciones públicas, y dentro de ellas diferenciamos la Administración central, las Administraciones territoriales y la Seguridad Social; por otro lado, las empresas públicas, que a su vez pueden ser de carácter financiero o no financiero. Además, hemos de tener en cuenta el contexto de la Unión Europea en el que España está inmersa, ya que las instituciones europeas nos influyen tanto en el ámbito legal (normativa comunitaria) como en el de financiación (fondos comunitarios).

1.1. Justificación de la intervención estatal

Adam Smith predijo hace más de 200 años que el mercado, a través de su sistema de precios, se autorregula y equilibra. Así, por medio de la competencia y la libertad de actuación de los particulares, guiados por su propio interés y egoísmo, se contribuye a la mejora de la sociedad en su conjunto. Siendo esto cierto, el Estado debería permanecer en un modesto segundo plano, ocupándose de aspectos tales como la defensa, la justicia y los bienes públicos. Ahora bien, la presencia del Estado en algunos países ronda el 40 % sobre el PIB (producto interior bruto). ¿Qué justifica dicha intervención? ¿En qué áreas debe producirse?

Edificio del Instituto Nacional de Estadística en Madrid.

ACTIVIDADES

1 > Busca alguna empresa pública no financiera.

A continuación se presentan las principales razones que justifican la intervención estatal:

- El sistema de mercado tiene fallos, es decir, este no siempre funciona de forma eficiente y el Estado debe intervenir para tratar de solucionarlo.
- El mercado puede funcionar de forma eficiente, pero también generar una distribución muy desigual de la renta.
- La presencia de ciclos económicos puede ser suavizada gracias a la intervención estatal.

Paul Anthony Samuelson (1915-2009)

Economista estadounidense que en 1970 obtuvo el Premio Nobel de Economía y se convirtió en el primer ganador individual de dicho galardón.

1.2. Las funciones del sector público

A raíz de los motivos mencionados, el sector público desarrolla diferentes funciones.

Función asignativa	Función distributiva	Función estabilizadora
El Estado trata de asignar correctamente los recursos en los que el mercado falla; busca fomentar la eficiencia económica allí donde el mercado, por sí solo, no lo logra.	El Estado no busca la eficiencia sino la equidad; pretende una distribución más justa de la renta, trasladando rentas de las capas más favorecidas a las más necesitadas. Aquí se toman medidas tales como impuestos progresivos, subsidios de desempleo, salarios mínimos, ayuda y asistencia, etc.	El Estado trata de suavizar las fluctuaciones de la actividad económica. Se persigue controlar la inflación en las fases expansivas y corregir el desempleo en las recesivas.
Función reguladora	**Función coordinadora**	**Función representativa en el exterior**
El Estado establece las reglas del juego que deben seguir los diferentes agentes económicos. Dichas reglas quedan establecidas mediante leyes que regulan, por ejemplo, el derecho a la propiedad privada, el salario mínimo que tenemos que pagar si somos empresarios, los derechos que tenemos como consumidor al comprar un producto, etc.	Se trata de coordinar todas las funciones anteriores, ya que en ocasiones estas pueden entrar en conflicto. El Estado puede, por ejemplo, querer subir los salarios mínimos para ayudar a los trabajadores, pero si eso se realiza en una fase de recesión, tal vez el empresario que está despidiendo gente, al recibir menos incentivos, tienda a no contratar si hay que pagar un mínimo más alto.	Como señala Samuelson en su manual de Economía, el Estado lleva a cabo esa función en la que tendrían cabida los programas de ayuda internacional, los acuerdos medioambientales y las medidas comerciales como los aranceles, las tareas de coordinación de las políticas macroeconómicas, entre otros.

ACTIVIDADES

2 > Señala qué función está llevando a cabo el Estado en los siguientes ejemplos:

- España acude a una cumbre sobre comercio internacional para defender los intereses de nuestro país.
- El Estado diseña un sistema de becas de libros al comienzo del curso escolar para atender a las familias más desfavorecidas.
- El Estado establece las leyes sobre la contratación de los trabajadores tras reunirse con los sindicatos.

2 El estado de bienestar

La preocupación por el papel que debía otorgarse al Estado ha sido polémica desde antaño. Algunos autores han defendido una mayor intervención, entre ellos John M. Keynes, frente a otros que han propuesto un papel mínimo, por ejemplo Adam Smith.

Las referencias al Estado han sido continuas a lo largo de la historia. Ahora bien, el intervencionismo estatal, tal y como se entiende hoy en día, es un concepto relativamente reciente. Frente a la visión del Estado como aquel que se encargaba de la seguridad (visión dominante desde la Revolución francesa hasta la Primera Guerra Mundial) apareció en los años treinta y en el contexto de la Gran Depresión, la visión del Estado como el organismo que debía garantizar el pleno empleo o, al menos, un alto nivel de ocupación. Fue a finales del siglo XIX cuando los líderes políticos de la Europa occidental (Otto von Bismark, en Alemania, y William E. Gladstone, en Gran Bretaña), seguidos posteriormente por Franklin D. Roosevelt en Estados Unidos, introdujeron un nuevo concepto de responsabilidad estatal, el **estado de bienestar,** en el cual el Estado modificaba las fuerzas del mercado para proteger a los individuos de contingencias específicas y garantizarles un mínimo nivel de vida.

John Maynard Keynes (1883-1946)

Economista británico. Es uno de los economistas que más repercusión ha tenido en las teorías y políticas económicas en el siglo XX.

El estado de bienestar apareció en la época de prosperidad que vivían las economías de Europa occidental después de la Segunda Guerra Mundial. El Estado pasó no solo a ocuparse de la seguridad y de garantizar el pleno empleo, sino que, además, debía llevar a cabo una serie de servicios sociales universales y asumir su responsabilidad en el mantenimiento de unos mínimos niveles de vida para todos. Se articula mediante tres tipos de prestaciones:

- **Prestaciones universales.** Son para todos, como la educación.
- **Prestaciones sociales.** Se destinan para los más necesitados, como por ejemplo las viviendas de protección oficial.
- **Prestaciones contributivas.** Para aquellos que previamente han cotizado para recibirlas (el subsidio de desempleo, las pensiones, etc.).

Durante los años cincuenta y sesenta del siglo pasado los políticos y la sociedad en general defendieron el estado de bienestar. Los países crecían y se bajó la guardia ante la expansión del gasto público y sus consecuencias. Esta situación de «felicidad» duró hasta los años setenta, cuando se expandieron el paro y la inflación, por lo que se perdió la confianza depositada en los Gobiernos. Desde ese momento se cuestiona el estado de bienestar.

La educación pública, una prestación universal a cargo del Estado.

ACTIVIDADES

3 > Como sabemos, el estado de bienestar se encarga de ofrecer una pensión a aquellos que han cotizado durante su vida laboral. Responde a estas cuestiones:

- ¿Crees que el envejecimiento de la población afecta a nuestro estado de bienestar?
- ¿Crees que es posible mantener las pensiones?
- ¿Se te ocurre alguna solución a este problema?

2.1. Políticas económicas en el estado de bienestar

¿Cómo tratan los Gobiernos de cubrir las necesidades de la población? ¿Qué mecanismos e instrumentos tienen para poder dirigir el país y ejecutar las medidas que eleven la calidad de vida de sus ciudadanos, garantizándoles el mínimo vital del que acabamos de hablar? El estado de bienestar se articula en torno a una serie de políticas económicas.

La **política económica** se define como el conjunto de medios e instrumentos con los que se intenta regular o modificar los asuntos económicos.

Las políticas estructurales persiguen el desarrollo económico de un país.

Algunas medidas se diseñan a largo plazo y persiguen generar las condiciones favorables para el desarrollo económico del país. Estas políticas se denominan *estructurales* y entre ellas destacan: modernizar determinados sectores de la economía, desarrollar estrategias de privatizaciones, etc.

Ahora bien, de entre todas las medidas o políticas posibles, nos vamos a centrar en las que se diseñan a corto plazo para tratar de estabilizar la economía, que se denominan *políticas coyunturales*. Entre ellas, existen las siguientes:

- Política fiscal.
- Política monetaria.
- Política mixta.
- Política de rentas.
- Política internacional.

Todas ellas tendrán en común la búsqueda de los siguientes objetivos macroeconómicos:

- Pleno empleo de los recursos.
- Estabilidad en los precios.
- Crecimiento y desarrollo.
- Mejorar la distribución de la renta.
- Equilibrio en la balanza de pagos.

Las diferentes doctrinas de pensamiento tienen claro que estos son los objetivos que hay que conseguir, si bien difieren en elegir cuál es la política más útil para alcanzarlos, básicamente la fiscal o la monetaria.

Nosotros vamos a centrarnos, a continuación, en la política fiscal para desarrollar todo lo referente a ingresos y gastos públicos, deuda pública y déficit público.

El pleno empleo forma parte de los objetivos macroeconómicos de un Gobierno.

ACTIVIDADES

4 > ¿Cuál es, en tu opinión, el principal objetivo que deben buscar o perseguir los políticos de entre los cinco que acabamos de señalar? Razona tu respuesta.

5 > En cursos anteriores has estudiado en Ciencias Sociales qué era la balanza de pagos. ¿Lo recuerdas? Si no es así, investiga qué es y qué se recoge en la balanza de pagos de un país.

3 La política fiscal

La **política fiscal** se puede definir como el conjunto de variaciones de gastos y de ingresos del Gobierno, realizadas con el fin de asegurar los objetivos antes mencionados.

Veamos detalladamente los ingresos y los gastos públicos.

3.1. Los ingresos públicos

El sector público necesita recursos con los que realizar sus funciones. Los recursos que obtiene se denominan *ingresos*. Uno de los criterios más utilizados para su clasificación es hacerlo según el grado de voluntariedad con el que el sector privado transmite renta al sector público. Según dicho criterio, es posible diferenciar:

- **Ingresos ordinarios.** El Estado obtiene ingresos del mismo modo que podría hacerlo cualquier individuo:
  - Los ingresos que se derivan de la gestión del patrimonio público.
  - Los ingresos que se obtienen por privatizaciones.
  - Los ingresos que proceden de operaciones de crédito.
  - Los ingresos obtenidos a partir de la venta de bienes y servicios que lleva a cabo el sector público.

  Los ingresos ordinarios fueron muy importantes en el pasado y constituyeron la principal fuente de ingresos. En la actualidad, el patrimonio que posee el Estado, así como los ingresos obtenidos a través de su gestión, tienen cada vez menos importancia.
- **Ingresos derivados.** El Estado obtiene ingresos en función de su poder de coacción, es decir, a partir del poder que tiene para imponer ciertos pagos.
  - **Multas,** ya sean las de tráfico, las impuestas a una empresa por no respetar la normativa medioambiental o las multas impuestas a un empresario por no realizar los trámites necesarios para ejercer su actividad. Todas ellas son establecidas según su poder penal sancionador.
  - **Tributos,** que establece en función de su poder fiscal para gravar al sector privado.

3.1.1. Los tributos

A continuación vamos a detallar los tributos, puesto que son la principal fuente de ingresos públicos. Dentro de ellos se encuentran las tasas y los impuestos, que son los que más recaudación suponen para el Estado, así como las contribuciones especiales.

- **Tasas.** Son precios públicos, como la tasa de expedición del pasaporte. En ellas existe cierta voluntariedad y un beneficio personal directo. Ejemplo: las tasas de matriculación de la universidad, que pagarás porque libremente decides estudiar y te permitirán asistir a clase y examinarte.

El Estado obtiene ingresos provenientes de los museos.

¡OJO!

Las privatizaciones totales o parciales de las empresas, como Repsol y Endesa, suponen también ingresos para el Estado.

REPSOL endesa

El pago de una multa es un ingreso derivado del Estado.

- **Contribuciones especiales.** Tienen su origen en la financiación de las haciendas locales y se justifican en el beneficio que obtienen los particulares al llevarse a cabo las obras públicas, como alumbrado, pavimentación, etc. Debemos observar que en las tasas solo se ve afectada la persona que paga la tasa, mientras que en las contribuciones especiales se benefician todos, el que las paga y el que no. Ejemplo: un indigente que carece de recursos y, por tanto, no puede costear nada, se beneficia del alumbrado público igual que cualquier otro ciudadano.
- **Impuestos.** Son la partida más importante de los ingresos. Se caracterizan por no incorporar contraprestación directa y por no guardar relación su cuantía con el beneficio obtenido por el particular. Así, una persona con elevados recursos podría pagar muchos impuestos y no obtener nada del Estado, mientras que alguien que carezca de ellos podría no pagar nada o casi nada y obtener diferentes beneficios del Estado, como por ejemplo una beca o una vivienda.

  Los impuestos se pueden clasificar atendiendo a varios criterios:

Benjamin Franklin (1706-1790)

Político e inventor estadounidense considerado uno de los padres fundadores de Estados Unidos. Esta es una de sus famosas frases: «En este mundo no hay nada seguro salvo la muerte y los impuestos».

Retrato de Benjamin Franklin (1785), de Joseph Siffred Duplessis.

Según el hecho imponible	**Impuestos directos** Gravan la renta o la riqueza de las personas y empresas en función de circunstancias económicas y familiares; permiten, por tanto, que quienes ganan o tienen más dinero paguen más que quienes tienen menos ingresos o riqueza. Los más representativos son el impuesto sobre la renta de las personas físicas, el impuesto de sociedades y el impuesto sobre el patrimonio. Todos ellos gravan la renta cuando se obtiene.
	Impuestos indirectos Gravan hechos concretos, como, por ejemplo, el consumo, con independencia de la identidad y las circunstancias de la persona que los realiza. Los paga todo el mundo por igual. El principal es el impuesto sobre el valor añadido (IVA). Todos ellos gravan la renta cuando se gasta.
Según el tipo impositivo	**Progresivos** Gravan más que proporcionalmente la capacidad económica de las personas.
	Proporcionales Gravan de manera proporcional, de acuerdo con la capacidad económica de las personas.
	Regresivos Gravan a todas las personas por igual, con independencia de la capacidad económica de cada una, lo que significa que quienes tienen más pagan lo mismo que los que tienen menos, con lo que aumenta la desigualdad entre las personas.

EJEMPLO

Impuesto regresivo

¿Recuerdas haber estudiado en Ciencias Sociales lo que era el diezmo eclesiástico?

Consistía en un impuesto que pagaban los campesinos, normalmente pobres, a la Iglesia, pero no era abonado por las clases nobles o con recursos. Su nombre se debe a que el importe que se entregaba era la décima parte de la cosecha.

3.2. Los principales impuestos

En nuestro país hay tres: IRPF, IVA e IS.

IVA (impuesto sobre el valor añadido)

Es un impuesto indirecto que grava la adquisición de bienes y servicios. Es proporcional y se articula en tres tramos diferentes.

- **IVA superreducido:** se mantiene en el 4 % y se refiere a los productos de primera necesidad: pan, leche, medicinas, etc.
- **IVA reducido:** en la actualidad se encuentra en el 10 %, si bien se subió del 7 % al 8 % en julio de 2010 a raíz de la crisis económica, y dos años más tarde (en septiembre de 2012) se volvió a incrementar hasta el 10 % actual. Este tipo se aplica a transportes, vivienda, material escolar, etc.
- **IVA general:** al igual que el tramo anterior, este impuesto pasó en un primer momento del 16 % al 18 %, para subir en septiembre de 2012 al tipo actual del 21 %. Aquí se incluye todo lo que no está integrado en las dos categorías previas, excepto algunas actividades que están exentas.

El IVA supone siempre un impuesto que deben pagar los consumidores finales y nunca el empresario, que solo tiene la obligación de hacer la declaración trimestral del IVA, ya que quien lo paga es el cliente final.

IRPF (impuesto sobre la renta de las personas físicas)

Es el impuesto directo más importante en lo que se refiere a recaudación. Además, tiene carácter progresivo, es decir, impone un gravamen mayor a los que más tienen. Grava, como su propio nombre indica, las rentas obtenidas por los particulares. Como ya sabemos, las familias o economías domésticas obtienen rentas a través de los tres factores productivos: tierra, trabajo y capital. Es por esto por lo que el IRPF carga:

- Las rentas que proceden del trabajo, sin que influya si es trabajo por cuenta propia o ajena.
- Las rentas que proceden de la tierra, por ejemplo, alquileres que recibimos por un piso o una finca, etc.
- Las rentas que proceden del capital, como los dividendos que podamos recibir por poseer acciones de una compañía determinada, los intereses que nos aporta un banco por tener nuestro dinero en un depósito fijo, etc.

Las familias están obligadas a hacer la declaración de la renta todos los años. Para ayudar a los ciudadanos, la Agencia Tributaria les facilita el borrador con su declaración de la renta, además de poner a disposición de la sociedad expertos que nos ayuden a realizarla, diferentes teléfonos de atención y páginas de ayuda. El programa que utilizan nuestros padres para hacer la declaración de la renta se llama, curiosamente, *programa PADRE*.

El cine ha vuelto a tener un IVA del 10 %.

¡OJO!

Hasta el 1 de enero de 2013 no había que declarar en el IRPF los premios de loterías y apuestas del Estado. Sin embargo, desde la fecha indicada debemos pagar al Estado el 20 % de dichos premios.

Loterías y Apuestas del Estado

Todos los años tenemos la obligación de realizar la declaración de renta.

ACTIVIDADES

6 Dado que el IVA es un impuesto proporcional, ¿qué te parece que Cristiano Ronaldo o Justin Bieber paguen el mismo IVA que tú al comprar un televisor? ¿Te parece justo? Razona tu respuesta.

IS (impuesto de sociedades)

Es un impuesto directo que grava la obtención de beneficios por parte de las empresas. Es proporcional y si bien antes las grandes empresas debían pagar el 30 % y las Pymes el 25 %, desde 2016 todas las empresas pagan el 25 %.

España tiene un tipo de gravamen para este impuesto superior al del resto de países de la Unión Europea; de hecho, nuestro 25 % actual supera en 2 puntos a la media de la UE, que se sitúa en 23,1 %. Lo que más llama la atención es que, a pesar de ser de los países con un tipo impositivo alto, lo que recaudamos por medio de él nos sitúa entre los últimos países. Detrás de esta triste cifra se encuentra el fraude fiscal, que desarrollaremos al final de la unidad.

Todos los licores tienen un impuesto especial.

Impuestos especiales

Son aquellos impuestos de carácter indirecto que gravan determinados consumos, en concreto aquellos que el Estado considera que pueden perjudicar la salud de los ciudadanos o el medioambiente. Los impuestos especiales son, por tanto, los que recaen sobre el alcohol, el tabaco, la electricidad y los hidrocarburos.

¿Qué parte de los ingresos totales supone cada uno de los impuestos estudiados?

Recaudación de tributos del Estado por capítulos/conceptos y período	2014	2015	2016	2017
IRPF	72 662	72 346	72 416	77 038
Impuesto de sociedades	18 713	20 649	21 678	23 143
IVA	56 174	60 305	62 845	63 647
Impuestos especiales	19 104	19 147	19 866	20 308
Total ingresos tributarios	174 987	182 009	186 249	193 951

Unidades: millones de euros.

Fuente: INE.

Si analizamos los datos referidos al año 2017 de esta tabla, por ejemplo, observamos que de los 193 951 millones de euros recaudados más de 77 000 millones procedían del IRPF y alrededor de 63 000 millones del IVA. Solo teniendo en cuenta estos dos impuestos estaríamos sumando más de 140 000 millones, lo que supone más del 72 % [(140/193) × 100 = 72,53 %]. Por su parte, el impuesto de sociedades representaba casi un 12 % de la recaudación total [(23/193) × 100 = 11,91 %]. Si a las cifras anteriores le añadimos lo recaudado por impuestos especiales obtendríamos una recaudación de más de 183 millones sobre los 193 millones totales. Este ejemplo muestra los cuatro impuestos más importantes desde un punto de vista recaudatorio.

ACTIVIDADES

7 > Teniendo en cuenta los datos recogidos y elaborados por la Agencia Tributaria que aparecen en esta página, ¿qué porcentaje supuso el IVA de la recaudación total en el año 2017? ¿Y el IRPF?

3.3. Los gastos públicos

Los gastos públicos se corresponden con los diferentes usos que el Gobierno hace de los ingresos o recursos que acabamos de comentar.

Una clasificación muy empleada para los gastos es la de los **Presupuestos Generales del Estado** (PGE). Así, cabe hablar de gastos en justicia, defensa, sanidad, educación, pensiones, vivienda, etc. Esta clasificación presenta la desventaja de ser muy amplia.

Otra clasificación se realiza en función de si son **transferencias unilaterales,** es decir, no hay contraprestación como, por ejemplo, las pensiones, o **bilaterales,** en las que sí existe contraprestación como, por ejemplo, la nómina de un funcionario, ya que se entrega a cambio de un trabajo.

La construcción y asfaltado de carreteras pueden suponer la mejora productiva de una región.

Por último, otra posible organización depende de si los gastos son corrientes (de consumo habitual), por ejemplo, el gasto en papel que se usa en un organismo público, o si aumentan la capacidad productiva (de inversión) como, por ejemplo, la construcción de carreteras.

De modo concreto, en 2017, las cuentas del Estado tuvieron estas características:

El gasto público alcanzó los 478 126 millones de euros. Esta cifra supone el 41 % del PIB.

El gasto público per cápita fue de 10 247 euros por habitante.

El 14,5 % del gasto contemplado en los Presupuestos Generales del Estado se destinó a sanidad, lo que supone 1565 euros por habitante.

El 9,59 % del gasto estatal se dedicó al sector de la educación.

El 2,99 % del gasto público fue a parar a defensa.

Tanto la previsión de ingresos como las cuantías destinadas a los diferentes gastos se recogen en los Presupuestos Generales del Estado.

¿Quién elabora estos presupuestos? ¿Quién los aprueba? Los PGE son elaborados por el Gobierno todos los años y aprobados por las Cortes. En ellos se incluyen todos los ingresos y gastos de dimensión estatal, del mismo modo que las comunidades autónomas y los ayuntamientos elaboran los suyos propios con sus ingresos y gastos.

En el período que transcurre desde que se presentan los PGE hasta que son aprobados se discuten aspectos de absoluta relevancia para los ciudadanos, como pueden ser los recursos destinados a la educación pública, la subida de impuestos, si se revisan o no las pensiones, si se recortan o no determinadas ayudas, etc.

El Congreso, en Madrid.

Se puede afirmar que los PGE están equilibrados cuando los ingresos son iguales a los gastos. Sin embargo, lo habitual es que ambas magnitudes no coincidan.

- Si los ingresos fueran menores que los gastos tendríamos que hablar de **déficit.**
- Si, por el contrario, los ingresos superaran a los gastos hablaríamos de **superávit.**

Evidentemente, las autoridades se preocupan de la situación de déficit, y más si este es estructural y no cíclico.

El **déficit cíclico** es el que se produce cuando la economía está en recesión; tiene, por tanto, una dimensión temporal. Sucede porque al caer la actividad económica disminuye la recaudación de impuestos y aumenta el gasto público por subsidios de desempleo. Ahora bien, al estar asociado a la crisis, cuando esta termina se corrige.

El **déficit estructural** o permanente se da y se acumula año tras año, incluso cuando la economía está bien, y resulta, por tanto, más alarmante. Además, debemos diferenciar los conceptos de déficit y deuda pública.

El **déficit** es la cuantía en que los gastos superan a los ingresos en un año, mientras que el déficit que se va acumulando año tras año da lugar a la **deuda pública.**

Veamos gráficamente la evolución de la deuda pública registrada desde el año 2005 hasta el año 2018 en España.

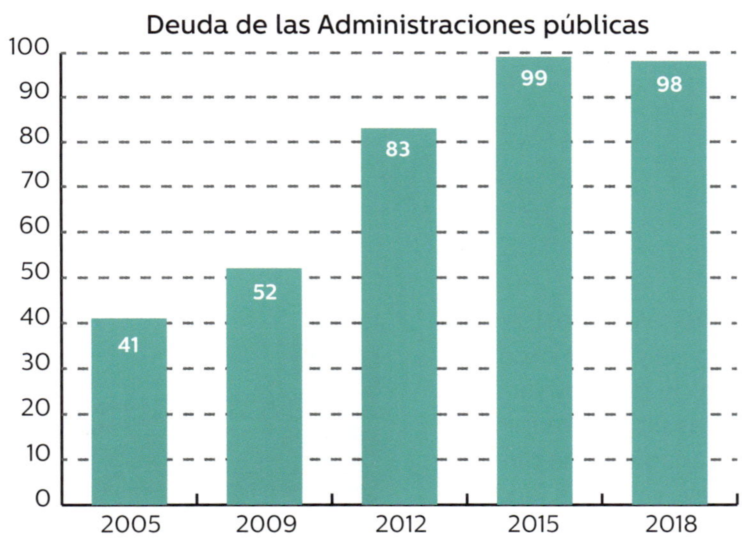

Es fácil apreciar en el gráfico que la deuda de las Administraciones públicas en nuestro país supera el 80 % del PIB desde el año 2012. ¿Es preocupante este dato? Para responder debemos hacer referencia a dos pactos o tratados.

- **Tratado de Maastricht.** También llamado *Tratado de la Unión Europea*, entró en vigor en 1993. En él se establecía que el déficit de las Administraciones públicas en su conjunto debe ser menor o igual al 3 % del PIB, y el volumen de la deuda pública menor o igual al 60 %.

Ciclo presupuestario

Imaginemos que tenemos que reflejar el ciclo presupuestario para el año 2018

Elabora el Gobierno

Antes del 30/09/2017

Discuten y aprueban las Cortes Generales

Antes del 31/12/2017

Ejecuta la Administración

A lo largo de 2018

Controla el Tribunal de Cuentas

Todo el tiempo que precise a partir de 01/01/2019

- **Pacto de Estabilidad y Crecimiento,** firmado en 1997, que perseguía los mismos propósitos con respecto al déficit y la deuda pública y pretendía que, una vez que los países adoptaran el euro, se continuara con las mismas medidas fiscales y se respetaran los denominados *criterios de convergencia*.

Esto implica que, en función de los dos tratados mencionados, España tiene un nivel de deuda pública muy por encima del permitido. Si observamos el gráfico referido a la evolución del déficit, comprobamos cómo en los años 2016 y 2017 nuestro país fue el que tuvo un mayor desequilibrio en las cuentas públicas de la zona euro.

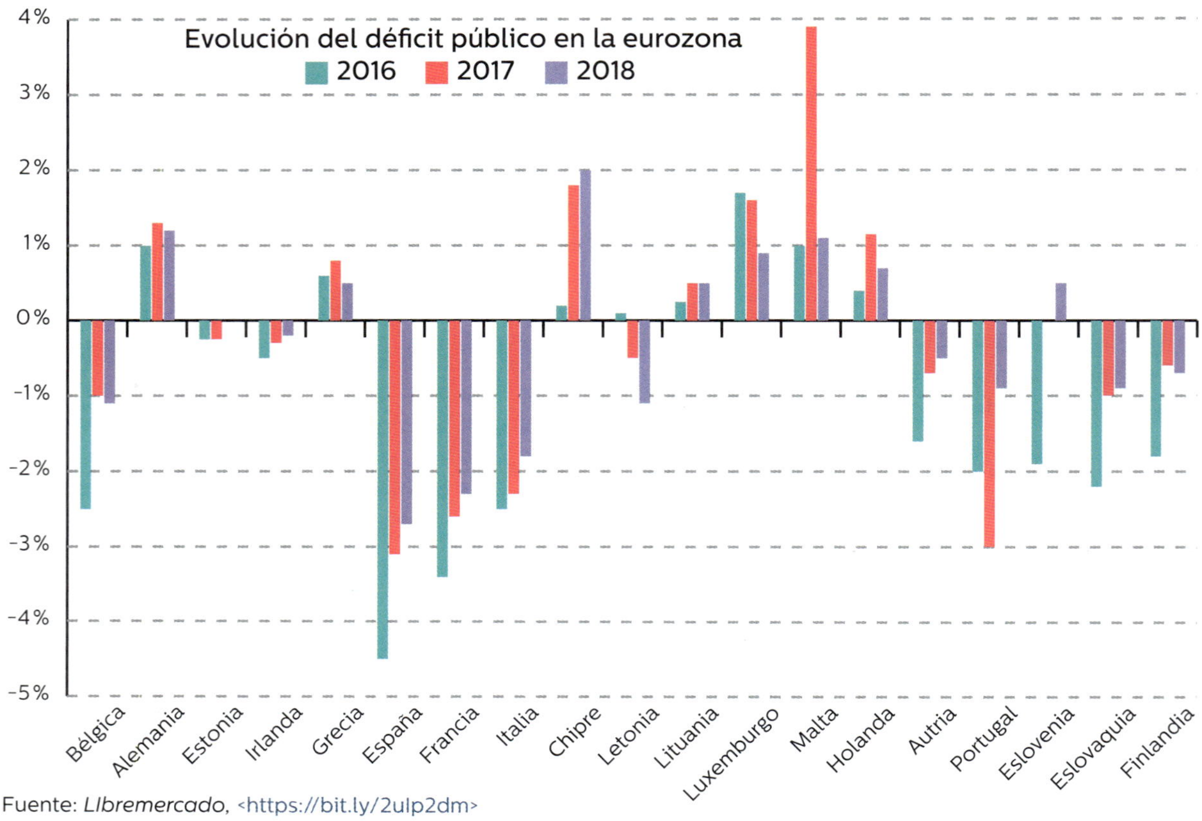

Fuente: *Libremercado*, <https://bit.ly/2ulp2dm>

Si un Estado miembro de la Unión Europea no respeta estos límites se activa el denominado *procedimiento de déficit excesivo*. Este incluye la posibilidad de sanciones, a fin de motivar a los socios europeos a corregir dichas cifras. En las últimas reuniones, y de cara a la estrategia Europa 2020, se ha añadido una directriz relativa a la calidad y viabilidad de las finanzas públicas. No obstante, dadas las dificultades de muchos de los países miembros para respetar dicho pacto (en 2002 y en 2006 se debatió sobre el mismo), se han introducido algunos supuestos que marcan cierta flexibilidad, en la medida que permiten a los Gobiernos alejarse temporalmente de los objetivos, considerar la situación del ciclo que estén atravesando y tomar más en cuenta la sostenibilidad de la deuda en el largo plazo que el déficit en sí.

El Parlamento Europeo (PE) desarrolla sus actividades entre Luxemburgo, Bruselas y Estrasburgo.

ACTIVIDADES

8 > Según el Tratado de Maastricht y el porcentaje de deuda pública sobre el PIB que aparece en el gráfico de la página 115, ¿en qué años se cumplió dicho pacto y en cuáles no?

4 La financiación del déficit público

Los países deben esforzarse por tener sus cuentas públicas equilibradas, como se recoge en varios de los informes y tratados mencionados. Ahora bien, si un Estado incurre en déficit, ¿de dónde puede obtener los recursos para financiarlo?, ¿cómo puede hacerlo?

Destacamos a continuación las tres vías por las que los Gobiernos financian el déficit. Veamos cada una de ellas por separado.

- **Emisión del dinero o monetización del déficit**

  Consiste en emitir más dinero para, de esta forma, hacer frente al déficit. El problema que tiene esta medida es que genera inflación, que acaba actuando como un impuesto del que se beneficia el Estado y que perjudica al crecimiento económico a largo plazo. Esta medida refuerza la política fiscal expansiva (como veremos en el apartado 5). La cruda realidad vivida por algunos países que han aplicado esta medida en diferentes momentos, como Alemania y Argentina, provocó que desde 1993 en la UE la monetización del déficit esté prohibida y que desde 1994 el Gobierno no pueda intervenir en la política monetaria.

- **Impuestos**

  Si el Estado decide financiar el déficit que tiene mediante impuestos se está perjudicando a la generación presente, ya que los impuestos se pagan hoy y los beneficios que se derivan se disfrutan tanto hoy como mañana.

- **Emisión de deuda pública**

  El Estado puede financiar su déficit mediante la emisión de deuda pública, es decir, obtener el dinero necesario vendiendo títulos de deuda pública a otros agentes económicos. Los estudios muestran que la mayor parte de la deuda pública es adquirida por las familias que, al poseer estos títulos, se sienten más ricas y consumen más, lo que potencia la política fiscal expansiva que provoca el déficit.

  La emisión de deuda para financiar el déficit ocasiona los siguientes inconvenientes:

  – Supone una carga para las generaciones venideras, ya que esta deuda genera intereses que deberán ser abonados en el futuro.

  – Contradice el objetivo de redistribución de la renta a favor de los menos favorecidos, ya que esa deuda la adquieren los que tienen recursos, y luego será a ellos a quien el Estado tenga que compensar, pagándoles intereses.

  – Si el dinero privado se destina a financiar el sector público no está disponible para financiar el sector privado.

La monetización del déficit queda prohibida por el artículo 104 del Tratado de la Unión Europea.

Elinor Ostrom (1933-2012)

Única mujer en obtener el Premio Nobel en Ciencias Económicas, en 2009, por sus análisis de la gobernanza económica. Gran parte de su trabajo versó sobre la influencia de la economía en las instituciones políticas (formales e informales), así como el estudio de los recursos compartidos.

ACTIVIDADES

9 > ¿Por qué decimos que los impuestos perjudican a la generación presente?

10 > ¿En qué consiste el procedimiento de déficit excesivo?

11 > ¿Por qué está prohibida la emisión de dinero para financiar el déficit?

5 Tipos de política fiscal

La **política fiscal** se define como el conjunto de actuaciones llevadas a cabo por el gobierno sobre los gastos e ingresos públicos con la finalidad de conseguir los objetivos macroeconómicos previamente fijados. Existen dos tipos principales.

Popularmente se conoce como *tijeretazo* a los recortes en el gasto público.

5.1. La política fiscal expansiva

Cuando el Gobierno aplica esta política fiscal puede aumentar el gasto público o reducir los impuestos. Con ambas medidas conseguirá estimular la demanda agregada, es decir, moverla gráficamente hacia la derecha. El aumento del gasto público tiene un efecto directo sobre dicha demanda, dado que esta es igual a la suma de consumo, inversión, gasto público y exportaciones netas. Si se lleva a cabo una reducción de impuestos, aumenta el consumo que realizan las familias y aumentan las inversiones de las empresas. De ambas formas se consigue un incremento de la demanda agregada y, por tanto, de la producción y del empleo. Las políticas fiscales expansivas generan inflación y déficit.

Política fiscal expansiva

↑ Gasto público → ↑ DA
↓ Impuestos → ↑ Consumo, ↑ Inversión → ↑ DA
} → ↑ Producción, Precios, Empleo

Efectos deseados → ↑ Producción y empleo

Efectos no deseados → { ↑ Precios; Suele generar déficit público

5.2. La política fiscal contractiva

En el momento en que el Gobierno lleva a cabo una política fiscal contractiva puede disminuir el gasto público o aumentar los impuestos. Con cualquiera de las dos medidas conseguirá reducir la demanda agregada, moverla gráficamente hacia la izquierda. De hecho, la disminución del gasto público tiene un efecto directo sobre esta demanda y, además, si se hace mediante una subida de impuestos, al aumentar estos disminuyen el consumo de las familias y las inversiones de las empresas. De ambas formas se consigue una reducción de la demanda agregada y, por tanto, de los precios. Esta política fiscal implica como efecto negativo una disminución de la producción y del empleo.

Política fiscal contractiva

↓ Gasto público → ↓ DA
↑ Impuestos → ↓ Consumo, ↓ Inversión → ↓ DA
} → ↓ Producción, Precios, Empleo

Efectos deseados → { ↓ Precios; ↓ Déficit público y puede incluso generar superávit

Efectos no deseados → ↓ Producción y ↓ empleo

ACTIVIDADES

12 > ¿Cuáles son los efectos positivos que podemos esperar de una política fiscal expansiva?

13 > ¿Cuáles son los efectos negativos esperables de una política fiscal contractiva?

6 El ciclo económico

Actualmente, la actividad humana y, dentro de ella, la actividad económica están sujetas a comportamientos cíclicos, es decir, hechos que ocurren de forma recurrente. En el terreno económico hay algunos ciclos de los que somos plenamente conscientes: todas las navidades se dispara el consumo de turrón y en verano la venta de bronceadores y protectores solares. De otros ciclos económicos, sin embargo, somos menos conscientes.

Un **ciclo,** en general, es un conjunto de fases que se repiten. Un **ciclo económico,** en particular, se define como un conjunto de expansiones que ocurren casi al mismo tiempo en varias actividades económicas y a dichas expansiones les sigue un proceso de recesión.

En los ciclos, los expertos identifican las siguientes fases:

- **Expansión.** Se caracteriza porque la mayoría de las series están ascendiendo. En esta fase la renta aumenta, el consumo aumenta, las expectativas de las empresas sobre ventas y beneficios son positivas y se realizan inversiones más arriesgadas.
- **Cima.** Situación en la que la fase expansiva alcanza su punto máximo.
- **Recesión.** Momento en el que la mayoría de las series comienzan a descender. La demanda, la producción y el empleo caen y las inversiones arriesgadas dejan de ser rentables.
- **Valle.** Situación en la que la fase recesiva alcanza su mínimo.
- **Recuperación.** Momento en que el surgen nuevas fases expansivas que inician de nuevo el ciclo.

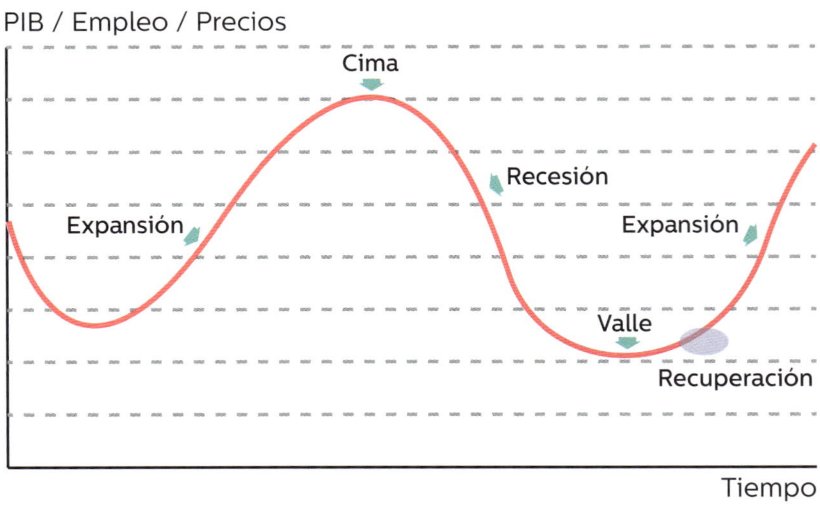

Resulta clave comprender que la actuación del Estado, aunque no puede evitar los ciclos, sí puede suavizarlos. Si en épocas de recesión el Estado consume bienes y servicios, concede ayudas, etc., puede hacer que dicha recesión no sea tan pronunciada. ¿De dónde puede el Estado obtener los fondos para llevar a cabo dichas actuaciones? Una posibilidad sería que en épocas de expansión aumente los impuestos y, de esa manera, consiga fondos.

Aleix Saló Braut

Nacido en Ripollet (Barcelona) en 1983. Creador de historietas y cortometrajes, tiene diferentes libros en el mercado, como los siguientes:

7 La distribución de la riqueza y de la renta

En el año 2018 el 1 % más rico de la población poseía el 50 % de los recursos del planeta, quedando, por tanto, el otro 50 % de los recursos para el 99 % restante de la población. ¿Es justa esta distribución? ¿Qué es una distribución justa de la renta?

La respuesta varía en función de nuestra ideología y juicios de valor. Esto es, si la sociedad en su conjunto considera que una distribución más justa es una distribución más igualitaria, se justificará la intervención del Estado para tratar de conseguirla a través de políticas redistributivas; pero si la sociedad no lo considera así, dichas medidas no se aplicarán, puesto que no las considera oportunas.

Veamos qué han opinado las principales escuelas al respecto:

- La primera postura queda recogida por los **libertarios,** que sostienen que el intento de redistribuir la renta atenta contra el derecho fundamental de la propiedad privada y defienden la no intervención del Estado.
- La segunda viene de manos de los **colectivistas,** que anteponen el bienestar social al individual y proponen que todo sea de todos y que el Estado intervenga dando prioridad a la mayoría.
- La tercera es la **socioliberal,** la economía del bienestar, que defiende la propiedad privada como un medio, no como un fin, y argumenta que el Estado debe intervenir para mejorar el bienestar de los individuos.

¿Qué medidas toma el Gobierno para generar una distribución más igualitaria de la renta dentro de esta tercera postura?

- **Impuestos:** con ellos trata de transferir rentas de los que más tienen a los que menos poseen.
- **Becas y subvenciones:** concedidas a los menos favorecidos o a los más necesitados.
- **Prestaciones públicas universales:** aquellas que permitan a todos cubrir su mínimo vital, las cuales son financiadas por el Estado con algunas de las fuentes de ingresos que ya hemos visto.

Estas diferentes medidas son las que denominamos **políticas de distribución.** Se definen como el conjunto de actuaciones de política económica cuyo objetivo principal es modificar la distribución de la renta entre los grupos sociales o los individuos.

Estas medidas se emplean porque una distribución más equitativa de la renta y de la riqueza evita, o alivia si ya existen, las tensiones sociales, así como que aparezcan individuos que, no teniendo nada que perder, estén dispuestos a cualquier cosa.

Ahora bien, cuando se llevan a cabo estas medidas redistributivas también se incurre en determinados costes. Para articular estas ayudas hay que recaudar los impuestos por lo que el Estado debe contar con funcionarios que las lleven a cabo y esto implica recursos. Es por ello que el economista Arthur Okun hablaba de estas políticas como «un cubo de agua que gotea», ya que no todas las ayudas llegan y parte se pierden en el camino.

Desigualdad creciente

% Población

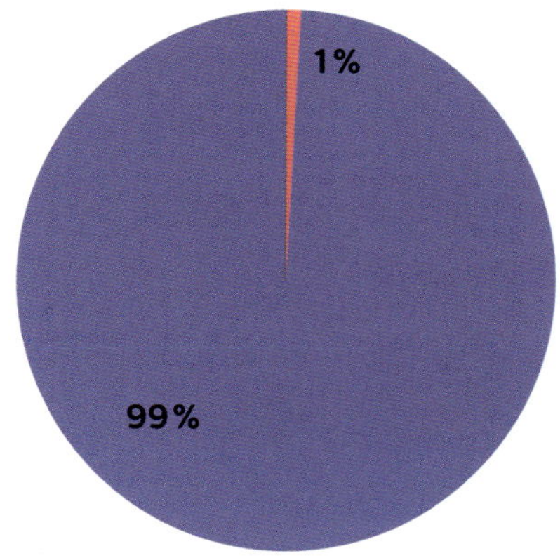

- 1% más rico
- 99% restante

% Riqueza

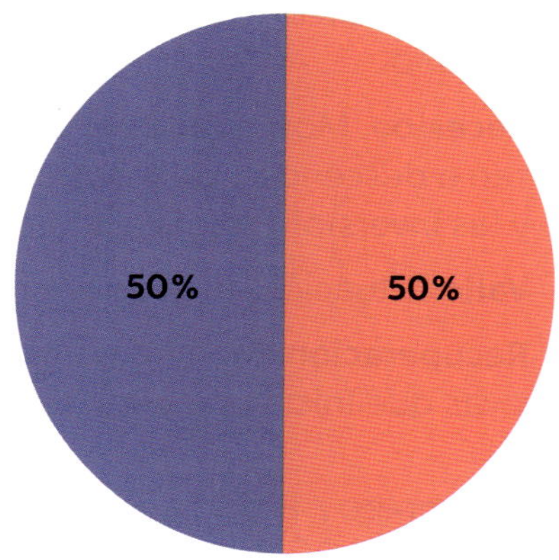

- El 50% de la riqueza pertenece al 1% de la población más rica
- El 50% de la riqueza para el otro 99% de la población

Fuente: datos extraídos del informe sobre la riqueza mundial publicado por el banco Credit Suisse.

¡OJO!

Intermón Oxfam

Actualmente, según denuncia un informe elaborado por Oxfam Intermón, se estima que 85 personas tienen tanto dinero como la mitad de la población mundial.

También se justifican dichas políticas con el hecho de que no todos partimos del mismo nivel y de que si no se produjera cierta intervención muchas familias no podrían salir de la situación en la que se encuentran.

Con dichas políticas, el Estado persigue las acciones siguientes:

- Disminuir el índice de Gini, que veremos en el próximo apartado.
- Garantizar una base mínima del nivel de vida a todos los ciudadanos. Promover la meritocracia mediante la educación y mejorar la distribución de las oportunidades que provocan un reparto más justo de la renta.

7.1. Herramientas que miden la distribución de la riqueza y de la renta

Existen dos técnicas principales que nos ayudarán a saber cómo están distribuidas la renta y la riqueza entre los diferentes individuos o familias que forman el colectivo social. Son las siguientes:

- La **curva de Lorenz** muestra la relación entre los grupos de población y sus respectivas participaciones en la renta nacional. Así, si representamos en el eje de abscisas el porcentaje de población y en el eje de ordenadas el de renta, la diagonal trazada en los 45° muestra una distribución totalmente igualitaria de la renta: el 10 % de la población tendrá el 10 % de la renta; el 20 % de la población el 20 %, y así hasta el 100 %. Ahora bien, raras veces ocurre esto y la curva de Lorenz suele estar alejada de la diagonal principal, por lo que cuanto más alejada, mayor será la desigualdad en la distribución.

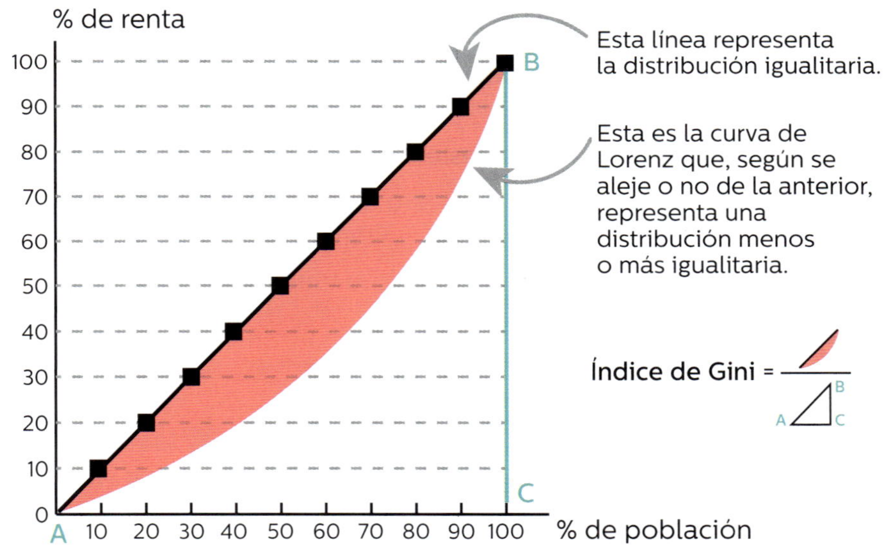

- Asociado a la curva de Lorenz aparece el **índice de Gini,** que se obtiene por cociente entre la superficie coloreada y el triángulo ABC. Si este índice es próximo a 0 tenemos una distribución muy igualitaria, y si es próximo a 1 tenemos una distribución muy desigual. ¿A qué puede deberse? Entre otras razones, a la desigualdad en la distribución de la riqueza.

ACTIVIDADES

14 > Indica cuáles son las posturas acerca de si el Estado debe intervenir o no para conseguir un reparto de la renta más igualitario. ¿Con cuál de ellas te identificas más? Justifica tu respuesta.

15 > Razona la veracidad o falsedad de la siguiente oración: «A medida que la curva de Lorenz se va alejando de la diagonal principal implica una distribución más igualitaria de la renta».

16 > Investiga cómo es la curva de Lorenz en tu comunidad autónoma.

YouTube y la economía

1. ¿Cuántos impuestos pagamos realmente?

1 ¿Cómo define el vídeo a los mileuristas?

2 El protagonista, ¿cuánto termina pagando de impuestos al mes en total? Exprésalo tanto en cifras absoluta como en porcentaje de su sueldo.

3 ¿Qué es lo que más te ha llamado la atención del vídeo?

DIRECCIONES WEB

1. <https://binged.it/2rnR8bM>
2. <http://bit.ly/1UpxqTg>
3. <http://bit.ly/1K9YPs1>

2. La distribución de la renta

1 ¿Qué ha sucedido en España, desde que estalló la crisis en 2007, respecto a la distribución de la renta?

2 ¿En qué consiste la técnica 20/80 que nos cuentan en este vídeo? Explícalo con tus palabras.

3 ¿Qué dos indicadores fundamentales nos dice el vídeo que existen para medir la distribución de la renta de un país?

3. Equilibrar el gasto público

1 ¿Cómo nos explica este vídeo que se debe pagar la deuda?

2 ¿Qué implicaciones negativas expresa el vídeo que tiene la reducción de deuda que se ha llevado a cabo en Suiza?

3 ¿De qué depende, principalmente, la recaudación de ingresos, sobre todo de impuestos, que obtiene el Gobierno?

Cine y economía

En busca de la felicidad, EE. UU., 2016, Gabriele Muccino

Chris Gardner es un padre de familia que, tras invertir todos sus ahorros en un negocio que no funciona, se encuentra en bancarrota. Su mujer le abandona y se muda de ciudad al no poder soportar la difícil situación económica que atraviesan. Tras ser despedido de su trabajo y abandonado por su mujer, tendrá que criar a su hijo sin ninguna ayuda del Estado.

John Q., EE. UU., 2002, Nick Cassavetes

Un sencillo hombre con una vida normal necesita para su hijo un trasplante de corazón que no cubre su seguro y que el Estado no financia. El tratamiento que permite al joven seguir con vida implica un desembolso inmediato de 75 000 dólares para ponerlo en lista de espera, a lo que se añade un coste total de 250 000 dólares. Tras intentar reunir el dinero y realizar los trámites con el seguro, ve cada vez más cerca la muerte de su hijo. Desesperado, secuestra a los miembros del hospital de la sección de urgencias para que operen a su hijo.

ACTIVIDADES

En busca de la felicidad

1 > ¿Cuál acaba siendo el trabajo en el que destaca Chris Gardner?

2 > ¿Cómo se reflejan en la película las dificultades que atraviesan padre e hijo sin ayuda de ningún tipo? Ilústralo con varios ejemplos.

John Q.

1 > ¿Cuál es la situación a la que se enfrenta el padre? ¿Qué pasa finalmente?

2 > ¿Qué es lo que más te ha llamado la atención de la actuación policial?

Lecturas de contenido económico

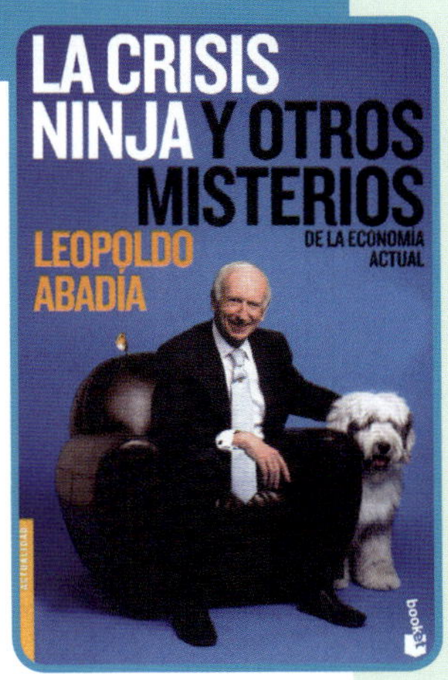

Leopoldo Abadía, ingeniero industrial español, es el autor de *La crisis Ninja*. Dicha obra se considera la mejor explicación que existe en castellano sobre la crisis económica mundial. Como se publica en su blog, el éxito de la obra se debe a la sencillez del lenguaje, así como a la traducción de la economía al lenguaje común. Uno de los economistas más importantes del siglo XX, John Kenneth Galbraith, decía: «No hay nada en economía que no se pueda expresar en el lenguaje corriente sin necesidad de florituras ni artificios».

Si quieres descubrir de qué trata este libro, en el siguiente enlace puedes ver un vídeo de varios minutos donde el autor te lo explica: <http://bit.ly/1nmZc7W>

ACTIVIDADES

1 > ¿Dónde se encuentra el origen de la crisis y por qué se denomina *crisis ninja?*

2 > ¿Qué salidas a la crisis plantea el autor en esta obra?

El Gobierno impulsa medidas para combatir el fraude fiscal.

El Gobierno impulsa medidas para luchar contra el fraude fiscal

La Moncloa, 19/10/18, <https://bit.ly/2QBaXKM>

La ministra de Hacienda, María Jesús Montero, ha recordado que el Plan Presupuestario para 2019 aprobado y remitido el lunes pasado a la Comisión Europea recoge medidas para «recuperar derechos sociales, revertir los recortes en educación, sanidad y dependencia y avanzar en un sistema productivo sostenible y respetuoso con el medioambiente».

Montero ha defendido que el Plan es «un ejercicio de responsabilidad», ya que por cada medida de gasto que plantea para recuperar un derecho, revertir un recorte o avanzar en igualdad contempla una medida de ingreso para compensarla. Además, ha sostenido que «los ingresos crecen más que los gastos, lo que nos permite cumplir el ajuste estructural que pide Bruselas».

Lucha contra el fraude fiscal

La titular de Hacienda ha reiterado que el Gobierno quiere construir una fiscalidad en la que «todos contribuyan según su capacidad y reciban según su necesidad». Con este objetivo, el Consejo de Ministros ha analizado el Anteproyecto de Ley de Medidas de Prevención y Lucha contra el Fraude Fiscal, que recoge iniciativas para combatir las nuevas formas de fraude.

La medida más novedosa implica que las personas o empresas que realicen operaciones con monedas virtuales tendrán que informar de ello a la Agencia Tributaria. Además, se identificarán los titulares, autorizados o beneficiarios de estas «criptomonedas». El anteproyecto también prohíbe la tenencia y comercialización del llamado *software de doble uso* que permite manipular la contabilidad de las empresas para que parte de su actividad económica quede oculta. Los fabricantes de estos programas contables podrán ser sancionados con una multa de hasta 150 000 euros.

Igualmente, la futura ley prohibirá las amnistías fiscales que, a juicio de la ministra, suponen «un agravio para todos los contribuyentes cumplidores y una derrota para la consolidación del Estado de bienestar».

La nueva normativa amplía el concepto de paraíso fiscal y actualiza la lista de paraísos, incluyendo aquellos países que «destacan por su opacidad fiscal o falta de transparencia», según ha indicado Montero. La lista de morosos con la Hacienda Pública incluirá también a los responsables solidarios. Además, se reduce el umbral para aparecer en el listado de un millón de euros a 600 000. Por otra parte, no se podrán realizar operaciones en efectivo entre profesionales que superen los 1000 euros en efectivo, frente a los 2500 actuales.

Otras medidas recogidas en el anteproyecto son la transposición de la directiva europea para que las multinacionales tributen en los países en los que ejercen su actividad y generen valor, así como el refuerzo del control de la actividad de juego y las apuestas deportivas. La ministra ha subrayado que este conjunto de medidas de lucha contra el fraude supondrán «unos ingresos de 828 millones de euros, una estimación a la baja que se considera prudente».

Los españoles tienen el 11 % de su riqueza en paraísos fiscales y el 8,6 % sin declarar al fisco

El Confidencial, 14/12/2017, <https://bit.ly/2RD8mgJ>

Los Papeles de Panamá y los Papeles del Paraíso vinieron a ejemplificar una realidad que sufre España: la riqueza sin declarar en los paraísos fiscales. Estos casos eran la punta del iceberg y mostraban que existía debajo un gran volumen de activos ocultos al fisco. Por primera vez se ha realizado un estudio global de activos *offshore* en un informe elaborado por World Inequality Lab y que ha estado coordinado por Thomas Piketty, entre otros investigadores.

El informe muestra que el dinero que mantienen los españoles sin declarar en paraísos fiscales se disparó a partir de los ochenta, coincidiendo con una época en la que empezaron a aparecer grandes fortunas en el país. Según estiman los autores del *paper*, la riqueza pasó de los 10 000 millones de euros en 1985 al entorno de los 150 000 millones en 2005 (datos en euros constantes de 2016). [...]

El dinero sin declarar de los españoles en paraísos fiscales supone en torno al 15 % del PIB y el 8,6 % de los activos totales de las familias. «La media global es que los países tengan un 8 % de su riqueza en paraísos fiscales, pero España tiene el 11 %, de la que el 8,6 % está sin declarar», señala Clara Martínez-Toledano, investigadora que ha tratado los datos de España. La mayor parte de esta riqueza está invertida en fondos de inversión, que representan el 50 % del total de activos, según el estudio; mientras que el 30 % son capital en acciones, el 18 % son depósitos y el 2 % restante, seguros de vida.

Como son las grandes fortunas quienes tienen estructuras fiscales para defraudar a Hacienda, el hecho de que esta riqueza no aparezca en las estadísticas oficiales distorsiona la evolución de la desigualdad en el país. Si se tienen en cuenta solo los activos declarados, España es uno de los países que mejor superó la crisis sin aumentar la diferencia de riqueza entre las clases populares, medias y privilegiadas. Sin embargo, cuando se incorporan los ahorros *offshore*, el escenario cambia notablemente, lo que muestra que los ricos han aumentado su participación en la riqueza nacional pero la tienen oculta a la Agencia Tributaria, con lo que no contribuyen a la solidaridad.

La media global es que los países tengan un 8 % de su riqueza en paraísos fiscales, pero España tiene el 11 %.

ACTIVIDADES

1 > ¿Qué medidas aparecen en el primer texto que van a empezar a aplicarse para luchar contra el fraude fiscal? Cita al menos tres de ellas.

2 > ¿Cuántos ingresos se conseguirán gracias a la aplicación de estas medidas?

3 > ¿Estamos por encima o por debajo de la media en fraude fiscal? Justifica tu respuesta.

4 > ¿Qué opinión tienes respecto al fraude fiscal y la cifra que alcanza en nuestro país?

1 En relación con el estado de bienestar:

- ¿Qué es y cuándo surge?
- ¿Qué dirigentes políticos se relacionan con sus orígenes?
- ¿Qué tres tipos de ayudas o prestaciones comprende? Explícalas.
- ¿Qué pasó para que se perdiera la confianza en el estado de bienestar? ¿Cuándo sucedió?
- ¿Qué problema presenta el estado de bienestar en la actualidad?
- Realiza un pequeño debate en clase con tus compañeros sobre cuál creéis que será el futuro del estado de bienestar en España, tomando en consideración que el principal problema procede del envejecimiento de la población.

E **2** Si fueras tú quien toma la decisión, ¿qué te parecería más correcto, que el Estado garantizase la igualdad de resultados, es decir, que todos tuviéramos lo mismo, o que garantizase la igualdad de oportunidades, es decir, nos diera las mismas opciones a todos para tener lo mismo? Razona tu respuesta.

S **3** ¿Cuál es la diferencia entre los impuestos directos y los impuestos indirectos? ¿Cuáles de ellos aportan mayores ingresos al Estado? ¿Cuáles de ellos están diseñados para perseguir más que los otros la redistribución de la renta?

4 ¿Qué relación tendrá la política fiscal con la fase del ciclo en la que estemos?

S **5** Para financiar el déficit público:

- ¿Qué medidas puede llevar a cabo el Estado?
- ¿Qué dificultad o inconveniente tiene cada una de las medidas que has señalado?

A **6** En referencia a las políticas fiscales expansivas y restrictivas, responde para cada una de ellas:

- ¿Cómo se lleva a cabo una política fiscal restrictiva? ¿Y expansiva?
- ¿Qué efectos positivos se buscan con ellas? Responde por separado para cada una de ellas.
- ¿Tienen o provocan alguna consecuencia negativa o no deseada? Responde por separado para cada una de las políticas.

S **7** ¿Qué herramientas hemos estudiado para medir cómo está distribuida la renta en la sociedad? Explica en qué consiste cada una de ellas.

8 En referencia a los ciclos económicos:

- ¿Qué es un ciclo económico?
- ¿Cuáles son sus principales fases? Explícalas.
- ¿Qué puede hacer el Estado para corregir dicho fallo?

9 De las siguientes medidas, señala cuáles se encuadran dentro de una política fiscal expansiva y cuáles pertenecen a una política fiscal contractiva:

- Se reduce el número de profesores y maestros en los centros públicos de enseñanza.
- El Estado aumenta la partida dedicada a I+D+i.
- Se produce una subida del IVA general del 18 % al 21 %.
- El Estado aumenta las pensiones y las ayudas a la discapacidad.
- Se suben los impuestos especiales que recaen sobre el tabaco.
- Se empiezan a gravar los premios obtenidos a través de la lotería con un 20 %.

S **10** ¿Cuáles son los objetivos macroeconómicos más comunes perseguidos por las diferentes políticas económicas?

11 Hemos visto que el Estado realiza diferentes funciones.

- Señala cuáles son dichas funciones.
- Razona cuáles de ellas están relacionadas con la política fiscal estudiada en este tema.

E **12** De los déficits que hemos estudiado, el estructural y el coyuntural, ¿cuál consideras que es más importante? Define en qué consiste cada uno.

13 ¿Qué significaría que el Estado tuviera superávit?

14 ¿Por qué está prohibido financiar el déficit público con emisión de dinero?

S **15** Conoces, a través de las noticias en la televisión y en la prensa, que en tu país ahora mismo el Gobierno está subiendo los impuestos y reduciendo el gasto público mediante diferentes programas de recortes.

- ¿Qué política se está llevando a cabo?
- ¿Qué efectos se generan?
- ¿Tiene alguna consecuencia negativa?

L **16** ¿Qué diferencias existen entre las tasas, los impuestos y las contribuciones especiales?

17 Identifica los distintos impuestos que tú y tu familia pagáis a lo largo de un año (limítate a los que has estudiado en clase, como mínimo, y, si conoces alguno más, mejor todavía). Trata de clasificarlos según sean directos o indirectos, proporcionales, progresivos o regresivos.

E **18** Últimamente se debate sobre la rentabilidad o no de la sanidad pública. Algunos tratamientos son muy costosos: quimioterapias, diálisis, etc. ¿Crees que las aseguradoras privadas se hacen cargo de ellos? ¿Crees que todos los ciudadanos pueden pagar dichos tratamientos? Aquellos que no pueden pagarlos, ¿deben quedarse sin tratamiento? ¿Se te ocurre algo para ayudarles? Debate en clase con tus compañeros sobre dichas cuestiones.

S **19** Cita tres productos a los que se aplique el IVA superreducido. El producto que se observa en la foto, ¿corresponde a este IVA?

20 ¿Qué tres tramos impositivos nos encontramos en el IVA? ¿Qué productos se incluyen en cada uno de ellos?

E **21** ¿Cuál de estas dos medidas te parece mejor? Razona tu respuesta.

- Aumentar los impuestos indirectos y reducir los directos.
- Aumentar los impuestos directos y reducir los indirectos.

22 Razona si las siguientes afirmaciones son verdaderas o falsas:

- Una política fiscal contractiva tiene como único inconveniente que genera inflación.
- El IRPF es uno de los principales impuestos utilizados por el Estado para recaudar.
- Aumentar las becas para estudio es una medida de política fiscal contractiva, dado que aumenta el gasto público.

A **23** ¿En qué consiste el Pacto de Estabilidad? ¿Se respeta en la actualidad por parte de España?

E **24** Hemos estudiado que el mercado puede dar lugar a una distribución de la renta muy desigual y se han analizado tres posturas al respecto, las de libertarios, colectivistas y socioliberales.

- Valora las diferentes posturas.
- ¿Con cuál de ellas te identificas o estás más de acuerdo?

S **25** Indica el tipo impositivo de IVA que tendrías que aplicar a los siguientes productos:

- Una barra de pan.
- Un televisor.
- Un billete de tren.
- Una vivienda.
- Una cámara de fotos.

26 ¿Cuáles son las principales actividades que lleva a cabo el sector público? Nómbralas.

E **27** De las diferentes funciones que lleva a cabo el sector público, ¿cuál es, en tu opinión, la más importante? Justifica tu respuesta.

L **28** ¿En qué consiste la función de representación en el exterior que lleva a cabo el sector público?

29 Empareja cada función del Estado con su definición:

Función	Definición
Asignativa	Trata de suavizar las fluctuaciones de la actividad económica.
Estabilizadora	Pretende un reparto de la renta más justo. No busca la eficiencia sino la equidad.
Distributiva	Determina las reglas del juego que deben seguir los agentes económicos.
Reguladora	Imagen internacional de un país y participante de programas y acuerdos internacionales.
Coordinadora	Trata de gestionar todo el conjunto de funciones del Estado y ponerlas en armonía.
Representativa en el exterior	Trata de asignar correctamente los recursos donde el mercado falla. Busca fomentar la eficiencia.

T **30** A partir de los resultados mostrados en la siguiente tabla, elabora la correspondiente curva de Lorenz y escribe un pequeño comentario acerca de cómo está distribuida la renta.

Porcentaje acumulado de población	Porcentaje acumulado de renta
10 %	1%
20 %	5 %
30 %	9 %
40 %	16 %
50 %	25 %
60 %	35 %
70 %	48 %
80 %	59 %
90 %	80 %
100 %	100 %

31 Investiga qué significan las siglas de los siguientes organismos autónomos: SEPE e INE. ¿Cuál es la función de cada uno de ellos?

L **32** Comenta la veracidad o falsedad de las siguientes frases:

- EL IRPF se ubica dentro de los impuestos denominados *especiales*.
- El IS lo pagan todas las empresas y siempre es un 25 %.
- Los impuestos proporcionales son aquellos en los que paga más el que más tiene.
- Uno de los mejores ejemplos de impuestos indirectos es el IVA.
- El IVA general se encuentra en la actualidad en un 12 %.

L **33** Realiza una breve encuesta a tus familiares y pregúntales si preferirían tener menos servicios públicos y pagar menos impuestos o, por el contrario, pagar más y disfrutar de mayores ayudas. Elabora un resumen de los resultados obtenidos.

34 Una vez que has estudiado la composición del sector público, redacta al menos cinco tramites, circunstancias o hechos que realices en los diferentes organismos o empresas que componen el sector público. Por ejemplo, ir al ayuntamiento a solicitar información sobre una beca de estudios.

35 Piensa en tu familia y anota ejemplos concretos de los servicios y bienes ofrecidos por el sector público: educación, sanidad, asuntos económicos, orden público y seguridad ciudadana.

Por ejemplo: en sanidad, el mes pasado, un familiar fue ingresado en el hospital por un infarto al corazón e hizo uso de la sanidad pública.

36 Estudia los siguientes datos y luego responde.

España: Evolución del déficit 2017	
Fecha	**Déficit trimestral** (M.€)
II Trim. 2018	-21997
I Trim. 2018	-4254

España: Evolución del déficit		
Fecha	**Déficit** (M.€)	**Déficit** (%PIB)
2017	-35903	-3,10 %
2016	-50401	-4,51 %
2015	-57004	-5,28 %
2014	-61942	-5,97 %
2013	-71687	-6,99 %
2012	-108847	-10,47 %
2011	-103214	-9,64 %
2010	-101404	-9,38 %

- ¿Cuál fue el año que más elevado estuvo el déficit en España? ¿Cuántos millones de euros supuso? ¿Qué porcentaje del PIB alcanzó?
- Del primer trimestre de 2018 al segundo trimestre la cifra ha variado sustancialmente, ¿qué puede explicar esta variación? Razona tu respuesta.

Elabora un mapa conceptual sobre los contenidos que has trabajado en esta unidad a partir de las ideas principales que se ofrecen a continuación.

1

El sector público desarrolla las siguientes funciones:

- Asignativa
- Distributiva
- Estabilizadora
- Reguladora
- Coordinadora
- Representativa en el exterior

2

De la preocupación que tiene el Estado por la sociedad surge el estado de bienestar, que comprende tres tipos de prestaciones:

- Universales
- Sociales
- Contributivas

3

El estado de bienestar tiene los siguientes objetivos:

- Pleno empleo
- Crecimiento y desarrollo
- Estabilidad de precios
- Equilibrio en la balanza de pagos
- Mejora de la distribución de la renta

4

Para alcanzar estos objetivos se desarrollan diferentes políticas, entre las que destaca la política fiscal.

5

La política fiscal se lleva a cabo mediante los ingresos y los gastos públicos. Puede ser expansiva o contractiva.

6

Dentro de los ingresos públicos tenemos:

- Ordinarios
- Derivados
  - Multas
  - Tributos
    - Tasas
    - Impuestos
    - Contribuciones especiales

7

Destacan los impuestos:

- IVA
- IS
- IRPF
- Impuestos especiales

8

Si los gastos superan a los ingresos tenemos déficit. Este puede ser cíclico y estructural.

Si los ingresos superan a los gastos tenemos superávit.

9

El déficit acumulado da lugar a la deuda.

10

Para financiar el déficit podemos:

- Emitir dinero
- Recaudar impuestos
- Emitir deuda pública

11

A través de la política fiscal el Gobierno puede suavizar los ciclos económicos, que están compuestos por las siguientes fases:

- Expansión
- Cima
- Recesión
- Valle
- Recuperación

12

Dentro del estado de bienestar, para mejorar la distribución de la renta se emplean impuestos, becas, prestaciones, etc.

13

Podemos estudiar cómo se distribuye la renta con las siguientes herramientas:

- La curva de Lorenz
- El índice de Gini

GLOSARIO

Elabora un diccionario económico con los principales términos utilizados en esta unidad.

- Sector público
- Estado de bienestar
- Prestaciones universales
- Prestaciones sociales
- Prestaciones contributivas
- Política económica
- Política fiscal
- Política fiscal expansiva
- Política fiscal contractiva
- Tributos
- Impuestos
- Impuestos directos
- Impuestos indirectos
- Impuestos progresivos
- Impuestos regresivos
- Impuestos proporcionales
- Impuestos especiales
- Tasas
- Contribuciones especiales
- Déficit público
- Déficit estructural
- Déficit cíclico
- Deuda pública
- Ciclo económico
- Expansión
- Recesión
- Cima
- Fondo
- Recuperación
- Curva de Lorenz
- Índice de Gini

Resuelve en tu cuaderno o bloc de notas

1 > Una política fiscal expansiva genera como efectos no deseados:

a) Disminución del empleo.

b) Aumento del déficit y disminución de los precios.

c) Aumento del déficit y aumento de los precios.

d) Disminución de la producción.

2 > Una política fiscal contractiva se lleva a cabo:

a) Bajando los impuestos.

b) Aumentando los impuestos y reduciendo el gasto público.

c) Aumentando el gasto público.

d) Reduciendo los impuestos y aumentando el gasto público.

3 > Dentro de los tributos, la partida más importante de ingresos públicos son:

a) Las tasas.

b) Los impuestos.

c) Las contribuciones especiales.

d) Ninguna es correcta.

4 > Un impuesto es progresivo cuando:

a) A medida que se tiene más renta se paga más.

b) A medida que se tiene más renta se paga menos.

c) Se paga igual tanto si la renta sube como si baja.

d) No tiene nada que ver con la renta.

5 > En referencia al IVA:

a) El tipo superreducido es para los productos de lujo.

b) El tipo superreducido se refiere a los productos de primera necesidad y es de un 21%.

c) El tipo reducido incluye servicios como el transporte y bienes como la vivienda, y se aplica un 21%.

d) El tipo superreducido se refiere a los productos de primera necesidad, y es del 4%.

6 > Los impuestos especiales son:

a) Impuestos directos progresivos.

b) Impuestos directos proporcionales.

c) Impuestos indirectos proporcionales.

d) Impuestos indirectos progresivos.

7 > Si el índice de Gini es próximo a cero:

a) La distribución de la renta es muy desigual.

b) La distribución de la renta es igualitaria.

c) La distribución de la renta es más desigual que si el índice toma el valor 1.

d) La distribución de la renta no tiene nada que ver con el valor que tome el índice de Gini.

8 > Las prestaciones universales que efectúa el estado de bienestar son:

a) Para aquellos que previamente han cotizado.

b) Para los más necesitados.

c) Para los desempleados y los inmigrantes.

d) Para todos.

9 > El estado de bienestar surge:

a) En la época de prosperidad que viven los países occidentales después de la Segunda Guerra Mundial.

b) En la época de prosperidad que viven los países después de la Primera Guerra Mundial.

c) A finales del siglo XVIII.

d) Ninguna de las respuestas es correcta.

10 > Señala la respuesta correcta:

a) El valle es la fase del ciclo donde la expansión alcanza su punto máximo.

b) La recesión es la etapa en la que la mayoría de las series empiezan a ascender.

c) El pico es la fase del ciclo donde la recesión alcanza su punto máximo.

d) La expansión se caracteriza porque la mayoría de las series están ascendiendo.

11 > Una política fiscal expansiva genera como efectos positivos:

a) Reducción del déficit público.

b) Reducción de la deuda pública.

c) Aumento del empleo y crecimiento.

d) Esta política no genera efectos positivos.

12 > Una política fiscal contractiva genera como efectos negativos:

a) El aumento de la deuda pública.

b) La reducción del empleo y del crecimiento.

c) El aumento de los precios.

d) El aumento del déficit.

13 > ¿Cuál de los siguientes hechos está prohibido desde 1994 para financiar el déficit público?

a) Emitir más dinero.

b) Subir los impuestos.

c) Emitir deuda pública.

d) Bajar los impuestos.

14 > La discusión y aprobación de los presupuestos generales del Estado corresponde a:

a) El Tribunal de Cuentas.

b) Las Cortes Generales.

c) La Administración.

d) El Gobierno.

15 > Las políticas de distribución son un conjunto de medidas de política económica que persiguen varios objetivos. Indica, de los siguientes objetivos, cuáles son verdaderos y cuáles son falsos:

a) Garantizar un nivel de vida digno para todos los ciudadanos.

b) Estabilidad en los precios.

c) Disminuir el índice de Gini, lo que daría lugar a una distribución más igualitaria.

d) Desarrollo sostenible.

16 > Selecciona la opción correcta:

a) Si la preocupación del Gobierno es controlar el déficit público y la inflación se pondrán en marcha políticas fiscales expansivas.

b) Si la preocupación es estimular la producción y el empleo se practicarán políticas fiscales contractivas.

c) Si la preocupación es controlar el déficit público y la inflación se pondrán en marcha políticas fiscales contractivas.

d) El Gobierno español puede emitir dinero cuando quiera.

17 > En referencia a los Presupuestos Generales del Estado:

a) Deben elaborarlos las Cortes Generales antes del 31 de diciembre.

b) Debe elaborarlos el Gobierno antes del 31 de septiembre y aprobarlos las Cortes Generales antes del 31 de diciembre.

c) Debe aprobarlos el Gobierno antes del 31 de septiembre.

d) Debe presentarlos el Tribunal de Cuentas a las Cortes Generales antes del 31 de septiembre.

18 > Con respecto a la composición del sector público, es cierto que:

a) El Estado está dentro de las Administraciones públicas.

b) El Estado forma parte de la Administración central.

c) El Estado y los organismos autónomos integran la Administración central.

d) Todas son correctas.

19 > A través de la función estabilizadora, el sector público:

a) Representa al país en el exterior.

b) Determina las reglas del juego que deben seguir los agentes económicos.

c) Distribuye la renta de manera más justa.

d) Trata de suavizar las fluctuaciones de la actividad económica.

20 > La leche, como alimento de primera necesidad, tiene un IVA del:

a) 21 % por ser un producto general.

b) 4 %, se le aplica el tipo superreducido.

c) 10 %, se le aplica el tipo reducido.

d) Es tan necesaria para la vida que no lleva IVA.

En este tercer trimestre vamos a trabajar la importancia de los datos económicos y de saber analizar e interpretar correctamente dichos datos.

MI PROYECTO UNIDAD 5

Realiza un análisis económico

Lo que tienes que hacer

Realizar un análisis económico sobre un tema de actualidad partiendo de encuestas y trabajo de campo.

Pasos que seguir

Paso 1

Infórmate. Visualiza los siguientes titulares relacionados con las variables económicas trabajadas en esta unidad (inflación, interés y desempleo).

Imparable: el precio de la vivienda sube un 6,6 %

El BCE no subirá los tipos de interés hasta otoño de 2019

La inflación en España se mantiene en agosto en el 2,2 % interanual

Hacienda calcula que la subida del diésel costará 3,3 euros al mes al usuario

Paso 2

Analiza la información. Para ello, te proponemos las siguientes actividades:

- Elabora una encuesta para analizar la evolución de alguno de los indicadores económicos trabajados en la unidad. A modo de ejemplo, algunas preguntas podrían ser:
  - ¿Cuál fue su primer sueldo y en qué año lo ganó?
  - ¿Qué precio tenía el periódico cuando tenía 16 años?
  - ¿Cuánto costaba un piso en los años ochenta? Si pidieron un préstamo, ¿cuál fue el tipo de interés que le cobraron?
  - La gente de su generación que estudiaba, ¿tardaba mucho en encontrar su primer empleo?

  A la hora de recoger los datos sobre el indicador que decidas estudiar debes recordar dos aspectos importantes: primero, es interesante prestar atención a la gente más mayor que cumplimente la encuesta porque será más interesante la comparativa; y segundo, si alguno de los datos te lo dan en pesetas, recuerda: 1 euro = 166,386 pesetas; por tanto, el dato que te dan dividido entre 166,386 se convierte en euros.
- ¿Qué ha pasado con el poder adquisitivo de la población en los últimos 20 años?
- Debate con tus compañeros, a raíz de los datos obtenidos, cuándo era más «rentable» estudiar, ¿antes, ahora o en los dos momentos?

Paso 3

Presenta en clase el análisis económico que has realizado.

- Aportarás la encuesta, los datos obtenidos, su análisis y las principales conclusiones.
- Publica un artículo que resuma tu análisis económico en el periódico.

MI PROYECTO UNIDAD 6

Crea un álbum de imágenes y noticias

A lo largo de la última unidad hemos analizado cómo en la actualidad las economías de los diferentes países están muy interrelacionadas entre sí, debido a los procesos de integración, a la globalización y al comercio internacional.

Lo que tienes que hacer

Crear un álbum de imágenes y noticias que ilustren los problemas económicos que más afectan a la sociedad.

Pasos que seguir

Paso 1

Infórmate. Visualiza las siguientes imágenes.

Paso 2

Analiza la información. Para ello, te proponemos las siguientes actividades:

- ¿Qué problemas aparecen reflejados en las imágenes? ¿Añadirías algún problema más de los que aquí aparecen?
- ¿Alguna persona de tu entorno más inmediato se ve afectada por los problemas que aquí se registran?

Paso 3

Crea el álbum de imágenes y noticias. Para ello...

- Durante una semana, busca en los principales periódicos y recoge noticias o pantallazos (si buscas en periódicos *online*) acerca de los problemas más destacados de tu país o comunidad.
- Realiza una presentación en la que proyectes y compartas en clase con tus compañeros los principales problemas económicos actuales.

Reflexión final

Antes de haber estudiado esta asignatura y haber trabajado en este periódico, ¿eras consciente de los principales problemas económicos? ¿Te habías planteado la importancia que tiene tu actuación como consumidor? ¿Te habías parado a pensar en la dificultad que supone llevar a cabo cualquier política? ¿Consideras útil todo lo aprendido?

5) El dinero y el trabajo

Vamos a aprender

1. El dinero y el tipo de interés
2. La inflación
3. El mercado de trabajo
4. Las teorías sobre el desempleo
5. Las políticas de empleo

¿Trabajar para vivir o vivir para trabajar?

Cualquiera de vosotros, en un futuro, buscará un trabajo en alguna empresa y tal vez se vaya al extranjero como muchos jóvenes hacen en la actualidad en busca de una oportunidad laboral. En esta unidad vamos a estudiar cómo funciona este mercado, qué pueden hacer los políticos para solucionar el problema del desempleo y qué podemos hacer nosotros para encontrar trabajo.

Por otro lado, analizaremos un elemento crucial en nuestras vidas, el dinero. El humorista Groucho Marx decía: «¡Hay tantas cosas en la vida más importantes que el dinero! ¡Pero cuestan tanto...!». En efecto, vamos a analizar en este tema por qué y cómo evolucionan los precios y a conocer las medidas que llevan a cabo las autoridades para mantenerlos controlados. Además, estudiaremos los tipos de interés, es decir, el porcentaje que nos piden cuando nos dejan dinero prestado, y qué consecuencias tiene para la economía que dichos intereses suban o bajen.

¿QUÉ SABEMOS DE?

1 > ¿Crees que te resultará difícil encontrar trabajo cuando termines tus estudios?

2 > ¿Te importaría o incluso te gustaría irte unos años a trabajar al extranjero? Razona tu respuesta.

3 > Cuándo escuchas en las noticias que han subido los tipos de interés, ¿sabes qué implicaciones tiene?

1 El dinero y el tipo de interés

El **dinero** se define como todo medio de pago generalmente aceptado que puede intercambiarse por bienes y servicios.

El **tipo de interés** es el precio que tienen que pagar quienes reciben dinero prestado y, al mismo tiempo, la remuneración que obtienen quienes realizan el préstamo; por eso, decimos que el interés es el precio del dinero.

Una manera de mostrar el recorrido del dinero.

No siempre se ha visto bien cobrar intereses por prestar dinero.Tanto Aristóteles como los escolásticos (que adoptaron siglos después sus ideas) lo condenaban de acuerdo con la moral cristiana, que consideraba que era de usureros cobrar intereses a cambio de prestar el dinero. Los judíos no tenían esa restricción (seguramente hayas estudiado que las primeras familias de banqueros eran precisamente judíos).

El interés compensa a quien presta el dinero por tres razones:

- **Asumir un riesgo,** ya que siempre existe la posibilidad, aunque sea mínima, de no recuperar la totalidad del dinero prestado. Esto se denomina *prima de riesgo*.
- **Renunciar al disfrute y uso de ese dinero** durante el tiempo que se mantenga el préstamo (**interés** propiamente dicho).
- **Asumir una posible pérdida de poder adquisitivo,** si suben los precios, a lo largo del período que dura el préstamo. Esto es lo que se denomina *prima de inflación*.

Billetes de euro de curso legal.

Por ello el interés (i) es igual a la suma del interés propiamente dicho, o interés puro, de la prima de inflación y de la prima de riesgo. Cuando un banco nos cobra un interés del 5 % por un préstamo que nos concede está teniendo en cuenta estas tres razones.

1.1. ¿Quién fija los tipos de interés?

El Banco Central Europeo (BCE) se encarga, desde el año 1999, de la política monetaria de la zona euro, es decir, de los países que han adoptado esta moneda. El BCE no ha sustituido a los bancos centrales de cada Estado, sino que se suma a la labor de los mismos. Una de las principales funciones del BCE es vigilar la estabilidad de los precios en la zona euro y mantener la inflación por debajo del 2 %, idea que desarrollaremos en el siguiente epígrafe.

Además, el BCE establece un tipo de interés que se denomina **tipo de referencia** o **tipo de refinanciación.** Es la tarifa que los bancos deben abonar al recibir dinero del BCE en préstamo. Si un banco necesita obtener dinero lo solicita a la institución comunitaria y paga a cambio este tipo de interés. Cuando los bancos prestan el dinero a los particulares piden ese interés que el BCE les ha dado a ellos y además un margen, que son sus ganancias.

Uno de los tipos de interés más utilizados es el **euríbor.**

El **euríbor** es un tipo de interés de referencia que se publica diariamente y que recoge el promedio al que se prestan dinero los 26 bancos principales que operan en Europa.

Banco Central Europeo.

Este indicador es en uno de los tipos de interés más importantes, porque la mayoría de las hipotecas se negocian tomándolo como referencia.

Aquí tenemos la evolución del euríbor de los últimos años:

EURIBOR	02/01/2018	02/01/2017	04/01/2016	02/01/2015	02/01/2014
Euribor 1 semana	-0,379 %	-0,371 %	-0,251 %	-0,020 %	0,183 %
Euribor 1 mes	-0,368 %	-0,368 %	-0,210 %	0,016 %	0,214 %
Euribor 3 meses	-0,329 %	-0,318 %	-0,132 %	0,076 %	0,284 %
Euribor 6 meses	-0,271 %	-0,220 %	-0,041 %	0,169 %	0,387 %
Euribor 12 meses	-0,186 %	-0,083 %	0,058 %	0,323 %	0,555 %

Fuente: <http://es.euribor-rates.eu>

Podemos advertir que la tendencia de los tipos de interés ha sido a la baja.

- **¿Qué efectos se derivan de unos tipos de interés bajo?**

  Si bajan se produce un estímulo en la economía, ya que resulta más económico pedir dinero prestado y, en consecuencia, la gente se anima a pedirlo. Esto implica que aumente el consumo que realizan principalmente las familias, que crezcan las inversiones que llevan a cabo, sobre todo, las empresas y que, como resultado, la economía se fortalezca. Ahora bien, al incrementarse el consumo y la inversión también suben los precios.

- **¿Qué efectos se derivan de unos tipos de interés alto?**

  Si suben se ralentiza la economía, puesto que es más caro pedir dinero prestado. Por tanto, las familias no se endeudarán para, por ejemplo, comprar un electrodoméstico o irse de vacaciones, ya que resulta más caro devolver el dinero conseguido.

  Por la misma razón las empresas invierten menos, dado que es más difícil conseguir los recursos con los que llevar a cabo sus proyectos. Por ambas razones la economía se frena y los precios disminuyen. Podemos, por tanto, asociar intereses altos con precios que caen e intereses bajos con precios que suben.

  Precisamente para estimular la economía con el fin de que aumenten el consumo y la inversión, y de esa forma se genere empleo (si las familias consumen las empresas deben producir y, por tanto, contratarán más trabajadores), llevamos asistiendo en los últimos años a una bajada continua de los tipos de interés por parte de la autoridad monetaria, en nuestro caso el BCE.

Los tipos de interés afectan enormemente la economía de una persona y familia.

ACTIVIDADES

1 > Cuando acudimos al banco y nos cobran un tipo de interés. ¿Existe alguna razón que justifique ese tipo de interés que nos cobran?

2 > El BCE acaba de anunciar una bajada del tipo de interés de referencia.

- ¿Qué es previsible que suceda con el consumo y con la inversión?
- Si, por el contrario, los tipos de interés subieran, ¿qué le sucedería a la inflación?

2 La inflación

El control de la inflación se ha convertido en un objetivo presente en los diferentes países del mundo y, especialmente, en la Unión Europea.

La **inflación** se define como el crecimiento continuo y generalizado de los precios de los bienes y servicios que existen en una economía medible y observable mediante la evolución de algún índice de precios.

Es preciso resaltar estas dos características:

- **Continuo,** es decir, necesitamos que los precios suban continuamente; si se produce una subida aislada y no vuelven a subir más, eso no se considera inflación.
- **Generalizado,** es decir, necesitamos que suban la mayoría o al menos una parte representativa de los bienes y servicios de una economía; si solo sube el precio de un bien aislado por un motivo concreto (imaginemos que se dispara el precio de los tomates por una mala cosecha) eso no se considera inflación.

La inflación encarece el coste los bienes.

Si bien el problema de la inflación ha estado presente desde siempre, se convirtió en algo normal y objeto de política a partir de la Segunda Guerra Mundial, ya que, junto al desempleo, constituyen dos de los principales indicadores del denominado *estado de bienestar,* que abordaremos en esta unidad.

Antes de pasar a hablar de la inflación, su medición, las teorías que la explican y sus efectos, existen una serie de conceptos relacionados con el término *inflación* que merece la pena definir.

- **Desinflación.** Supone un incremento de la inflación menor del esperado.
- **Estanflación.** Se tata de la combinación de inflación con recesión y desempleo, fenómeno específico de las economías en la década de 1970.
- **Deflación.** Es el descenso continuo y generalizado de los precios de los bienes y servicios existentes en una economía medible y observable mediante la evolución de algún índice de precios.

Ya que los Gobiernos se esfuerzan para controlar que los precios no suban de forma incontrolada, podríamos tener la tentación de pensar que el fenómeno contrario, la caída de precios, la deflación (o inflación negativa), es buena para la economía, pero no es así. Si en esta se produce deflación, los consumidores dejan de comprar porque resultará más barato consumir en el fututo, y las empresas dejan de invertir por el mismo motivo; esto paraliza la economía, frena la producción y hace que los precios sigan bajando. Además, el desempleo aumenta cuando cae la producción.

ACTIVIDADES

3 > Ahora que conoces la inflación y la deflación, ¿qué te parece más peligroso?

4 > ¿Qué inflación se dio en Alemania después de la Primera Guerra Mundial?

EJEMPLO

Los precios de los alimentos dependen de las cosechas porque son precios intervenidos, regulados por el Gobierno, como sucede con la energía. Así ocurre en España con el petróleo, donde tenemos una fuerte dependencia del exterior. En estos casos, la inflación subyacente es una medida más cierta de lo que sucede en los precios que la inflación sin más.

Dentro de la inflación, encontramos tres tipos:

- **Inflación subyacente.** Es la inflación que resulta sin tener en cuenta las variaciones experimentadas en los precios de los alimentos no elaborados y de los productos energéticos. ¿Por qué se excluyen estos precios? Porque son precios inestables.
- **Inflación prevista.** Esta inflación es intuida y anticipada por los agentes, que ya la han tenido en cuenta en sus decisiones; por tanto, los efectos causados son menores.
- **Inflación no prevista.** Es aquella que los agentes no anticipan, no es prevista, sucede sin tiempo para reaccionar o adaptar su comportamiento a la misma. Los efectos causados son mayores.

Según su importancia o la magnitud que alcanza la inflación, Samuelson y Nordhaus realizaron la siguiente clasificación:

- **Inflación moderada:** lenta subida de precios, niveles del 2-3 %.
- **Inflación galopante:** niveles comprendidos entre el 10-100 %.
- **Hiperinflación:** inflación mayor del 100 %. La evidencia histórica muestra que estas tasas de inflación se producen antes, durante o después de una guerra. Las autoridades económicas pierden el control sobre los precios. Ejemplos: la inflación de Perú en 1990 alcanzó el 7500 %. Si España registrara en el año 2018 una inflación con ese porcentaje significaría que un producto que en el año 2017 costaba 1 €, en el año 2018 costaba 7500 €.

Una vez que hemos visto los conceptos relacionados con la inflación, vamos a conocer cómo podemos calcularla o medirla a través de un índice de precios.

Un índice de precios es una media de los precios de los diferentes artículos existentes en una economía. Hay distintos índices de precios para medir la inflación, si bien el más utilizado es el **índice de precios de consumo** (IPC). Este se publica mensualmente y mide la evolución del nivel de precios de los bienes y servicios de consumo adquiridos por los hogares en España.

Una vez calculado el IPC, la tasa de inflación de un año X sería:

$$\text{Tasa de inflación} = \frac{\text{IPC año x} - \text{IPC año x}-1}{\text{IPC año x}-1} \times 100$$

La tasa de inflación puede dar un resultado positivo, en cuyo caso los precios han subido; puede ser negativa, en tal caso los precios decrecen y lo denominamos *inflación negativa* o *deflación*, y puede darnos un resultado exactamente igual a 0 que, si bien no es habitual, significaría que los precios no han variado.

Para saber más

Anécdotas históricas

En el libro *Macroeconomía*, de Rudiger Dornbusch y Stanley Fischer, se cuenta la siguiente anécdota: «una mujer llevaba el dinero en una cesta y sucedió que, al dejar la cesta en el suelo un momento, se la habían robado pero le habían dejado el dinero».

Por su parte, Keynes registra en una de sus obras que en Austria, después de la Segunda Guerra Mundial, era preferible pedir dos cervezas al llegar a un bar en lugar de una, pues era más lento el ritmo al que se quedaban sin presión las cervezas que el ritmo al que subía el precio de la misma.

El IPC se basa en una cesta representativa de los bienes y servicios que se consumen en la economía.

2.1. Teorías sobre la inflación

Como en otros temas de economía, existe cierta discrepancia entre los economistas sobre las causas que originan la inflación. Vamos a ver las diferentes teorías, aunque ninguna de ellas será útil para explicar la inflación en todos los países ni en todos los momentos.

Tradicionalmente, la inflación se ha explicado desde dos puntos de vista:

- **Inflación de demanda:** según esta teoría, el factor clave para explicar la inflación es la demanda agregada. Así, si en una economía se produce un aumento de la demanda agregada porque crecen el consumo, la inversión, el gasto público o las exportaciones netas, entonces el resultado del incremento de la demanda agregada es la **elevación de los precios.**
- **Inflación de costes:** el factor clave para explicar la inflación no es la evolución de la demanda sino de la oferta. En efecto, el empresario, que es quien ofrece bienes y servicios, puede ver cómo aumentan sus costes (mano de obra, materias primas, petróleo) y, no queriendo renunciar a sus beneficios, eleva los precios. De esta manera, la inflación no tiene nada que ver con el comportamiento de la demanda o de los consumidores, sino con el **comportamiento** de las empresas o **de la oferta.**

El encarecimiento de materias primas puede tener repercusión en los precios finales de un producto.

2.2. Políticas antiinflacionistas

El economista Paul Samuelson dedica especial atención a las políticas antiinflacionistas, ya que, como señala, reducir la inflación puede acarrear unos costes en términos de producción o desempleo que la sociedad no quiera asumir. Por ello, en ocasiones las políticas no van encaminadas a reducir la inflación, sino a contenerla en unos niveles moderados.

¿Qué políticas se pueden llevar a cabo para controlar la inflación? Aplicar una u otra política depende de cuál consideremos que es la causa.

Si consideramos que tenemos delante inflación de demanda

En este caso, el Gobierno tiene que llevar a cabo una **política fiscal contractiva** (estudiada en el tema anterior) para tratar de contraer la demanda, aplicar diferentes recortes y aumentar los impuestos. Dado que desde un punto de vista social son especialmente difíciles los recortes en sanidad o en educación, la mejor vía en caso de tener que aplicar una política fiscal contractiva parece ser un aumento de la recaudación, con lo que se consiguen los ingresos pertinentes y una disminución de la demanda agregada en la medida en que los ciudadanos tienen menos recursos con los que poder efectuar su demanda.

Recaudar más, uno de los instrumentos que usan los Gobiernos en una política fiscal contractiva.

Si consideramos que tenemos delante inflación de costes

En este caso se ponen en marcha **políticas de rentas.** Estas se definen como el «conjunto de normas referentes a la evolución de todo tipo de rentas compatibles con la estabilidad de precios». Se trata de una intervención directa de las autoridades en el establecimiento del nivel de salarios. En el caso español, uno de los acuerdos más significativos a este respecto fueron los Pactos de la Moncloa en los años setenta del siglo pasado.

2.3. Políticas antiinflacionistas en el caso español

El precio del petróleo influye poderosamente en la economía española.

En España, la inflación se produce principalmente por la subida de los precios de la energía que importamos en forma de petróleo y, además, por la dificultad mayor de nuestra economía respecto a otras europeas para sustituir esta fuente de energía por nuevas alternativas. También acusamos una baja productividad que puede implicar una elevación de los costes laborales. Por todo ello, las políticas antiinflacionistas españolas requieren negociación colectiva para adecuar los salarios a la productividad, elevar la misma para poder aumentar los sueldos sin aumentar los costes y realizar profundos cambios estructurales que nos hagan menos dependientes de la importación de energía.

Si analizamos los datos de inflación de los últimos años, encontramos un gráfico como el siguiente:

Evolución mensual del IPC
Índice general

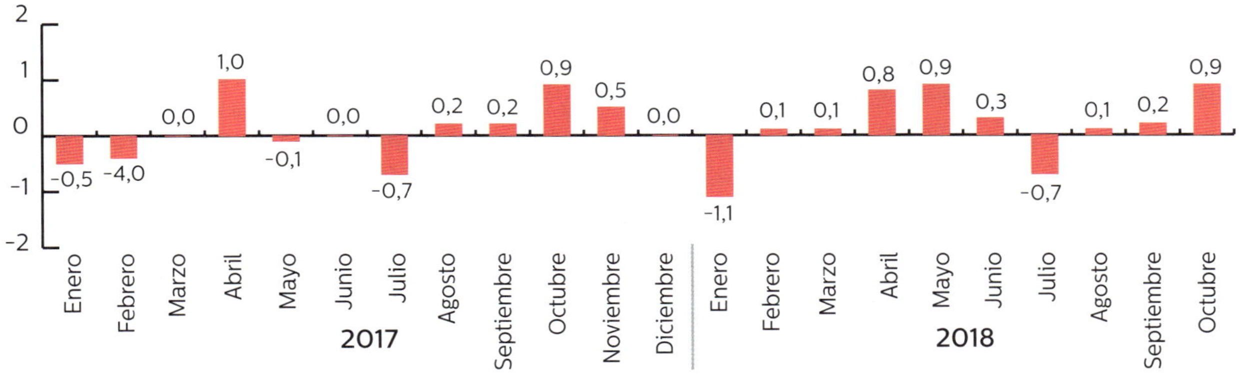

Fuente: INE.

Por último, si analizamos la inflación general y la subyacente, obtenemos este gráfico:

Evolución anual del IPC
Índice general y subyacente

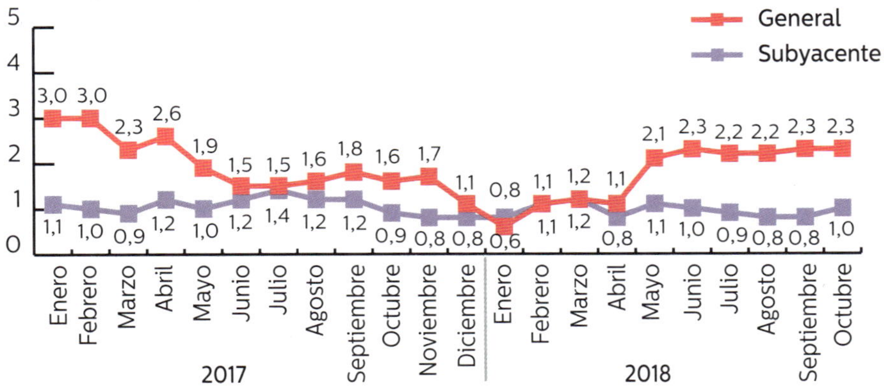

Fuente: INE.

¡OJO!

Podemos observar cómo la inflación se encuentra dentro del objetivo del BCE de estar por debajo del 2 % y también podemos apreciar cómo en enero los precios caen debido al efecto de las rebajas y la caída del consumo después del período navideño.

ACTIVIDADES

5 > Analiza la evolución de la inflación general y la subyacente que se muestran en el gráfico.

6 > ¿Cuadran los datos de este gráfico con lo explicado en la teoría?

2.4. Efectos de la inflación

Cuando la inflación es esperada y las instituciones se han adaptado para compensar sus efectos, los costes de la inflación son la incomodidad de tener que acudir a las instituciones financieras a recoger dinero con mayor frecuencia y los costes derivados de tener que actualizar las listas de precios.

Cuando la **inflación no es prevista** o las instituciones no logran ajustar su comportamiento, entonces los efectos son mayores, como estos:

Se pierde poder adquisitivo

Los trabajadores pierden poder adquisitivo y, para evitarlo, presionan para aumentar el salario nominal y de esta forma mantener el salario real. Por su parte, las empresas prevén una subida de costes salariales y, si pueden, aumentan los precios. Se produce así la denominada **espiral salarios-precios.**

Se produce mayor presión fiscal

En aquellos impuestos progresivos, por ejemplo el IRPF, una persona que vea que su renta aumenta en la misma cuantía que la inflación puede saltar a tramos impositivos superiores del IRFP y tener que pagar más cuando su renta real es la misma.

Encarece las exportaciones y nos hace menos competitivos

Al aumentar nuestros precios, y suponiendo que lo hacen a mayor ritmo que los precios de los otros países, nuestros productos resultan menos competitivos que el resto, se encarecen y las exportaciones disminuyen, lo que provoca un descenso en la actividad económica que, además, genera desempleo.

Se produce incertidumbre

Los diferentes agentes se ven afectados por la incertidumbre, lo que frena el consumo y las inversiones e implica un aumento del desempleo.

Beneficia a los prestatarios y perjudica a los prestamistas

El prestamista nos deja un dinero y nos cobra un interés que compense la subida de precios y le permite ganar un margen, pero si los precios suben más de lo esperado, cuando el prestatario devuelve el dinero el prestamista puede haber perdido su margen de ganancias o, incluso, poder adquisitivo.

Perjudica a los pensionistas y empleados públicos

Estos dos colectivos tienen escaso poder de negociación y las continuas subidas de la inflación hacen que pierdan poder adquisitivo.

2.4.1. La incertidumbre causada por la inflación

- **Consumidores:** no saben el precio que tendrán finalmente los productos que adquieran.
- **Empresas:** no saben el precio al que finalmente venderán sus productos ni los costes que tendrán que asumir.
- **Trabajadores:** no saben cuál será el poder adquisitivo que tendrán con sus sueldos y, lo que es peor, no saben si conservarán el empleo.
- **Estado:** no sabe cuáles serán sus costes y le resulta difícil estimar una previsión de sus ingresos.
- **Ahorradores:** no saben cuál será el valor que finalmente tendrán sus ahorros.

En definitiva, con la inflación, la economía, vista conjuntamente, sale perdiendo, y por eso los Gobiernos aplican diferentes políticas para tratar de controlarla.

Con la inflación se pierde poder adquisitivo, lo que afecta más a los pensionistas.

3 El mercado de trabajo

Por los mismos motivos que tratar con un ser humano no es lo mismo que usar un bien determinado, como un bolígrafo, una persona parada o desempleada no supone lo mismo que un producto que no se vende. El mercado de trabajo presenta así una naturaleza especial, debido a que el bien intercambiado es precisamente el esfuerzo humano. Vamos a estudiar dicho mercado particularizando la oferta y la demanda.

La oferta de trabajo la realizan las **familias** o economías domésticas y depende principalmente del **salario.** Cuando este aumenta la gente está más dispuesta a trabajar y renunciar al ocio. Ahora bien, no parece lógico pensar que continuas subidas de salarios provoquen continuos aumentos en la oferta de trabajo, ya que los individuos también requieren un tiempo para el descanso. Además, las personas que están vendiendo su trabajo ven cómo crecen sus ingresos al subir los salarios, se incrementa su renta y, al ser el ocio un bien normal, pasan a demandarlo o, dicho de otro modo, a ofrecer menos trabajo.

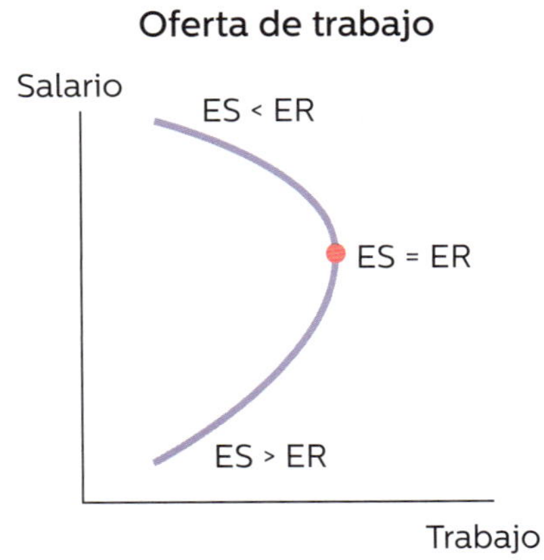

Vemos, por tanto, cómo un aumento del precio del trabajo o salario hace que, por una parte, se ofrezca más y, por otra, menos. El hecho de que ofrezcamos más trabajo se debe a que el ocio se encarece y, por consiguiente, lo demandamos menos y lo sustituimos (efecto sustitución). Asimismo, el hecho de que ofrezcamos más trabajo y, por tanto, demandemos menos entretenimiento se debe a que nos sentimos más pobres al haber subido los precios del ocio y, en consecuencia, demandamos menos (efecto renta).

La demanda de trabajo, como vimos al estudiar el flujo circular de la renta, no la efectúan las familias o economías domésticas, sino que la realizan las **empresas.** Son ellas las que necesitan trabajadores. La cantidad de trabajo que contratan depende de dos factores principales:

- **Salarios.** Si los salarios suben las empresas contratan menos personal. Únicamente no dejarían de contratar personal al subir los salarios si ese incremento de sueldo se acompañara de un aumento de la productividad.
- **Precio de las máquinas.** Si una misma tarea puede ser desarrollada por trabajadores o por máquinas, y el precio de estas se dispara, tal vez interese contratar trabajadores. Por el mismo razonamiento, cuando las máquinas sean especialmente económicas se recurrirá a ellas antes de contratar trabajadores.

En definitiva, las empresas contratan trabajadores mientras les resulte rentable. ¿Y cuándo resulta rentable un trabajador? Siempre que lo que la empresa espera conseguir con su trabajo sea mayor o igual que lo que cuesta su trabajo, esto es, su salario. Por ello, las empresas contratan trabajadores hasta que:

$$PMgL = W/P$$

siendo

PMgL = la productividad marginal del trabajo.

W/P = el salario real, es decir, medido en bienes y no en unidades monetarias.

3.1. Equilibrio en el mercado de trabajo

Como en todo mercado, el equilibrio se produce allí donde se igualan la oferta y la demanda. De manera gráfica, se representa en el punto donde se cortan ambas curvas.

Equilibrio en el mercado de trabajo

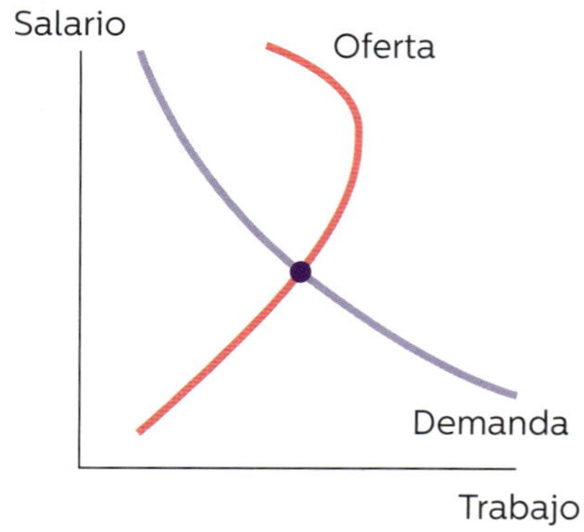

La curva de **demanda de trabajo** representa la cantidad de trabajadores que las empresas están dispuestas a contratar para cada salario. Tiene pendiente negativa, dado que si suben los salarios se demandan menos trabajadores.

Por su parte, la curva de **oferta** representa la cantidad de trabajo que los particulares están dispuestos a ofrecer para cada uno de los diferentes salarios. Tiene pendiente positiva, ya que si suben los salarios se ofrece más trabajo.

Si los mercados funcionasen a la perfección, la oferta y la demanda se ajustarían hasta alcanzar el pleno empleo, pero la realidad no es así. Esto se traduce en que existen determinados colectivos que se ven afectados por el desempleo.

3.2. Las personas y el desempleo

Algunos colectivos encuentran especial dificultad a la hora de acceder al mercado laboral, pues las condiciones varían enormemente de un grupo a otro. Veamos los siguientes:

- **Jóvenes** que se enfrentan al mercado laboral por primera vez y carecen de experiencia.
- **Parados de larga duración** que no despiertan el interés de las empresas. Se considera parado de larga duración a aquella persona que lleva desempleada dos años o más.
- **Personas mayores de 45 años** que han trabajado durante muchos años en un negocio que cierra y pueden tener dificultades para adaptarse a otro negocio.
- **Discapacitados,** puesto que las ofertas para este grupo son reducidas. Sin embargo, en el empleo público se reservan plazas para ellos.

¿Sabías que el Estado premia a aquellas empresas que contratan a mujeres en sectores de presencia principalmente masculina?

Las autoridades son conscientes de dichas dificultades y ofrecen bonificaciones en las cuotas que hay que pagar a la Seguridad Social cuando se contrata a alguna persona de dichos colectivos.

Es necesario advertir que el desempleo genera importantes efectos psicológicos en las personas que lo padecen.

3.3. Tipos de desempleo

Cuando una persona se encuentra desempleada puede deberse a que no ha querido aceptar un trabajo que le ofrecieron porque ganaba muy poco, o no ha sido seleccionada por carecer de ciertos conocimientos, etc. Sea cual fuera la causa, podemos agrupar el desempleo en cuatro grandes categorías.

Desempleo cíclico
Se produce cuando, como consecuencia de una crisis económica, muchas empresas despiden trabajadores. Está estrechamente relacionado con el momento económico. Cuando la economía vuelva a crecer se volverán a generar dichos puestos de trabajo. Ejemplo: en una situación de crisis la gente tiene menos dinero para pagar por un masaje y esto lleva a que en épocas de crisis estos negocios precisen menos personas.
Desempleo estacional
Este no tiene que ver, como el anterior, con la existencia o no de crisis, sino que está relacionado con el momento en que se precisa a estos trabajadores; es decir, un socorrista podría quedarse en paro en invierno, pero no tiene nada que ver con la crisis; aunque todo fuera bien, muchos socorristas son contratados únicamente para los meses del verano. Muchos camareros encuentran trabajo en verano con la llegada de turistas, como jornaleros del campo encuentran trabajo en la época de la vendimia o en la recogida de las fresas, etc.
Desempleo voluntario
En este caso no se trata ni de la situación económica ni del momento del año en que nos encontremos; se trata de que, de forma voluntaria, una persona decide no realizar un trabajo concreto por diferentes razones; por ejemplo, quiere encontrar un trabajo más relacionado con sus estudios. En Europa este tipo de desempleo voluntario se cifra en torno al 4 % y, cuando un país presenta esa tasa de paro, se habla de *situación de pleno empleo*.
Desempleo estructural
Es el más preocupante para una economía, ya que, aunque cambie la situación económica y el país crezca, este desempleo seguiría existiendo. ¿En qué consiste? El desempleo estructural es aquel que se da porque la persona quiere trabajar pero no se adecúa a lo que están buscando las empresas. Muchos jóvenes encuentran que, al buscar trabajo, las empresas los rechazan por no tener conocimientos de idiomas, mucha gente de más de 50 años se queda sin trabajo por no familiarizarse con las nuevas tecnologías, etc.

En épocas de crisis una panadería no nota tanto el descenso de sus ventas como un *spa*. Los trabajadores de negocios que cubren necesidades secundarias sufrirán más el desempleo cíclico que aquellos que trabajen en negocios que cubran necesidades primarias.

De todos los tipos de desempleo existentes, el estructural es el que más preocupa a las autoridades de un país, porque el voluntario depende de la persona, el estacional se soluciona cuando vuelvan a precisarse dichos trabajadores y el cíclico al salir de un período de crisis. ¿Qué soluciona el desempleo estructural? Solamente se consigue a través de una mano de obra altamente formada y cualificada que pueda adaptarse a las nuevas exigencias del entorno.

Los jornaleros de la vendimia se verán afectados por el desempleo estacional cuando se acabe la época de la recogida de uva.

ACTIVIDADES

7 > Escribe dos ejemplos de actividades que puedan dar lugar a desempleo estacional, distintas a las ya mencionadas.

3.4. La medición del desempleo

Las dos formas básicas de medir el desempleo son la encuesta de población activa, llevada a cabo por el INE (Instituto Nacional de Estadística), y los datos recogidos por el SEPE (Servicio Público de Empleo Estatal), que pasó a englobar el antiguo INEM (Instituto Nacional de Empleo).

La encuesta de población activa la realiza el INE, trimestralmente, entre la población de 16 años o más. Se realiza sobre una muestra de 65 000 familias, aproximadamente a 200 000 personas. Suele arrojar cifras más altas que el paro registrado por el SEPE. Esto se debe a que el SEPE registra exclusivamente a aquellas personas que van a sus oficinas a inscribirse, a comunicar que están desempleadas. Sucede que la mayoría de las personas suelen apuntarse cuando tienen derecho a la prestación por desempleo, pero no así cuando están buscando su primer empleo o cuando la prestación se ha agotado. Cualquiera de estos últimos casos no estaría en el paro registrado en el SEPE, pero sí podría figurar en la encuesta de población activa.

Ambos organismos clasifican el total de la población en diferentes colectivos:

- **Población menor de 16 años,** que no están legalmente capacitados para trabajar.
- **Población mayor de 16 años,** que a su vez se divide en dos grupos:
  - **Población activa:** aquí se encuentran todos los que quieren trabajar. Podemos diferenciar entre **población ocupada,** o sea, las personas que tienen un trabajo, y **población desempleada,** es decir, todas aquellas personas que buscan activamente un trabajo pero no lo encuentran.
  - **Población inactiva:** todas las personas que, estando capacitadas para trabajar, ni trabajan ni quieren trabajo ni lo buscan. Se consideran dentro de la población inactiva los jubilados y pensionistas, aquellos que se dedican exclusivamente a las tareas de su hogar, los estudiantes y los que ni quieren trabajo ni lo buscan.

Niños y ancianos forman parte de la población que no trabaja.

Ahora que conocemos los diferentes términos utilizados, vamos a ver cómo se calculan las principales tasas del mercado laboral.

$$\text{Tasa de actividad} = \frac{\text{Población activa}}{\text{Población mayor de 16 años}} \times 100$$

$$\text{Tasa de ocupación} = \frac{\text{Población ocupada}}{\text{Población activa}} \times 100$$

$$\text{Tasa de desempleo} = \frac{\text{Población desempleada}}{\text{Población activa}} \times 100$$

Cuando decimos que un país tiene una tasa de desempleo del 20 % queremos decir que de cada 100 personas que quieren trabajar y buscan trabajo (activos) 20 no lo consiguen. Del mismo modo, una tasa de ocupación del 70 % indicaría que de cada 100 personas que quieren trabajar y buscan trabajo 70 lo han encontrado. Por último, una tasa de actividad del 60 % indicaría que de cada 100 personas mayores de 16 años, con edad legal para trabajar, 60 quieren hacerlo.

ACTIVIDADES

8 > Investiga cuáles son las tasas de paro, ocupación y actividad en tu comunidad autónoma.

ACTIVIDADES RESUELTAS

Recogemos a continuación la encuesta de población activa del cuarto trimestre de 2017. (Población de 16 años y más por sexo y relación con la actividad económica).

Resultados nacionales	Trimestre actual	Valoración sobre el trimestre anterior		Valoración sobre igual trimestre del año anterior	
		Diferencia	Porcentaje	Diferencia	Porcentaje
Ambos sexos					
Población de 16 años y más	38 716,6	53,8	0,14	131,7	0,34
Activos	22 765,0	-15,9	-0,07	19,1	0,08
-Ocupados	18 998,4	-50,9	-0,27	490,3	2,65
-Parados	3766,7	34,9	0,94	-471,1	-11,12
Inactivos	15 951,6	69,8	0,44	112,5	0,71
Hombres					
Población de 16 años y más	18 830,9	24,9	0,13	53,6	0,29
Activos	12 159,8	-71,3	-0,58	-7,1	-0,06
-Ocupados	10 339,2	-81,3	-0,78	267,3	2,65
-Parados	1820,6	10,0	0,55	-274,4	-13,10
Inactivos	6671,0	96,2	1,46	60,7	0,92
Mujeres					
Población de 16 años y más	19 885,7	28,9	0,15	78,1	0,39
Activas	10 605,2	55,4	0,53	26,2	0,25
-Ocupadas	8659,1	30,4	0,35	222,9	2,64
-Paradas	1946,0	25,0	1,30	-196,7	-9,18
Inactivas	9280,5	-26,5	-0,28	51,9	0,56

Fuente: INE

Tras analizar la población de ambos sexos, vamos a calcular las tres tasas estudiadas:

- **La tasa de actividad** = (22 765,0 / 38 716,6) x 100 = 58,8 %. Esto significa que de cada 100 personas en edad de trabajar casi 59 están activos.
- **La tasa de ocupación** = (18 998,4 / 22 765,0) x 100 = 83,4 %. Esto significa que de cada 100 personas activas 83 están ocupadas.
- **La tasa de desempleo** = (3766,7 / 22 765,0) x 100 = 16,5 %. Esto significa que de cada 100 personas activas 16 no encuentran trabajo.

Las tasas de ocupación y desempleo, como es lógico, suman 100 %.

ACTIVIDADES

9 > Con las cifras de la economía española recogidas en la tabla anterior, calcula los siguientes datos y razona los resultados.

- La tasa de paro femenina y masculina.
- La tasa de ocupación masculina y femenina.
- La tasa de actividad masculina y femenina.

4 Las teorías sobre el desempleo

Como en otros muchos campos de la economía, existen multitud de teorías que tratan de aclarar el problema del desempleo. Ninguna de ellas explica el desempleo en todos los casos y, sin embargo, todas son ciertas en determinados momentos y circunstancias.

Existen diferentes teorías que inciden más en unos factores que en otros. Veámoslas.

Personas desempleadas en la cola de una oficina de empleo.

Teoría clásica

Para estos autores el mercado funciona bien, la demanda depende negativamente del salario y la oferta positivamente. Dado que los salarios son flexibles y los mercados funcionan en régimen de competencia perfecta, la oferta y la demanda se ajustan y, por lo tanto, no habrá paro. Si existe algún desempleo es voluntario, siempre habrá gente que deje un trabajo para buscar otro mejor. Este paro voluntario lo denominan *tasa natural de desempleo*.

Bajo este enfoque, las medidas que ellos proponen son las siguientes:

- Supresión de los salarios mínimos que estén por encima del salario de equilibrio.
- Flexibilidad en los mercados.
- Informar sobre las vacantes.
- Políticas de ofertas que tiendan a facilitar la producción en las condiciones de costes más ventajosas posibles para las empresas.

En la teoría clásica, el desempleo es voluntario.

Teoría keynesiana

Para **John M. Keynes** y sus seguidores este funcionamiento perfecto de los mercados no se produce, puesto que la flexibilidad de salarios no es tan sencilla. Según este teórico existe un desempleo involuntario causado por insuficiencias en la demanda agregada. Cuando esta cae, entre otras cosas, las empresas dejan de contratar porque estas demandan trabajo en función de los bienes y servicios que esperan vender.

¿Qué proponen entonces para solucionar el problema del desempleo? Estimular la demanda agregada. ¿Cómo? Mediante incentivos a la inversión, aumento del gasto público y reducción de impuestos.

Teoría *insiders-outsiders*

Según esta teoría, cuando los mercados se flexibilizan, o cuando se reducen los salarios, lo hacen solo los de los empleados nuevos o temporales, pero no así los de los empleados fijos. Esta teoría sostiene que, de algún modo, los sindicatos presionan en las negociaciones colectivas para defender los derechos de los trabajadores que ya están dentro del mercado *(insiders)* y no se piensa en aquellos que aún no participan en dicho mercado *(outsiders)*.

Bajo esta perspectiva, la política o medida propuesta es limitar el poder de los sindicatos en las negociaciones colectivas.

Teoría del desempleo estructural

Esta teoría sostiene que el desempleo se debe a que difiere el tipo de trabajo que unos ofrecen frente al que otros demandan. Proponen como medidas para solucionarlo que las empresas contribuyan al reciclaje y formación de los trabajadores, y que se apueste por la formación y la innovación.

Teorías del impacto tecnológico

Aquí nos encontramos diferentes posturas que estudian el impacto que puede tener la tecnología en la destrucción de empleo.

- Aquellas que culpan del desempleo a la tecnología, pues sostienen que esta destruye puestos de trabajo. Aquí podemos destacar, entre otros, a **Jeremy Rifkin,** quien afirma: «El trabajo estuvo primero en la agricultura, las nuevas tecnologías generaron un excedente de mano de obra que absorbió el sector industrial. A continuación la tecnología se aplica al sector industrial y el exceso de mano de obra fue absorbido por los servicios. Si en la actualidad las tecnologías se aplican a los servicios, ¿quién absorberá el exceso de mano de obra?».
- Aquellas que no culpan a la tecnología del desempleo, ya que las máquinas deben ser creadas por alguien, deben inventarse, construirse, repararse y mejorarse. Aquí encontramos autores como **Robert Solow** o **Joseph Alois Schumpeter.**

La opinión más generaliza que existe en torno a la tecnología y su impacto en el desempleo consiste en que, efectivamente, se necesitan personas para diseñar, construir y reparar máquinas, pero las personas que realicen dichas tareas no son el camarero, agricultor o vendedor que han perdido su trabajo por la introducción de dichas máquinas. Es decir, la tecnología destruye puestos de trabajo que requieren una formación menor y crea puestos de trabajo para una mano de obra más cualificada. No es posible reciclar a aquellos que pierden su trabajo en los nuevos puestos que se generan, dado que las características de unos y otros trabajos son muy diferentes.

Jeremy Rifkin (1945)

Es sociólogo y economista. Sus estudios investigan el impacto que tienen los avances tecnológicos en el medioambiente, la economía y el trabajo.

Recreación en la que los robots sustituyen a los seres humanos en el trabajo.

ACTIVIDADES

10 > ¿Cómo proponen los keynesianos solucionar el problema del desempleo?

11 > ¿Qué piensa la teoría *insiders-outsiders* respecto a los sindicatos?

12 > Las teorías sobre el impacto tecnológico en el desempleo se agrupan en los dos grandes bloques que hemos visto en la teoría. ¿Con cuál de ellos estás más de acuerdo? Argumenta tu respuesta.

13 > ¿Qué te parece que los autores clásicos propusieran eliminar aquellos salarios mínimos que estén por encima del salario de equilibrio?

14 > ¿Crees que en España se apuesta por la formación y la innovación como forma de solucionar el desempleo estructural?

5 Las políticas de empleo

Ahora que hemos visto todas las teorías existentes para explicar el desempleo, vamos a resumir las principales medidas o políticas de empleo que se pueden llevar a cabo, agrupando dichas políticas en tres grandes líneas de actuación.

Adelantar la edad de jubilación puede ser una política para solucionar el desempleo.

Políticas para contraer la oferta

Se incluyen las siguientes medidas:

- Jubilaciones anticipadas.
- Prolongación de la edad de escolarización obligatoria.
- Reducción de la jornada laboral.
- Disminución de las horas extra y el pluriempleo.
- Fomento del trabajo temporal y parcial.

Todas estas acciones expulsan trabajadores del mercado laboral, ya sea porque deben jubilarse antes de tiempo, porque deben seguir estudiando y no buscar trabajo o porque deben irse antes a casa al reducirse la jornada.

Si bien estas medidas podrían solucionar el desempleo, reciben dos importantes críticas:

- La jubilación anticipada supone una reducción de ingresos para los afectados, la pérdida de personal cualificado y cargas a la Seguridad Social.
- La reducción de horas extra y del pluriempleo tendrá efectos negativos sobre aquellos que lo necesiten y podría dar lugar a una economía sumergida.

Políticas para estimular la demanda

Cabe destacar las siguientes medidas:

- Estimular la demanda de bienes y servicios.
- Subvencionar aquellos sectores muy intensivos en mano de obra.
- Aprobar programas de creación de empleo temporales en el sector público.
- Estimular la creación y el desarrollo de las pymes.

Las nuevas tecnologías son uno de los yacimientos de empleo en la actualidad.

Todas estas disposiciones suponen un estímulo al mercado laboral, dado que la demanda de bienes y servicios alentará la contratación por parte de las empresas para poder producir dichos bienes y servicios, del mismo modo que las subvenciones y ayudas incentivarán la contratación.

Estas medidas también reciben críticas:

- Pueden generar inflación, en la medida en que un estímulo de la demanda de bienes y servicios suele generarla.
- Suponen un aumento del gasto público, con todo lo que de ello se deriva en cuanto a déficit y deuda pública.

ACTIVIDADES

15 > Explica con tus palabras por qué la estimulación de la demanda de bienes y servicios genera empleo.

Políticas en relación con la colocación y la formación

Se incluyen estas medidas:

- Mejorar los servicios públicos de búsqueda de empleo.
- Fomentar la movilidad geográfica.
- Cooperación entre sindicatos y empresarios.
- Ofrecer incentivos para reducir la discriminación a colectivos especialmente afectados, como jóvenes, parados de larga duración, mayores de 45 años, discapacitados, etc.

Aquí se incluyen todos aquellos recursos que no estimulan directamente ni la oferta ni la demanda, sino más bien el diálogo, la cooperación y la colaboración entre todos los agentes y partes del mercado laboral.

De nuevo, las críticas a algunas de estas medidas vendrían de manos de aquellos que no quieren ver cómo se dispara el gasto público, ya que los incentivos ofrecidos a las empresas por contratar colectivos discriminados, o la mejora de los servicios públicos de búsqueda de empleo, aumentarían el gasto público. En España, el SEPE (Servicio Público de Empleo Estatal) es el que, en el ámbito de las instituciones públicas, trata de ayudar a encontrar empleo. Sus principales funciones son:

- Registro público de los contratos.
- Gestión de subvenciones de empleo a las empresas.

Festival Asalto, Zaragoza, 2012.

Above, un artista californiano, nos recuerda el problema del desempleo en nuestro país. Mural en el que un grupo de gente hace cola ante la oficina de empleo.

5.1. El autoempleo

Cada vez se hace más necesario tratar de generarse autoempleo en lugar de esperar a que otro agente económico, ya sea una empresa o el Estado, nos lo proporcione. En esta línea, es importante recordar lo que vimos en la unidad 2 de este manual acerca de los yacimientos de empleo, es decir, de aquellas actividades comerciales que cubren las demandas de la sociedad actual, en las que aparecen necesidades no cubiertas y que se caracterizan por ser generadoras de empleo.

En la medida en que nuestra iniciativa empresarial se centre en estos sectores es más probable encontrar trabajo, por esto es bueno conocer qué se demanda en servicios de turismo, ocio y deporte, en cuidado de mayores y niños, en ayuda a domicilio para personas dependientes, en gestión medioambiental, etc.

Si nuestra idea es conseguir empleo, pero no porque vayamos a montar un negocio sino porque queramos trabajar por cuenta ajena, además de los yacimientos de empleo mencionados debemos saber que entre las carreras más demandadas por las empresas españolas la clasificación aparece encabezada por Administración y Dirección de Empresas, Ingeniería e Informática.

Financiación del SEPE

MINISTERIO DE EMPLEO Y SEGURIDAD SOCIAL — SERVICIO PÚBLICO DE EMPLEO ESTATAL

La financiación de las distintas medidas llevadas a cabo por el SEPE procede principalmente de la partida destinada a tal fin en los Presupuestos Generales del Estado, así como de las cuotas pagadas a la Seguridad Social.

ACTIVIDADES

16 > ¿Qué críticas reciben las políticas para estimular la demanda?

17 > ¿Cuál es, en tu opinión, la mejor medida dentro de las políticas relacionadas con la colocación y la formación?

18 > ¿Has pensado estudiar alguna de las carreras que aparecen como más solicitadas?

YouTube y la economía

DIRECCIONES WEB

1. <http://bit.ly/IRAjwR>
2. <http://bit.ly/1nVjdTD>
3. <http://bit.ly/23UEjT4>

1. Explicación sobre la inflación

1 ¿Cómo explica el pastelero de este vídeo la subida de precios de los pasteles?

2 ¿Qué dos medidas les explican en el BCE que llevan a cabo para controlar la inflación?

3 ¿Qué relación nos dice el vídeo que se produce entre los precios y el tipo de interés o precio del dinero?

2. Desempleo: causas y consecuencias

1 ¿Qué hechos causan desempleo según este vídeo?

2 ¿Cuáles son las consecuencias del desempleo de las que se habla?

2

3. La hiperinflación desbocada

1 ¿Cada cuánto tiempo se duplicaban los precios?

2 ¿Con qué se iba a recoger el salario?

3 ¿Por qué no se compraba madera para las calefacciones?

1

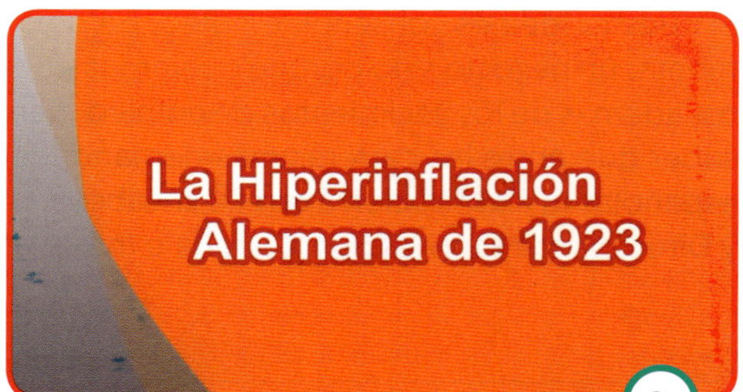

3

Cine y economía

En las dos películas que se recomiendan a continuación se observan con facilidad las dificultades en las que se puede encontrar un individuo ante el problema del desempleo.

Full Monty, Reino Unido, 1997, Peter Cattaneo

Película inglesa que aborda en clave de humor las consecuencias del desempleo. Ambientada en la ciudad de Sheffield, cuenta que multitud de personas son despedidas de la industria metalúrgica ante la llegada del progreso tecnológico. Los protagonistas se verán obligados a buscar trabajo en cualquier sector.

Los lunes al sol, España, 2002, Fernando León de Aranoa

Filme español que narra la vida de varios parados de Vigo desde su perspectiva más dramática. Se inspira en los años posteriores a la época de reconversión industrial, en la que muchos trabajadores perdieron sus empleos.

ACTIVIDADES

Los lunes al sol

1 > ¿Cómo está afectando el desempleo a los diferentes protagonistas?

2 > ¿Qué es lo que más te ha llamado la atención de la película? Nombra al menos dos momentos principales.

Full Monty

1 > ¿Qué colectivo, especialmente afectado por el desempleo, protagoniza esta película?

2 > ¿De qué tipo de desempleo estamos hablando?

3 > De las dos teorías sobre el desempleo estudiadas en la unidad, ¿cuál es la que más se refleja en la película?

Lecturas de contenido económico

Esta obra de Arthur R. G. Solmssen, ambientada en Berlín en la época de entreguerras, nos muestra cómo se vive en esta época desde el punto de vista de dos clases sociales: las grandes familias adineradas de la burguesía y los barrios obreros. Refleja las secuelas de la Primera Guerra Mundial, los problemas de la hiperinflación, así como los inicios de la Gran Depresión de los años treinta.

ACTIVIDADES

1 > Narra dos de los pasajes que más te hayan llamado la atención en los que se puedan ver los efectos de la inflación.

2 > Describe los dos ambientes antagónicos que se nos muestran en la novela.

3 > ¿Qué sucede en el baile de disfraces que muestra el poco valor que tenía el marco y, en definitiva, la hiperinflación existente?

Ser becario español, ¿oportunidad o precariedad?

emagister, <https://bit.ly/2RHM11t>

El **tópico del becario** que trae cafés y hace fotocopias puede parecer un tanto exagerado. Sin embargo, lo cierto es que la situación de los estudiantes en prácticas en España no es, ni mucho menos, idílica. De hecho, la crisis económica iniciada en 2008 ha agudizado la precariedad del colectivo, que celebra su día mundial el 8 de mayo. Si hace unos años las prácticas eran una etapa pasajera de la vida, ahora se alargan cada vez más en el tiempo. ¿Por qué? Pues muy sencillo: las empresas ahorran costes salariales contratando a becarios que deberían ser trabajadores valorados como tal.

Ante esta situación, muchos estudiantes se preguntan cuáles son sus derechos laborales. **¿Puede un becario cotizar en la Seguridad Social?** ¿En qué circunstancias puede exigir remuneración? En este post analizamos el día a día de los becarios en España y reivindicamos su aportación a la sociedad. [...]

¿Cómo es la realidad de un becario en España?

1. Dos tercios de universitarios hacen prácticas. España es el segundo país de la Unión Europea, solo por detrás de Eslovenia, con mayor porcentaje de estudiantes en prácticas.
2. El 58 % no cobra por las prácticas. Trabajar como becario sin cobrar es una situación cada vez más frecuente. Según el informe *La experiencia de los becarios en la Unión Europea*, elaborado por la Comisión Europea, solo el 42 % de los becarios españoles recibe algún tipo de prestación económica. En algunos casos, esta precariedad se ve compensada parcialmente con dietas de alojamiento y transporte.
3. España, el país europeo con más becarios mal pagados. [...]
4. Solo el 36 % continúa en la empresa. «Haz un esfuerzo y aguanta, quizá te contratarán en el futuro». Desgraciadamente, esta frase cada vez tiene más elementos de mito y menos de realidad. Un recurso habitual de las empresas es contratar a otros becarios en vez de apostar por incorporar a los estudiantes como trabajadores fijos.
5. La mayoría se siente uno más del equipo. A pesar de los pocos recursos económicos, la mayoría de becarios se sienten integrados en el equipo, ya que les toca asumir tareas de responsabilidad. Eso sí, quieren que el nivel de exigencia vaya acompañado de una mejora salarial.
6. Aceptan las becas por el currículum y por aprender. Más allá de las posibilidades de ser contratados, la mayoría de becarios aceptan las prácticas porque las entienden como una etapa trampolín. Es decir, una manera de nutrir el currículum cuando la experiencia laboral todavía es escasa.
7. La Comisión Europea da un toque de atención. A la Comisión Europea no le gustó lo que pasaba con los becarios en España y dio un aviso al Gobierno en 2012. Según un informe, buena parte de los becarios españoles realizan prácticas sin convenio, o si lo hay, se trata simplemente de acuerdos entre empresas y universidades donde se fijan las condiciones laborales de esos estudiantes. Esta situación contribuye a crear un doble mercado laboral donde los jóvenes tienen serias dificultades para crecer.

ACTIVIDADES

1 > ¿Qué porcentaje de becarios comenta el texto que reciben una remuneración por su trabajo? ¿Qué te parece ese dato? Razona tu respuesta.

2 > ¿Crees que hacer prácticas como becario te ayuda en el mercado laboral, según lo expuesto en el texto? Justifica tu respuesta.

La brecha salarial se reduce pero las mujeres todavía ganan 5800 euros menos que los hombres en España

***El Mundo* 30/5/2018, <https://bit.ly/2UpSsYY>**

El salario medio de una trabajadora en España es de 20 131 euros brutos al año. Un trabajador, en cambio, alcanza los 25 924 euros, de manera que, de media, las mujeres perciben casi 5800 euros menos que los hombres o, lo que es lo mismo, un 22 % menos.

Según los datos de la encuesta anual de estructura salarial de 2016 que ayer publicó el Instituto Nacional de Estadísitica (INE), esta diferencia evidencia que se ha producido una leve reducción durante el último año, algo que viene sucediendo desde 2013. En ese ejercicio hubo un punto de inflexión, ya que hasta entonces, y desde el inicio de la crisis, la distancia entre el sueldo de hombres y mujeres se había agudizado.

Así, en 2008 la brecha era de un 21,8 % mientras que en 2013 el dato estaba casi en el 24 %. Por el camino, la recesión impactó de una manera más intensa a los trabajos precarios, temporales y peor remunerados, que en una mayor proporción están ocupados por mujeres. A partir de entonces, como se ha señalado, la brecha comenzó a reducirse, aunque de manera lenta, para bajar primero del 23 % y acercarse después al 22 %.

En esta situación, sin embargo, también hay que tener en cuenta lo siguiente que apunta el propio INE: «El salario medio anual femenino representó el 77,7 % del masculino», pero «esta diferencia entre la remuneración de hombres y mujeres se reduce si se consideran puestos de trabajo similares». Esto quiere decir que, a igualdad de ocupación, tipo de contrato o tipo de jornada la diferencia no es tan abultada. [...]

Una mujer gana un 13 % menos que un hombre en trabajos similares

***El País*, 30/3/2018, <https://bit.ly/2HcsS1Y>**

Hombres y mujeres no cobran lo mismo cuando desempeñan tareas similares en España. Ellas ganan un 12,7 % menos por hora, según un estudio de Fedea que ha depurado estadísticamente los datos salariales brutos de 2014. Esta cifra ha bajado desde 2002, cuando comienza la investigación, pero del análisis todavía se desprenden «algunas dinámicas preocupantes». La brecha está presente en cada detalle de las variables observadas: edad, educación, antigüedad, ocupación, tipo de contrato y jornada, actividad y tamaño de empresa.

Los negacionistas de la brecha salarial de género argumentan que desaparece cuando se amplía la lente del análisis y se llega a empleos similares. Apuntan que si las mujeres ganan menos es porque trabajan menos horas remuneradas, porque sufren más la precariedad, porque realizan tareas peor pagadas o porque tienen menos responsabilidades. Sin embargo, la evidencia científica lo desmonta: una mujer gana cada hora, en promedio, un 13 % menos que un hombre en trabajos con «tareas similares», según un proyecto de investigación de Fundación de Estudios de Economía Aplicada (Fedea), coordinado por José Ignacio Conde-Ruiz, al que ha tenido acceso este diario. [...]

ACTIVIDADES

1 > ¿Cuánto más gana un hombre, por término medio, que una mujer? ¿Lo justifican los textos de alguna manera? Razona tu respuesta.

2 > En tu realidad más inmediata, ¿observas lo comentado en el texto? Pregunta a tus padres y familiares si viven esta situación en el trabajo.

S 1 Imagina que las autoridades anuncian que se espera que la inflación del próximo año sea del 2%, pero los trabajadores, los ahorradores y los prestamistas no se lo creen y consideran que va a subir más de un 2%. ¿Qué pueden hacer estos tres colectivos para protegerse de la subida de inflación que ellos creen que se va a dar?

S 2 ¿Cómo puede afectarle a España que la tasa de inflación de otros países de la Unión Europea sea menor que la nuestra? Razona tu respuesta.

S 3 Imagina que se te plantea la siguiente posibilidad: un banco te ofrece hoy un interés del 2% por depositar durante un año 1000 euros en el banco y, al cabo de un año, puedes retirar los 1000 euros y el 2% que te dan. Durante este año la inflación será de un 3%. ¿Crees que depositar el dinero es una buena opción? En caso negativo, ¿cómo podrías mejorarla?

L 4 Un banco concede un préstamo de 2000 euros a uno de tus amigos y le cobra un interés del 4% anual los próximos cuatro años, al final de los cuales le devuelve el dinero.

- ¿Cuánto paga de interés cada año tu amigo?
- ¿Qué razones explican que el banco le cobre dicho interés?

5 ¿Cuál es la principal crítica que suele hacerse a los sindicatos según la teoría de *insiders-outsiders*? ¿Qué opinas tú sobre dicha crítica?

S 6 Sabrás por las noticias que muchos jóvenes españoles, tras terminar sus estudios o antes de ellos, emigran a otros países para buscar empleo. ¿Por qué lo hacen? ¿De qué tipo de desempleo crees que están huyendo?

L 7 Indica qué tipo de desempleo afecta a las siguientes personas:

- Almudena acaba de decir en el trabajo que lo deja. Le han ofrecido la posibilidad de irse a vivir a Alemania y empezar allí de cero; dado que aquí tenía un contrato temporal que terminaba ya pronto, ha decidido dejarlo todo e irse.
- Elena acude a multitud de entrevistas de trabajo, pero la formación que ella ofrece no se adapta a lo que buscan las empresas. Ha decidido que, mientras no mejore la situación, va a seguir formándose y estudiará un ciclo de Comercio y Marketing.
- Alejandro se encuentra en paro por no tener el nivel necesario de inglés.
- Claudia, que todos los años trabaja durante meses en la recogida de fresas en Huelva, acaba de volver a casa al terminarse la campaña de la misma.

- Ezequiel, debido a la actual crisis, ha sido despedido de la academia en la que trabajaba. Su jefe está muy contento con él y le ha dicho que en cuanto la cosa mejore será de nuevo contratado.

T 8 Supongamos que una ciudad presenta los siguientes datos sobre su población:

Población	Ambos sexos	Hombres	Mujeres
En edad de trabajar	2000	1100	900
Activa	1600	800	800
Ocupada	1350	700	650
Desempleada	250	100	150
Inactiva	400	300	100

Calcula:

- La tasa de paro masculina.
- La tasa de ocupación femenina.
- La tasa de actividad del total de la población.

S 9 Indica si las dos siguientes medidas tomadas por el Gobierno buscarían estimular la demanda de trabajo, disminuirla, reducir la oferta del mismo o aumentarla:

a) El Gobierno aprueba una gran cantidad en los presupuestos públicos destinada a conceder subvenciones a los empresarios.

b) El Gobierno aprueba una reducción de la jornada laboral para que sea más fácil compatibilizar la vida laboral y familiar.

T 10 A partir de los datos elaborados por el INE el cuarto trimestre de 2017, responde a las siguientes preguntas:

Resultados por comunidades y ciudades autónomas												
Ocupados y parados por sexo. Tasas de actividad y paro												
(Valores absolutos en miles y tasas en porcentaje)												
	Ambos sexos				Varones				Mujeres			
	Ocupados	Parados	Tasa actividad	Tasa paro	Ocupados	Parados	Tasa actividad	Tasa paro	Ocupadas	Paradas	Tasa actividad	Tasa paro
TOTAL	**18 998,4**	**3766,7**	**58,80**	**16,55**	**10 339,2**	**1820,6**	**64,57**	**14,97**	**8659,1**	**1946,0**	**53,33**	**18,35**
Andalucía	2971,6	960,6	56,94	24,43	1.694,5	467,7	63,95	21,63	1277,1	492,9	50,21	27,85
Aragón	565,7	72,6	58,46	11,37	314,8	30,3	64,36	8,79	250,9	42,3	52,76	14,41
Asturias, Principado de	388,4	66,6	50,67	14,64	201,2	32,7	54,90	13,99	187,2	33,9	46,85	15,32
Baleares, Islas	520,3	75,1	61,59	12,61	279,5	44,7	67,63	13,77	240,8	30,5	55,65	11,23
Canarias	871,8	246,4	60,92	22,04	474,6	118,8	65,60	20,02	397,2	127,6	56,37	24,32
Cantabria	237,6	37,0	55,85	13,49	126,2	18,9	60,98	13,05	111,3	18,1	51,03	13,98
Castilla y León	965,8	153,4	54,40	13,71	541,0	68,8	60,19	11,29	424,8	84,6	48,78	16,61
Castilla-La Mancha	799,1	196,5	59,50	19,74	471,9	86,7	66,66	15,53	327,2	109,8	52,32	25,12
Cataluña	3316,2	479,2	61,72	12,63	1758,9	236,5	66,98	11,85	1557,3	242,8	56,78	13,49
Comunidad Valenciana	2035,8	410,0	59,30	16,76	1118,8	193,9	65,08	14,77	917,1	216,1	53,77	19,07
Extremadura	369,3	123,9	54,77	25,12	218,1	58,7	62,17	21,22	151,2	65,1	47,54	30,10
Galicia	1055,8	182,1	52,98	14,71	551,6	91,7	57,56	14,25	504,1	90,5	48,79	15,21
Madrid, Comunidad de	2927,0	466,5	63,32	13,75	1.507,2	225,2	68,24	13,00	1419,8	241,3	58,90	14,53
Murcia, Región de	586,4	121,9	59,34	17,21	336,1	59,5	66,70	15,05	250,3	62,4	52,07	19,94
Navarra, Comunidad Foral	280,2	29,9	58,85	9,63	152,6	13,0	63,84	7,84	127,6	16,9	54,01	11,69
País Vasco	915,9	108,3	56,32	10,57	482,7	56,8	61,81	10,52	433,2	51,5	51,25	10,63
Rioja, La	135,3	17,6	58,92	11,51	74,9	7,8	65,05	9,45	60,4	9,8	53,03	13,94
Ceuta	27,6	9,7	56,95	26,03	16,7	4,2	64,70	20,13	10,9	5,5	49,41	33,54
Melilla	28,6	9,3	60,72	24,62	17,9	4,6	70,49	20,46	10,7	4,7	50,54	30,67

* Los datos inferiores a 5000 están sujetos a fuertes variaciones, debidas al error de muestreo.
EPA cuarto trimestre 2017.

a) ¿Cuál de las comunidades que aquí se recoge tiene la mayor tasa de paro masculina?
b) ¿En qué comunidad es menor la tasa de paro general de ambos sexos?
c) ¿Dónde encontramos la mayor tasa de actividad de las mujeres? ¿Qué comunidad tiene la menor tasa de actividad femenina?
d) ¿Qué significa que en Cantabria la tasa de paro de ambos sexos sea del 13,49 %?
e) ¿Qué significa que en Aragón la tasa de actividad de los hombres sea del 64,36 %?
f) ¿Qué comunidad presenta el mayor número de ocupados varones? ¿Y el menor?

S **11** Lee la siguiente noticia:

> «El Fondo Monetario Internacional (FMI) ha instado al Gobierno español a que sea "cuidadoso" a la hora de aplicar la propuesta de subida del salario mínimo a 900 euros en 2019. "Hay que ser cuidadoso con los salarios mínimos, por un lado para no excluir a gente del mercado laboral. Pero, por otro lado, también hay justificación por cuestiones sociales", ha señalado Poul Thomsen, director del Departamento de Europa del FMI».
>
> Fuente: rtve.es / Efe, 12/10/2018

- ¿Qué crees que quieren transmitir desde el FMI al Gobierno español con el término *cuidadoso* tras la subida del SMI?
- ¿Qué justifica que el Estado ponga un SMI, aun cuando ello no agrade a los empresarios?
- Busca el actual SMI por internet. ¿Qué te parece dicha cuantía?

T **12** A partir de estos datos extraídos del INE respecto al índice de precios al consumo (IPC) de octubre de 2018, responde a las siguientes cuestiones:

Grupo	Índice	% Variación		
		Mensual	En lo que va de año	Anual
Índice general	105,0	0,9	1,8	2,3
1. Alimentos y bebidas no alcohólicas	104,1	1,2	201	1,7
2. Bebidas alcohólicas y tabaco	103,9	0,1	1,8	2,1
3. Vestido y calzado	108,0	11,1	-1,8	1,0
4. Vivienda	108,7	0,1	2,9	4,0
5. Menaje	99,9	0,4	0,0	0,3
6. Medicina	101,1	0,2	0,5	0,4
7. Transporte	110,3	0,6	4,6	5,7
8. Comunicaciones	103,4	-0,7	2,4	2,0
9. Ocio y cultura	99,8	-0,6	-1,3	0,0
10. Enseñanza	102,1	0,2	0,6	0,7
11. Hoteles, cafés y restaurantes	104,5	-0,4	2,4	1,9
12. Otros bienes y servicios	102,1	0,2	0,8	1,1

a) ¿Cuál ha sido la variación de los precios de ocio y cultura en el mes de octubre? ¿Subieron o bajaron dichos precios?

b) ¿Qué ha pasado con la vivienda en el año 2018?

c) ¿Cuáles son los productos en los que más han caído los precios en el mes de octubre? ¿Y en todo el año?

L **13** Indica a qué colectivo (inactivos, activos ocupados, activos parados) pertenece cada una de las siguientes personas:

- Itziar, que se acaba de inscribir en el SEPE, se dedica a estudiar un ciclo de Auxiliar de Enfermería.
- Serigne, inmigrante legal que trabaja en hostelería.
- Ramón, jubilado desde hace 11 años.
- Husam, inmigrante ilegal que trabaja en la construcción.
- Marta, estudiante de bachillerato.
- Julián se dedica a las tareas de su hogar.
- Elena, profesora de matemáticas, está de baja por maternidad.
- Elisa, jefa de estudios de un centro de la Comunidad de Madrid.
- Izán, joven de 22 años que no quiere ni trabajar ni estudiar y está ocasionando bastantes problemas en su casa por su actitud.

Elabora un mapa conceptual sobre los contenidos que has trabajado en esta unidad a partir de las ideas principales que se ofrecen a continuación.

1 El dinero es todo medio de pago generalmente aceptado cuyo precio se denomina *interés*.

2 Si los intereses bajan se incrementan el consumo y la inversión, lo que hace que aumenten los precios.

3 Cuando los precios crecen de forma continua y generalizada se habla de *inflación*.

4 Existen dos grandes teorías sobre la inflación:
- Inflación de demanda.
- Inflación de costes.

5 La inflación genera:
- Pérdida de poder adquisitivo.
- Incertidumbre.
- Presión fiscal mayor.
- Pérdida de competitividad.
- Perjudica a pensionistas, funcionarios y prestamistas.

6 Los particulares ofrecen trabajo en función de los salarios.

7 Las empresas demandan trabajo en función de dos factores:
- Salarios.
- Productividad marginal del trabajo.

8 Los tipos fundamentales de desempleo son:
- Cíclico.
- Estacional.
- Voluntario.
- Estructural.

9 Las principales tasas del mercado laboral son las siguientes:

$$\text{T. actividad} = \frac{\text{P. activa}}{\text{P.} > 16 \text{ años}} \times 100$$

$$\text{T. ocupación} = \frac{\text{P. ocupada}}{\text{P. activa}} \times 100$$

$$\text{T. desempleo} = \frac{\text{P. desempleada}}{\text{P. activa}} \times 100$$

10 Las principales teorías para explicar el desempleo son estas:
- Teoría clásica.
- Teoría keynesiana.
- Teoría *insiders-outsiders*.
- Teoría del desempleo estructural.
- Teoría del impacto tecnológico.

11 Para solucionar el desempleo se puede:
- Contraer la oferta laboral.
- Estimular la demanda laboral.
- Favorecer el autoempleo.
- Medidas de colocación y formación.

GLOSARIO

Elabora un diccionario económico con los principales términos utilizados en esta unidad.

- Dinero
- Tipo de interés
- Prima de riesgo
- Prima de inflación
- Euríbor
- Inflación
- Deflación
- Desinflación
- Estanflación
- Inflación subyacente
- Inflación moderada
- Inflación galopante
- Hiperinflación
- Inflación de demanda
- Inflación de costes
- Desempleo cíclico
- Desempleo estacional
- Desempleo voluntario
- Desempleo estructural
- Población activa
- Población ocupada
- Población parada
- Población inactiva
- Tasa de paro
- Tasa de actividad
- Tasa de ocupación

Resuelve en tu cuaderno o bloc de notas

1 > El IPC es un indicador que se utiliza para medir:

a) El valor que toma la tasa de inflación.

b) El valor de los bienes de una economía.

c) El valor de los bienes y servicios de una economía.

d) El valor que tiene el dinero.

2 > La inflación beneficia especialmente a uno de los siguientes agentes económicos:

a) Prestatarios.

b) Prestamistas.

c) Exportadores.

d) Desempleados.

3 > Ante una situación de inflación de demanda lo mejor será:

a) Poner en práctica una política fiscal expansiva.

b) Poner en práctica una política fiscal contractiva.

c) No hacer nada.

d) La política fiscal no tiene ningún efecto sobre la inflación.

4 > Según los clásicos, para solucionar el desempleo se debe:

a) Supresión de los salarios mínimos que estén por encima del salario de equilibrio.

b) Flexibilidad en los mercados.

c) Informar sobre las vacantes.

d) Todas las respuestas son correctas.

5 > Señala la respuesta correcta:

a) Dentro de los ocupados se encuentran los activos.

b) Dentro de los activos existen ocupados y parados.

c) Dentro de los activos solo están los ocupados.

d) Dentro de los ocupados están los parados y los activos.

6 > Aquel desempleo que se produce cuando, como consecuencia de una crisis económica, muchas empresas despiden trabajadores se denomina:

a) Estructural.

b) Estacional.

c) Cíclico.

d) Voluntario.

7 > Señala cuál de los siguientes colectivos no está especialmente afectado por el desempleo:

a) Discapacitados.

b) Jóvenes sin experiencia.

c) Población con estudios entre 30 y 40 años.

d) Parados de larga duración.

8 > La tasa de ocupación se calcula:

a) Dividiendo los ocupados entre los inactivos.

b) Dividiendo los ocupados entre los activos.

c) Dividiendo la población activa entre la población de más de 16 años.

d) Ninguna es correcta.

9 > Una empresa contrata trabajadores siempre que:

a) El PMgL sea menor que el salario que le paga.

b) El salario que le paga sea mayor que el PMgL.

c) El PMgL sea mayor que el salario que le paga.

d) Son correctas las respuestas a) y b).

10 > El desempleo cíclico es aquel que:

a) Se debe a las actividades estacionales.

b) Sucede de forma voluntaria cuando se deja un trabajo.

c) Se debe a la no adecuación de la oferta y la demanda de trabajo.

d) Está relacionado con la evolución de la economía y se dispara en épocas de crisis.

11 > Señala cuál de las siguientes medidas sería una política para estimular la demanda:

a) Mejorar los servicios públicos de búsqueda de empleo.

b) Fomentar la movilidad geográfica.

c) Subvencionar aquellos sectores muy intensivos en mano de obra.

d) Cooperación entre sindicatos y patronal.

12 > Señala la respuesta correcta:

a) La oferta de trabajo depende de los salarios y el precio de las máquinas.

b) La demanda de trabajo depende de los salarios y el precio de las máquinas.

c) La oferta de trabajo depende del salario.

d) Son correctas las respuestas b) y c).

13 > Señala cuál de las siguientes medidas no estaría dentro de una política de empleo que busque contraer la oferta:

a) Reducción de la edad de escolarización obligatoria.

b) Jubilaciones anticipadas.

c) Disminución de las horas extras y el pluriempleo.

d) Reducción de la jornada laboral.

14 > Un joven de 20 años que estudia Medicina será:

a) Población activa.

b) Población inactiva.

c) Población activa ocupada.

d) Población activa parada.

15 > La tasa de desempleo masculina se calcula de esta manera:

a) Dividiendo los hombres parados entre el total de los hombres activos.

b) Dividiendo los hombres parados entre el total de la población activa.

c) Dividiendo los hombres parados entre las mujeres paradas.

d) Dividiendo los hombres activos entre los hombres parados.

16 > Señala la respuesta correcta:

a) La inflación genera mayor empleo.

b) La inflación aumenta nuestra competitividad frente a terceros países.

c) La inflación anticipada genera menores costes o molestias que la no anticipada.

d) La inflación mejora el poder adquisitivo de pensionistas y empleados públicos.

17 > Señala la respuesta incorrecta:

a) La deflación es una caída continua y generalizada de los precios.

b) La desinflación es cuando los precios crecen menos de lo esperado.

c) La estanflación se da cuando hay inflación y paro.

d) La desinflación es cuando los precios caen de forma continua y generalizada.

18 > La parte del interés que compensa la elevación de los precios se llama:

a) Prima de riesgo.

b) Prima de inflación.

c) Interés propiamente dicho.

d) No tiene ningún nombre específico.

19 > Una bajada de interés provoca:

a) Un aumento del consumo y una caída de la inversión.

b) Una caída del consumo y de la inversión.

c) Un aumento del consumo y de la inversión.

d) Una caída del consumo y un aumento de la inversión.

20 > Se consideran parados de larga duración:

a) Aquellos que llevan en el paro más de seis meses.

b) Aquellos que llevan en el paro más de dos años.

c) Aquellos que llevan en el paro más de tres años.

d) Ninguna es correcta.

6) La economía internacional

Vamos a aprender

1. La globalización
2. La cooperación económica internacional
3. La Unión Europea
4. El comercio internacional
5. Los límites del crecimiento económico

¿Todo vale en la economía?

El escritor uruguayo Eduardo Galeano escribió: «La economía mundial es la más eficiente expresión del crimen organizado. Los organismos internacionales que controlan la moneda, el comercio y el crédito practican el terrorismo contra los países pobres y contra los pobres de todos los países, con una frialdad profesional y una impunidad que humillan al mejor de los *tirabombas*».

¿Qué significan estas palabras? El escritor expresaba cómo en los despachos, los políticos, los grandes empresarios, a través de sus acuerdos y contratos, pueden causar un daño mayor que los terroristas. Detrás de estas duras palabras están las estadísticas que hablan del comercio internacional o los efectos negativos de la globalización. Después de estudiar el tema, ¿te parecerán duras las palabras de Galeano o, tal vez, reales?

Además, vamos a analizar los efectos que tiene nuestro sistema de producción y consumo sobre el medioambiente y veremos si es posible mantenerlo en el tiempo o no.

Eduardo Galeano. Presentación del libro *Los hijos de los días*, Universidad de Deusto. Fotografía: DONOSTIA KULTURA.

¿QUÉ SABEMOS DE?

1 > ¿Estás de acuerdo con las palabras del escritor Eduardo Galeano?

2 > ¿Crees que podemos seguir con los niveles de producción y consumo actuales? Opina razonadamente.

3 > ¿Qué consecuencias se derivan de nuestros hábitos de consumo?

4 > ¿Se te ocurren alternativas para producir y consumir de una forma más sostenible? Razona tu respuesta.

1 La globalización

En la actualidad nos encontramos sumidos en lo que ha dado en llamarse *globalización:* un proceso social y económico que se **expande mundialmente** y por el cual cada vez existe una mayor interrelación económica e interdependencia entre todas las regiones del mundo. La producción, el consumo, la distribución, la mano de obra, las materias primas..., todo se organiza a escala global.

La globalización no es un fenómeno nuevo ni nada que no haya ocurrido anteriormente. Pensemos en la influencia que tenían los tejidos traídos de la India, las modas marcadas por las ciudades y llevadas después a los pueblos, las técnicas de cultivo o riego que fuimos tomando de cada uno de los pueblos con los que nos relacionamos, entre otros.

El aspecto novedoso en la actual globalización no son, por tanto, las relaciones internacionales, que siempre han existido. Lo verdaderamente nuevo es la **velocidad de dicho proceso,** la rapidez y dependencia con la que las actuaciones de ciertas economías influyen en las demás. En la expansión de dicho fenómeno han sido clave, por un lado, las empresas multinacionales, que por definición actúan en varios países; y, por otro, el **desarrollo de las tecnologías,** ya sean de transporte o de comunicación, pues han sido el soporte sobre el que se ha podido realizar esta vertiginosa integración mundial.

Existen diferentes tipos de globalización:

Globalización empresarial. Hace referencia al fenómeno mediante el que las empresas deslocalizan una parte de su proceso productivo en países con mejores condiciones en cuanto al coste de materias primas y mano de obra. El resultado es una misma empresa que opera o lleva a cabo su proceso productivo en diferentes partes del mundo y contribuye, en definitiva, a la globalización.

Globalización comercial. Permite a cualquiera de nosotros acudir al mercado de ropa y comprar, por ejemplo, unos pantalones producidos en Taiwán, una fruta procedente de la República Dominicana o un chocolate elaborado en Bélgica. El desarrollo de los transportes ha contribuido a que podamos contar con esta amplia gama de productos en las diferentes partes del mundo. Así, cuando se descubrió América, pudimos acceder a muchas variedades agrícolas que no se conocían en Europa, del mismo modo que el desarrollo de los transportes y de las cámaras frigoríficas nos permite hoy disfrutar, por ejemplo, de un kiwi de Nueva Zelanda.

Globalización financiera. Facilita que hoy en día quien disponga de unos ahorros no tenga que limitarse a invertirlo, en posibles negocios locales o cercanos, sino que pueda invertir en cualquier parte del mundo. De la misma manera, aquellos que necesitan recursos tienen la suerte de poder acceder a ellos o solicitarlos a cualquier escala, a personas o entidades situadas a miles de kilómetros.

Interrelaciones económicas

Las relaciones entre los países, así como la influencia mutua entre ellos, han sido constantes a lo largo de la historia. Tras el descubrimiento de América, el continente americano aprendió técnicas agrícolas más modernas y el viejo continente conoció nuevos alimentos como la patata, el tomate o el cacao. Del mismo modo, durante siglos, Europa se abastecía de las especias y sedas que procedían de Asia.

La tecnología ha contribuido a que estemos en un mundo globalizado.

ACTIVIDADES

1 > ¿Crees que entre los países que interactúan realmente existe un proceso de enriquecimiento cultural?

Globalización cultural. Es el proceso por el cual, cada vez más, los gustos de personas criadas y educadas en diferentes partes del planeta tienden a ser más uniformes y homogéneos. Por ejemplo, cualquier adolescente de clase media en cualquier país desarrollado tendrá claro quién es Cristiano Ronaldo, habrá oído hablar y, seguramente, habrá visto la saga *Crepúsculo*, tendrá nociones acerca de la trilogía de *El señor de los anillos* y, muy posiblemente, habrá escuchado algún tema de Rihanna.

El hecho de que nos veamos sometidos a la misma publicidad, los mismos canales, de que las elites que están en las diferentes cúpulas de las empresas hayan estudiado posiblemente en las mismas escuelas de negocios, hacen que la cultura, la moda, los gustos y, en definitiva, la totalidad de los bienes y servicios que demandamos tiendan a ser cada vez más parecidos, y así, dos adolescentes que no se conozcan y que vivan en dos lugares extremos del planeta tendrán unos gustos casi idénticos.

Globalización normativa. Se vincula a procesos de producción de los bienes, así como a muchas de las normas de calidad que deben cumplir dichos bienes. Esto facilita notablemente los intercambios en la medida en que lo producido en un país cumple los requisitos requeridos en dicho país y en el resto de naciones.

Cultura sin fronteras

Nuestros hábitos de consumo se parecen cada vez más, fruto de una publicidad muy eficaz que hace que veamos y utilicemos los mismos productos.

1.1. Ventajas e inconvenientes de la globalización

Una vez que tenemos claro en qué consiste la globalización y sus diferentes variantes, veamos sus principales ventajas e inconvenientes.

VENTAJAS

- Los conocimientos alcanzan verdadera expansión.
- El consumo llega a lugares que antes estaban aislados o bajo regímenes autárquicos.
- La gama de productos al alcance de los ciudadanos es mucho más amplia.
- La competencia crece, lo que beneficia a los consumidores.
- Es posible acceder a mayor número de inversiones, lo que permite que los inversores diversifiquen el riesgo y ganen en numerosas ocasiones.
- Se abaratan los costes de producción en la medida en que se fabrica a gran escala y se comercia con los excedentes.

INCONVENIENTES

- Las diferencias entre países ricos y pobres son cada vez mayores, debido a los intercambios desiguales que se producen en el comercio internacional.
- En ocasiones, la expansión de las empresas multinacionales se consigue a costa del medioambiente de aquellos países donde se instalan.
- Las grandes corporaciones son cada vez más poderosas y pueden acabar con la verdadera libertad de mercado.
- Los países son más dependientes de otros y se ven influidos por los problemas de los demás, de tal forma que cada uno de ellos está perdiendo parte de su autonomía.

ACTIVIDADES

2 > Si el proceso anterior se da, ¿es equitativo o igualitario entre los países?

3 > Teniendo en cuenta las ventajas y desventajas de la globalización, ¿qué opinión tienes sobre la misma?

2 La cooperación económica internacional

Una vez vista la interdependencia que existe entre las diferentes economías del mundo, ¿deben los países coordinar sus políticas y cooperar internacionalmente o deben dejar todo en manos del mercado? Los países y sus respectivas autoridades intervienen y cooperan, sobre todo a partir de los devastadores resultados de las dos guerras mundiales. A continuación se muestran los principales protagonistas que llevan a cabo o articulan esta cooperación internacional.

En 1944 tuvo lugar la conferencia de Bretton Woods, en la que se reunieron representantes de 44 naciones con el objetivo de diseñar una política monetaria y comercial estable. El principal propósito de los asistentes era evitar los errores cometidos en el período de entreguerras. Allí nacieron tres de los principales organismos que lideran el panorama internacional.

Imagen de la conferencia de Bretton Woods. En el centro, el economista Keynes, representante del Reino Unido.

Fondo Monetario Internacional

El Fondo Monetario Internacional (FMI) cuenta en la actualidad con una participación de 188 países. La principal razón de ser de este organismo es garantizar la estabilidad del sistema monetario y financiero internacional, promover la cooperación monetaria internacional y tratar de favorecer el comercio internacional.

Sus funciones se dividen en dos grandes ramas: por un lado, establece recomendaciones, actúa como foro de discusión y consulta, trata de corregir los desequilibrios de las balanzas de pagos de los países y fomenta un crecimiento equilibrado del comercio internacional, entre otros aspectos; por otro lado, actúa como prestamista. Esta labor de prestamista la desarrolla gracias a las cuotas que pagan los países miembros. Para poder acceder a dicha financiación la nación que las recibe se compromete a seguir las recomendaciones de política económica marcadas por este organismo.

En la actualidad, el FMI asesora activamente a Europa y colabora con otros organismos como la Comisión Europea y el Banco Central Europeo (BCE). Si bien siempre ha existido colaboración, esta se acentuó a partir de las crisis de 2008 y especialmente en 2010, cuando se sacudieron los cimientos de muchos países europeos.

Banco Mundial

Conviene aclarar que lo que llamamos *Banco Mundial* (BM) es, en realidad, un grupo de cinco instituciones, entre las que destaca la primera de ellas, creada en 1944: el Banco Internacional de Reconstrucción y Fomento (BIRF). Sus funciones principales son fomentar el desarrollo económico a largo plazo y reducir la pobreza prestando para ello apoyo técnico y financiero, especialmente en proyectos como construcción de escuelas, hospitales, vías de acceso al agua o la luz, lucha contra enfermedades, etc.

El Banco Mundial y el FMI se coordinan y complementan en la medida en que el primero concede préstamos, pero con la condición de llevar a cabo los planes de ajuste diseñados por el FMI.

Organización Mundial del Comercio

Si bien en 1944 se estudió su creación, no fue hasta 1947 cuando surgió el Acuerdo General sobre Aranceles Aduaneros y Comercio (GATT), que dio paso en 1995 a la actual Organización Mundial del Comercio (OMC). Tras haber ingresado Rusia en el año 2012, la OMC está integrada por todas las grandes economías que lideran el comercio internacional.

Sede la OMC en Ginebra, Suiza.

La principal función de la OMC es liberalizar el comercio, regularlo y suprimir progresivamente las barreras comerciales. En su cometido se enfrenta con dos grupos de países: por un lado, los Estados desarrollados reivindican que se cumplan las prácticas comerciales éticas y pactadas previamente; por otro lado, las naciones en vías de desarrollo se quejan de la excesiva protección que tienen los productos agrícolas de los países desarrollados, que les condena a no poder salir de relaciones comerciales deficitarias.

Las actuaciones del FMI y de la OMC son complementarias en la medida en que es necesario un sistema financiero estable que respalde las relaciones comerciales entre los países y, al mismo tiempo, unas buenas relaciones comerciales dan estabilidad al sistema financiero y permiten a los países distanciarse y alejarse de grandes y prolongados desajustes en sus balanzas de pagos.

ORGANIZACIÓN MUNDIAL DEL COMERCIO

Además de los organismos resultantes de la conferencia mencionada, es posible destacar los siguientes:

- La **Organización para la Cooperación y el Desarrollo Económico (OCDE)** surgió en 1948 bajo el nombre de *Organización Europea de Cooperación Económica* y con el objetivo de distribuir las ayudas que llegaban bajo la forma del Plan Marshall para la reconstrucción de Europa. En 1960, en el Tratado de París, se transformó en la actual OCDE y se permitió la incorporación de países no europeos. Su objetivo es coordinar las políticas de los países miembros y contribuir a su desarrollo.
- La **Organización de Naciones Unidas (ONU)** se fundó tras la Segunda Guerra Mundial, en sustitución de la antigua Sociedad de Naciones, como un organismo que vela por el mantenimiento de la paz en las relaciones entre los Estados. Dentro de la ONU cabe destacar el Consejo Económico y Social (ECOSOC), encargado de desarrollar la cooperación económica internacional, y el Programa de Naciones Unidas para el Desarrollo (PNUD), que se financia a partir de aportaciones voluntarias de los Estados miembros.
- El **G20** es un grupo formado por 19 Estados más la Unión Europea (UE). Lo integran siete de los países más industrializados (Alemania, Canadá, EE. UU., Francia, Italia, Japón y Reino Unido, que en su día formaron el G7), más Rusia que, unida a los siete anteriores, formó el G8, y otros once países que han experimentado una industrialización reciente. Es un foro de cooperación, estudio y consulta que trata de mantener la estabilidad financiera internacional, si bien no está exento de críticas.

G-20

Aquí tienes las 20 banderas de los países representados en el G20. ¿Los identificas todos?

2.1. Tipos de cooperación e integración

Debido al fenómeno de la globalización, los países han decidido llevar a cabo acuerdos de cooperación e integración que les permitan afrontar el reto de la globalización desde una posición más competitiva. Para cumplir dichos acuerdos adoptan medidas tendentes a reducir entre ellos la discriminación, pero no renuncian a su soberanía, es decir, a su autonomía como naciones. Entre los principales acuerdos de cooperación podemos citar acuerdos macroeconómicos sobre el tipo de cambio, acuerdos medioambientales o programas de ayudas entre las naciones.

Sin embargo, cuando los países firman **acuerdos de integración** económica sí que están renunciando, en mayor o menor grado, a parte de su soberanía y autonomía, puesto que se crean organismos comunes supranacionales. Suele decirse, por tanto, que cuando los países llevan a cabo acuerdos de integración económica comparan, por un lado, los beneficios extraídos de dichos acuerdos y, por otro, la pérdida de capacidad de decisión en determinados aspectos o políticas.

Antigua moneda de 100 pesetas y el euro.

EJEMPLO

España, para beneficiarse de la integración en la Unión Europea en un momento dado (2002), tuvo que renunciar a su moneda, la peseta, y asumir el euro.

Entre los **principales beneficios** que suelen citarse para respaldar los procesos de integración se encuentran los siguientes:

- Aprovechamiento de las ventajas comparativas de producción de los países.
- Beneficio de las economías de escala.
- Fomento de la competencia entre empresas; esto mejora su eficiencia y reduce los precios para los consumidores.
- Ampliación de la gama de productos disponibles en los mercados.

Entre los **principales inconvenientes** se citan, además de la pérdida de autonomía ya comentada, los siguientes:

- Fortalecimiento de las relaciones con los países miembros a costa de discriminar los productos de terceros países, quizá más eficientes.
- Reciclaje obligatorio para las empresas y los trabajadores no competitivos, que deberán reinventarse para sobrevivir en el mercado.

Uno de los ejemplos más ambiciosos, en lo que a integración económica se refiere, sería el proyecto de la Unión Europea. Antes de abordarlo, vamos a conocer las fases o etapas que suelen seguirse en un proceso de integración.

ACTIVIDADES

4 > Investiga cuáles son las principales críticas que reciben el FMI, la OMC y el BM.

5 > ¿Qué opinión te merecen dichas críticas?

6 > Formad grupos y anotad posibles soluciones o propuestas de mejora de estos organismos internacionales.

Fases en un proceso de integración económica

Acuerdos de comercio preferencial ▶ Zona de libre comercio ▶ Unión aduanera ▶ Mercado común ▶ Unión económica ▶ Unión monetaria

Empezaremos por la etapa que requiere menor grado de integración y subiremos de nivel en sucesivas etapas.

- **Acuerdos de comercio preferencial.** Aquellos en los que los países firmantes reducen sus aranceles entre sí. Ejemplo: la Unión Europea tiene acuerdos preferenciales recíprocos con algunos países mediterráneos como Argelia y Egipto.
- **Zona de libre comercio.** Los países firmantes eliminan los aranceles entre sí, pero cada nación mantiene los suyos propios respecto a terceros países. Ejemplos: el Tratado de Libre Comercio de América del Norte (TLCAN o NAFTA en inglés) es una zona de libre comercio creada en 1994 entre EE. UU., Canadá y México; la Asociación de Naciones del Sureste Asiático (ASEAN en inglés) engloba las naciones del sudeste asiático y fue creada en 1967.
- **Unión aduanera.** Se trata de un paso más en la integración y añade al caso anterior un arancel exterior común ante terceros países. Todos los integrantes de la unión aduanera actúan como una unidad y no pueden establecer distinción en el trato a terceros países. Ejemplo: el Pacto Andino entre Colombia, Venezuela, Ecuador, Bolivia y Perú, que en 1996 pasó a llamarse *Comunidad Andina*.
- **Mercado común.** Asociación de países que, además de tener una política comercial común entre ellos y única ante terceros, incorpora la libre circulación de bienes y servicios, así como del trabajo y el capital, es decir, existe libertad de movimientos de los trabajadores y de los inversores para actuar en cualquiera de los países miembros. Ejemplo: el Mercosur (Mercado Común del Sur), creado en 1991 por Argentina, Brasil, Paraguay y Uruguay.
- **Unión económica.** Constituye la siguiente fase en el proceso de integración y requiere que al mercado común se le sume la armonización de las políticas económicas de forma significativa. Ejemplo: la Unión Europea actual alcanzó el grado de unión económica a partir del Tratado de Maastricht de 1992.
- **Unión monetaria.** Es el nivel máximo de integración y se caracteriza porque, para mejorar las relaciones comerciales, los flujos financieros y la movilidad de trabajadores, los países deciden adoptar una moneda común. Esto se traduce en fijar una equivalencia entre la moneda actual y la adoptada, y funcionar en lo sucesivo como un sistema de tipos de cambio fijo.

  La unión monetaria implica no solo adoptar la misma moneda, sino también llevar a cabo la misma política monetaria, lo que supone ventajas e inconvenientes. Entre las primeras destacan la eliminación de riesgos asociados a la variación de los tipos de cambio y que se evitan comisiones de conversión de las monedas. Entre los inconvenientes destacan la pérdida de soberanía en la política monetaria y el no poder devaluar la moneda para mejorar la competitividad en un momento concreto.

Paso fronterizo entre Chile y Bolivia.

Los países integrantes del MERCOSUR.

ACTIVIDADES

7 > ¿Crees que, en conjunto, son mayores las ventajas de los procesos de integración o los inconvenientes? Razona tu respuesta.

3 La Unión Europea

Si bien el proceso de integración europea adquirió forma plena tras la Segunda Guerra Mundial, conviene reconocer la aportación que, entre otros, pudieron tener el Imperio romano, que constituyó el primer gran esfuerzo por integrar una parte del continente, el eurocentrismo y la idea de superioridad europea propia de la Edad Media, los valores consolidados en el Renacimiento y la Ilustración, como tolerancia, libertad, respeto y democracia, en los que se basa la construcción de Europa, etc. Figuras como Carlomagno, Napoleón, Unamuno, Rousseau, Voltaire, Mostesquieu y Jovellanos han expresado en sus diferentes ámbitos la idea de una comunidad europea como un objetivo deseable a largo plazo.

La bandera de Europa y el himno europeo son dos de los principales símbolos de dicha unidad.

3.1. La formación de la Unión Europea

Nos centramos ya en los antecedentes más cercanos en el siglo XX:

1923	El austríaco Kalergui funda el movimiento paneuropeo y pone de manifiesto que la principal dificultad para la integración de los países europeos es la rivalidad francoalemana.
1946	Winston Churchill apoya la unidad europea bajo la denominación de *Estados Unidos de Europa*.
1948	EE. UU. ofrece ayuda a Europa occidental por medio del Plan Marshall en el contexto de la Guerra Fría.
1951	Se crea la Comunidad Europea del Carbón y del Acero (CECA), integrada por seis países: Alemania Federal, Bélgica, Luxemburgo, Francia, Italia y Países Bajos.
1957	El éxito de la CECA contribuye a la firma de los Tratados de Roma y el nacimiento de la Comunidad Económica Europea (CEE). En dichos tratados también se establece una política agrícola común y en 1964 se crea el Fondo Europeo de Orientación y Garantía Agrícola (FEOGA) para su financiación.
1975	Se establece el Fondo de Desarrollo Regional Europeo (FEDER).
1979	Nace el sistema monetario europeo.
1986	España y Portugal se adhieren a la UE y surge así la Europa de los 12. Además, se firma el Acta Única Europea (AUE), que supuso un importante impulso para el proceso de integración.
1992	Se firma el Tratado de la Unión Europea, también conocido como *Tratado de Maastricht*, que supone un paso más hacia la unión política, económica y monetaria. En dicho tratado se establecen los criterios de convergencia que tenían que cumplir los países que querían entrar en la UE.
1999	Se crea la moneda única, el euro, y se establecen el BCE y el SEBC (sistema europeo de bancos centrales).
2002	Empiezan a circular los nuevos billetes y monedas de euro.

Tratado de Maastricht

Los criterios que este tratado establecía para poder entrar en la UE fueron los siguientes:

- Una tasa de inflación que no exceda en 1,5 puntos la media de los tres países con menor tasa de inflación.
- Un tipo de interés a medio y largo plazo que no exceda en más de un 2 % la media de los mismos países.
- Un déficit público que no supere el 3 % del PIB (producto interior bruto) y una deuda pública acumulada inferior al 60 % del PIB.
- Su moneda debe haber estado, al menos durante los dos últimos años, en la denominada *banda estrecha de fluctuación* del sistema monetario europeo (SME).

ACTIVIDADES

8 > ¿Sabes en qué fecha se celebra el Día de Europa? Averigua cuál es y por qué se escogió dicho día.

2004	Se firma el tratado por el que se establece una constitución para Europa, el 29 de octubre. Hoy por hoy, sigue sin estar ratificado.
2005	Se adhieren diez nuevos países y se logra la Europa de los 25.
2007	Rumanía y Bulgaria se incorporan a la Unión Europea.
2008	Estalla la mayor crisis financiera de las últimas décadas, con origen en las hipotecas estadounidenses, que sacude la economía mundial, hace que diferentes bancos europeos experimenten serias dificultades y propicia y pone de manifiesto la necesaria cooperación económica de los países que integran la UE.
2009	Entra en vigor el Tratado de Lisboa, firmado el 13 de diciembre de 2007 y ratificado por todos los países miembros antes de su entrada en vigor el 1 de diciembre de 2009. El Tratado de Lisboa modifica los tratados anteriores y busca modernizar las instituciones, explorar formas de trabajo más eficientes, aumentar la democracia y la transparencia de la UE y mejorar la capacidad para enfrentarse a los retos actuales, como el cambio climático y el desarrollo sostenible.
2013	Se adhiere Croacia y surge así la Europa de los 28.
2017-2018	El Reino Unido decide abandonar la UE *(brexit)* tras un referéndum en el que gana el «No» a la Unión. Se invoca el artículo 50 del Tratado de la Unión Europea para llevar a cabo este proceso. En noviembre de 2018, Gran Bretaña y la UE alcanzan un acuerdo para la separación definitiva.

3.2. La Unión Europea: situación actual y perspectivas

En la actualidad, algunos países han manifestado su interés por entrar en la UE. Por un lado, hay Estados candidatos como Albania, Macedonia, Islandia, Montenegro, Serbia y Turquía que ya están incorporando a su derecho nacional la legislación propia de la UE. Por otro lado, hay candidatos potenciales, como Kósovo y Bosnia-Herzegovina, ya que no cumplen todavía los requisitos para integrarse en la UE.

Hay que destacar que para ser miembro de la UE se debe solicitar la admisión y, a continuación, cumplir los **criterios de Copenhague,** que son tener una economía de mercado, un sistema democrático, un Estado de derecho y aceptar toda la legislación comunitaria (incluida la referida al euro). Este proceso es largo y durante el período de adaptación la UE ofrece a los países candidatos asistencia financiera, técnica y administrativa.

Por otra parte, Europa 2020 es una estrategia de crecimiento y empleo que se está desarrollando desde 2010 con la mirada puesta en el año 2020. Se trata de superar la crisis y de crear un modelo de crecimiento económico inteligente y sostenible con el medioambiente. Europa 2020 centra sus objetivos en el empleo, la investigación, la energía, la educación, la integración social y la reducción de la pobreza.

Estados miembros de la UE

(Año de ingreso)

- Alemania (1957)
- Austria (1995)
- Bélgica (1957)
- Bulgaria (2007)
- Chipre (2004)
- Croacia (2013)
- Dinamarca (1973)
- Eslovaquia (2004)
- Eslovenia (2004)
- España (1986)
- Estonia (2004)
- Finlandia (1995)
- Francia (1957)
- Grecia (1981)
- Hungría (2004)
- Irlanda (1973)
- Italia (1957)
- Letonia (2004)
- Lituania (2004)
- Luxemburgo (1957)
- Malta (2004)
- Países Bajos (1957)
- Polonia (2004)
- Portugal (1986)
- Reino Unido (1973)
- República Checa (2004)
- Rumanía (2007)
- Suecia (1995)

ACTIVIDADES

9 > ¿En qué año entró España en la UE?

3.3. La financiación de la Unión Europea

Cuando uno se enfrenta a una realidad como la de la UE, las preguntas que inmediatamente se plantea son las siguientes: ¿cómo se financian todas estas instituciones?, ¿de dónde obtiene la UE sus recursos? Los diferentes ingresos que consiga la UE, así como sus gastos, aparecen recogidos en el presupuesto comunitario, que será establecido conjuntamente por el Parlamento, el Consejo y la Comisión por un período plurianual que, en la actualidad, abarca desde 2014 hasta 2020, siendo esta una de las principales diferencias con los presupuestos de los estados miembros, que son anuales.

Banco Europeo de Inversiones, con sede central en Luxemburgo. Creado en 1958, es la institución de financiación a largo plazo de la Unión Europea.

Veamos sus principales **fuentes de ingresos:**

- Aportaciones de los Estados miembros, que a su vez serán una parte de su renta nacional bruta (el 0,7 %) y una parte de la recaudación del IVA (el 0,3 %).
- Multas impuestas a aquellas empresas que vulneren o no cumplan la normativa europea.
- Derechos de importación sobre los productos que pertenecen a países no miembros.
- Contribuciones que los países no miembros realicen a alguno de los programas de la UE.

Por otro lado, hemos de analizar los **gastos** y conviene señalar que si bien tanto la Comisión como el Consejo y el Parlamento dan su opinión sobre la cuantía de las diferentes partidas del presupuesto, así como respecto de su asignación, es en última instancia la Comisión quien se encarga de los gastos.

A grandes rasgos, como podemos observar en el siguiente gráfico, en el presupuesto de la UE hay seis grandes áreas de gastos:

- Crecimiento sostenible.
- Crecimiento inteligente e integrador, dentro del cual se diferencian, a su vez, los gastos destinados a la cohesión económica, social y territorial de los gastos destinados a la competitividad para el crecimiento y el empleo.
- Administraciones. Gastos derivados de las diferentes instituciones europeas.
- Estrategia de Europa global. Recoge los gastos de política exterior, fronteras e inmigración.
- Seguridad y ciudadanía.
- Instrumentos especiales. Partidas que compensan los pagos de los últimos países incorporados.

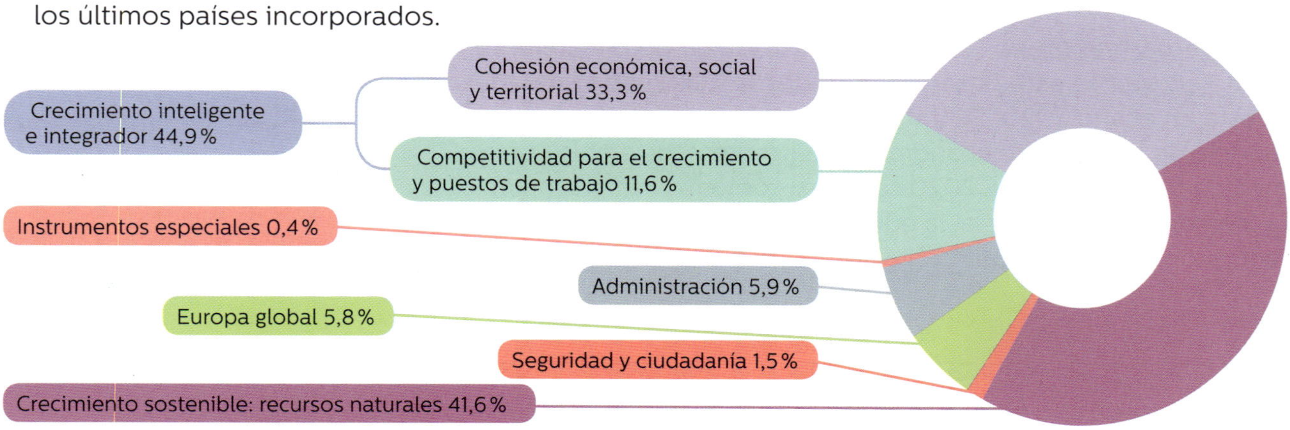

3.4. Políticas comunes de la Unión Europea

Además de adoptar políticas monetarias y comerciales comunes, las principales políticas son las siguientes:

- **Política agraria común (PAC).** La agricultura ha sido desde el principio uno de los aspectos en el que los países decidieron aunar sus esfuerzos y guiarse por una normativa común. La PAC se corresponde con el mayor volumen del presupuesto, si bien es cierto que desde los años setenta hasta la actualidad el porcentaje del gasto destinado a dicha política se ha reducido considerablemente, de un 70 % a un 40 %. La PAC se financia a través del FEOGA*.
- **Política regional.** Comprende el conjunto de actuaciones gracias a las cuales buscamos impulsar el crecimiento económico y mejorar la calidad de vida de las regiones y ciudades de la UE. Representa un ejercicio de solidaridad entre los países miembros, ya que transfiere fondos de los Estados más desarrollados a las regiones menos desarrolladas para aminorar las disparidades existentes.
- **Política pesquera común (PPC).** Engloba acuerdos que buscan que la pesca y la acuicultura puedan ser sostenibles (conservando las poblaciones pesqueras), así como asegurar un nivel de vida justo para los pescadores y un sector pesquero dinámico. Son todas aquellas normas que buscan promover la pesca sostenible, gestionar las flotas europeas y garantizar la igualdad de estas flotas en el acceso a los caladeros y aguas de la UE.

3.5. Instituciones de la Unión Europea

La Unión Europea cuenta con diferentes instituciones a través de las cuales se reparten los poderes legislativo, ejecutivo y judicial.

- **Parlamento Europeo:** integrado por los eurodiputados, es el encargado de debatir y adoptar el presupuesto europeo, de vigilar y de supervisar el resto de instituciones de la UE.
- **Consejo de la Unión Europea:** formado por los representantes de los Gobiernos de los países miembros, generalmente los ministros de asuntos exteriores, se encarga de aprobar el presupuesto europeo y coordinar las políticas económicas de los países de la UE.
- **Comisión:** es la principal institución de la UE y está compuesto por un representante de cada país, denominado *comisario*. Representa a la UE internacionalmente y vela por el cumplimiento de la legislación.
- **Tribunal de Justicia:** se encarga de traducir la normativa para que en todos los países se interprete de la misma forma y, además, resuelve los problemas que puedan surgir entre las instituciones de la UE y los Gobiernos.

VOCABULARIO

Fondo Europeo de Orientación y Garantía Agrícola (FEOGA): creado en 1962 y encargado de financiar las ayudas que buscan estabilizar los mercados agrícolas, así como aquellas acciones que buscan promover e incentivar el desarrollo rural de las regiones menos favorecidas.

Christine Lagarde

La economista Christine Lagarde es la actual presidenta del Banco Central Europeo (BCE). Anteriormente dirigió el FMI.

Sede de la Comisión Europea, en Bruselas.

ACTIVIDADES

10 > Busca mediante qué fondos se financia la política regional.

11 > ¿Cuál es la institución encargada de aprobar el presupuesto? ¿Y de discutirlo y adoptarlo?

4 El comercio internacional

Desde la Antigüedad, el ser humano ha sido consciente de las ventajas del intercambio. Cuando se organizaba de forma autosuficiente sus decisiones de consumo estaban limitadas a lo producido. Pero al recurrir al comercio con otras comunidades pudo dividir el trabajo, con la consiguiente especialización y aumento de la productividad y, en definitiva, ampliar sus posibilidades de consumo por encima de las de producción.

Del mismo modo, los países comenzaron a especializarse y a comerciar, con lo que surgió el **comercio internacional.** No obstante, lo que parece evidente en el ámbito de individuos de una comunidad o pueblo no lo es tanto a escala internacional, pues el comercio entre países no siempre ha gozado de una opinión favorable.

Así, para los mercantilistas de los siglos XVI, XVII y XVIII no todos los intercambios eran buenos para el país. El comercio se concebía como un juego de suma cero, en el que lo que unos ganan lo pierden otros, y por ello se buscaba superávit comercial, que era lo que aumentaba la riqueza y era bueno para el país.

Más adelante, los fisiócratas argumentaron la irrelevancia del comercio: era algo improductivo, pues lo relevante era la agricultura. Finalmente, los economistas clásicos, con sus dos grandes representantes, Adam Smith y David Ricardo, defendieron la importancia del comercio y abogaron por su expansión.

En la actualidad, todos los países reconocen las ventajas del comercio. Sin embargo, las medidas proteccionistas también están presentes de muy diferentes formas. ¿A qué se deben? ¿Existen razones que justifiquen el proteccionismo?

En España se producen multitud de zapatos y, sin embargo, importamos muchos modelos de Italia o de China porque los consumidores están interesados en dichos modelos.

Para saber más

La entrada en vigor del libre comercio entre la Unión Europea y Japón ha impulsado las exportaciones de las empresas andaluzas gracias a la reducción gradual de los aranceles y las barreras comerciales, según la Confederación de Empresarios de Andalucía (CEA). Según el el primer secretario de la embajada en Japón, Takayuki Shiina, «las empresas niponas ven en Andalucía un colaborador para dar el salto a Latinoamérica, el norte de África o el resto de Europa, y las empresas andaluzas ven en Japón una plataforma a otros países asiáticos».

4.1. Factores explicativos del comercio

En el período que se comprende entre 1950 y 1970, el comercio mundial creció hasta tasas del 8,5 % anual, muy por encima del incremento de la producción. Posteriormente, el crecimiento no ha sido tan espectacular, pero ha seguido dándose. ¿Qué factores lo explican? ¿A qué se debe que los países intercambien sus productos?

- **Diferencias en las preferencias.** Por ejemplo, aunque España y Francia tengan una industria textil importante, puede que un porcentaje de población francesa prefiera los diseños españoles y, en consecuencia, los importe.
- **Diferencias en los niveles absolutos de renta.** Esto hace que las preferencias sean diferentes y nos encontramos de nuevo en la razón anterior.
- **Diferencias en las condiciones de producción.** Por ejemplo, el clima, la tecnología, etc. Dentro de la UE los países mediterráneos se especializan en producción hortofrutícola y servicios turísticos, mientras que los países del norte de Europa, con peor clima, se especializan en bienes y servicios tecnológicos.

Playa en Ibiza. España es una de las potencias turísticas más destacadas del mundo.

- **La especialización en los factores productivos.** Relacionado con la anterior aparece el teorema de Heckscher-Ohlin, según el cual cada país se especializa en el uso de un factor (capital, trabajo y tierra) relativamente abundante en su país y luego comercia con ello.
- **Presencia de economías de escala.** Existen diferentes actividades manufactureras donde se dan economías de escala, es decir, que los costes medios decrecen conforme aumenta la producción. En estas industrias el comercio internacional aparece como una vía para permitir la producción en masa y, de esta forma, lograr apreciables reducciones en los costes.

Plantación de café en Costa Rica, uno de los principales cultivos en los que se ha especializado este país.

4.2. Razones para proteger el comercio

La literatura económica clasifica las razones que se dan para justificar el proteccionismo en inaceptables y aceptables. Entre las primeras se encuentran las que establecen medidas proteccionistas para satisfacer intereses concretos (prohibir las importaciones de algún producto para favorecer a ciertas empresas) o para aumentar la recaudación del Estado (si este cobra aranceles, recauda fondos, pero debe apostar por otros métodos de recaudación).

Entre las razones aceptables encontramos las siguientes:

- **La defensa de la industria naciente.** Se basa en establecer una restricción a la importación de productos similares del exterior hasta que la industria nacional sea capaz de afrontarlos competitivamente. Esta justificación ha fundamentado numerosas políticas proteccionistas desarrolladas en los siglos XIX y XX.
- **Presencia de desempleo por estar el país en recesión.** En ese caso, el país puede producir bienes donde sabe que no es eficiente para, de esa forma, dar empleo a los ciudadanos.
- **Medidas de salud nacional.** Se trata de proteger el país cuando surge cualquier tipo de problema, como el «mal de las vacas locas».
- **Por motivos de seguridad nacional.** Tiene como objetivo no hacer al país excesivamente dependiente del resto.
- **Para luchar contra el *dumping* social y medioambiental.** Hablamos de *dumping* cuando una nación (mediante explotación de recursos humanos y ambientales) consigue productos baratos que exporta al resto. Al conseguir unos precios más reducidos pretende eliminar a los competidores y quedarse como único oferente.
- **Protección de determinadas industrias.** Se realiza con el fin de proteger aquellas consideradas estratégicas o que forman parte del patrimonio del país. Por ejemplo, la agricultura familiar en España.

Los laboratorios toman muestras de productos para prevenir su contaminación o evitar que sean nocivos para la salud humana.

ACTIVIDADES

12 > ¿Por qué decimos que las economías de escala son un factor que explica el comercio internacional?

13 > ¿Qué opinas sobre el *dumping* social y medioambiental?

5 Los límites del crecimiento económico

Hemos analizado a lo largo de la unidad la globalización, el comercio internacional y los diferentes procesos de integración como el de la UE. En todos estos aspectos, los países y las empresas buscan expandirse, mejorar su calidad de vida, crecer. Este proceso por el cual los países desplazan hacia fuera su frontera de posibilidades de producción (FPP) y crecen, ¿tiene límites o puede ser infinito?

Los autores clásicos, como Robert Malthus, encontraban el límite en el crecimiento de la población por encima del aumento de los recursos, lo que llevaría a un estado estacionario o de estancamiento. Sin embargo, este modelo olvidó el progreso técnico, que permitió aumentar la productividad, contrarrestar la ley de los rendimientos decrecientes y escapar del estancamiento predicho.

A finales del siglo XIX y en la primera mitad del siglo XX se pensó que la tecnología nos permitiría cualquier cosa y, por supuesto, crecer infinitamente. Las novelas del momento, como *Frankenstein* y *Viaje al centro de la Tierra*, así lo evidenciaban. Ahora bien, este proceso se desarrollaba con unos recursos que son escasos y, en ocasiones, no renovables, por lo que se generan unos residuos que el planeta debe absorber. Y si bien al principio no fuimos conscientes, hacia 1970 fenómenos como el agujero de la capa de ozono, el agotamiento de recursos, la deforestación, la desertización, la lluvia ácida, etc., evidenciaron que el crecimiento tenía unos límites. Trataremos a continuación de profundizar en los mismos.

- **Década de 1950.** El único límite que se tenía en cuenta era el dicho por Malthus, es decir, una población que crece a un ritmo superior al que lo hacen los recursos.
- **Década de 1970.** Se empezó a mostrar una mayor preocupación por el **medioambiente.** Ya no se trataba solo de establecer una relación entre población y recursos, sino de analizar el ritmo al que dicha población utilizaba los recursos. Comenzó a extenderse el temor al agotamiento de los recursos naturales, miedo que se reflejó en los diferentes informes del Club de Roma.

  En el primer informe, de 1972, *Los límites al crecimiento*, se hablaba de temas como la población, la actividad industrial, los recursos, la contaminación..., y se planteaban hipótesis con todas estas variables en cien años. La conclusión del informe fue que en menos de cien años no se podría subsistir y se proponían las siguientes acciones:

  - Estabilizar la población.
  - Afianzar el consumo de energías no renovables.
  - Aumentar el reciclaje.
  - Disminuir la contaminación.

  En el segundo informe, de 1974, *La humanidad en una encrucijada*, se insistía en las mismas cuestiones.
- En **1992,** los autores del informe de 1972 realizaron una revisión de su informe, al que llamaron *Más allá de los límites al crecimiento*, y concluyeron que la situación era igual o peor.

Thomas Robert Malthus (1766-1834)

En su obra *Ensayo sobre el principio de población* establece que los recursos naturales crecen en progresión aritmética, mientras que la población lo hace en progresión geométrica. Esto conduce a una progresiva pauperización de la población.

El club de Roma

THE CLUB OF ROME

Es una ONG fundada en 1968 por diferentes científicos y políticos. Publica regularmente informes sobre temas como el deterioro medioambiental, la educación, el empleo, la inflación, etc.

En su nuevo informe, titulado *2052: Una proyección para los próximos 40 años*, habla sobre las posibilidades de mantener el aumento de temperatura por debajo de los 2 °C.

También en 1992 tuvo lugar la **Cumbre de la Tierra,** una conferencia celebrada en Río de Janeiro con la que se inició el camino de una mayor conciencia ecológica mundial, ya que se puso de manifiesto que los límites del crecimiento están precisamente ahí, en el medioambiente.

Desde entonces, se han celebrado varias conferencias, entre las que cabe destacar las siguientes:

PRINCIPALES CONFERENCIAS SOBRE EL CAMBIO CLIMÁTICO	
1992 Río de Janeiro	Conocida como **Cumbre de la Tierra.** Se redactó la **Carta de la Tierra** y se adoptó el compromiso **Agenda 21.**
1997 Kioto	Se estableció el **Protocolo de Kioto.** Los países firmantes se comprometían a alcanzar, antes de 2008-2012, una reducción del 5,2 % las emisiones de efecto invernadero registradas en 1990.
2002 Johannesburgo	**Cumbre Río+10**. La UE se había comprometido a ratificar el Protocolo de Kioto antes de dicha conferencia.
2004 Buenos Aires	Reunión que finalizó sin consenso en torno a las negociaciones sobre la continuidad del Protocolo de Kioto una vez terminado su vencimiento, en 2012.
2007 Bali	Se iniciaron las negociaciones para la vigencia del **segundo período del Protocolo de Kioto** entre 2012-2020.
2009 Copenhague	Se firmó el **Acuerdo de Copenhague,** por el cual los países establecían un límite máximo para el incremento de la temperatura media global de 2 °C.
2010 Cancún	Se creó el **Fondo Verde,** cuya finalidad es contar con financiación para determinados proyectos y actividades en países en desarrollo.
2012 Doha	Se estableció un acuerdo de mínimos, conocido como **Puerta Climática de Doha,** que prorrogaba hasta 2020 el compromiso del Protocolo de Kioto.
2015 París	Se firmó el **Acuerdo de París,** por el que todos los Estados se comprometían a reducir sus emisiones de gases de efecto invernadero para lograr limitar el aumento de la temperatura media global a un máximo de 2 °C.
2018 Polonia	Los países se centraron en estrategias que permitieran alcanzar los denominados *objetivos de desarrollo sostenible.*

Los límites del crecimiento se pueden resumir en dos principios:

- Los recursos naturales tienen una tasa de regeneración o recuperación determinada; si nuestra tasa de explotación es superior a la de regeneración no damos tiempo al planeta a reponerse.
- El sistema biológico asimila los residuos a una tasa determinada; si la tasa de vertidos es superior a la tasa de asimilación de residuos no damos tiempo al planeta a reciclar los mismos.

Las tasas de regeneración y absorción de los residuos son los límites del crecimiento. Todo parece indicar que para garantizar el futuro hemos de considerar seriamente el medioambiente.

¡OJO!

Esta foto fue sacada en 1972 desde el espacio. Se conoce con el nombre de *la canica azul* y se emplea como bandera no oficial de la Tierra.

ACTIVIDADES

14 > ¿Se te ocurre algún inconveniente derivado del crecimiento económico constante del país en el que vives?

15 > ¿Crees que en los últimos años se ha avanzado en el tema de la concienciación medioambiental? Razónalo.

5.1. Consideración económica del medioambiente

El medioambiente presenta algunas características que dificultan su conservación. Por un lado, no es posible asignarle derechos de propiedad, ya que no pertenece a nadie y, en consecuencia, se convierte en un bien de propiedad común y tiende a ser sobreexplotado. Por otro lado, el medioambiente recibe todas las externalidades negativas derivadas tanto de los procesos productivos como de los procesos de consumo.

Además, algunos desastres ecológicos son inevitables, pero otros muchos ocurren por la escasa conciencia medioambiental existente.

Ante tales evidencias, la consideración y concienciación del valor del medioambiente deben ser abordadas por todos, ya que los problemas ambientales no entienden de Estados y traspasan impunemente las fronteras de los mismos. En esta línea se manifiesta **Ramón Tamames** cuando, en su obra *Un nuevo orden mundial: la senda crítica de la razón y el gobierno de la humanidad*, habla de las seis amenazas capitales de la raza humana:

- El deterioro de la capa de ozono.
- La destrucción de la Amazonia, que acelera el efecto invernadero.
- La deforestación, la lluvia ácida y los incendios forestales.
- La contaminación de las aguas.
- La explosión demográfica.
- La escasa conciencia medioambiental imperante.

Todos ellos son ejemplos de externalidades negativas cuyos efectos no se limitan a que se agoten las aguas de un país determinado, se produzca menos oxígeno o aumente la lluvia ácida; cualquiera de las amenazas comentadas se extiende más allá de los límites donde se produce, ya que se trata de un acoso mundial a la naturaleza, cuya defensa corresponde a todos.

Ramón Tamames Gómez

Economista y político español, nacido en Madrid en 1933. Ha realizado una importante tarea de investigación y divulgación acerca de la estructura económica de España y las relaciones económicas internacionales.

5.2. Crecimiento frente a desarrollo

La economía del desarrollo surgió a partir de la Segunda Guerra Mundial. A pesar de que hoy el crecimiento y el desarrollo son dos conceptos diferentes, no siempre ha sido así.

En un primer período (1950-1965) ambos conceptos se identificaban y se definían como «un aumento sostenido en el tiempo del PIB real per cápita». Fue en los años setenta cuando el desarrollo se concibió como algo más. Para el economista estadounidense **Michael Todaro** el desarrollo era «el proceso de mejora de la calidad de vida de todas las personas». Desde entonces, ambos conceptos se separaron. El crecimiento siguió identificándose con el aumento del PIB real per cápita, mientras que el desarrollo exigió, además del crecimiento, un conjunto de aspectos normativos relacionados con la calidad de vida, la pobreza, el empleo, la desigualdad, el acceso a la salud y la educación, así como una serie de cambios institucionales y una mejor distribución de los recursos.

Para medir el desarrollo es necesario recurrir a otros índices, denominados *sociales*, entre los cuales destaca el índice del desarrollo humano (IDH).

Para saber más

Diferentes ONG

Ante la necesidad de tomar distintas medidas para tratar de ayudar a los países en vías de desarrollo, muchas ONG completan las acciones llevadas a cabo por los diferentes países.

Intermón Oxfam · Cáritas · unicef unite for children · VicenteFerrer · Cruz Roja · GREENPEACE · Save the Children · anesvad · Aldeas Infantiles SOS España · Amnistía Internacional · UNHCR ACNUR · Médicos Sin Fronteras · Manos Unidas · Acción contra el Hambre · Ayuda en Acción · Médicos del Mundo

5.3. Características del subdesarrollo

Del mismo modo que hemos dicho que el desarrollo es algo más que el aumento sostenido a lo largo del tiempo del PIB real per cápita, el subdesarrollo también es algo más que países con reducidas rentas. Existen otros factores que pueden explicarlo: la baja esperanza de vida, el hambre, las malas condiciones sanitarias, el analfabetismo, etc.

José Luis Sampedro, autor de *Conciencia del subdesarrollo 25 años después*, muestra durante un viaje imaginario a una tierra llamada Sudlandia las características del subdesarrollo, que enumeramos a continuación:

- Desequilibrios entre la población y los recursos existentes, sin que haya, por tanto, recursos para cubrir las necesidades básicas.
- Escasez de capital, máquinas arcaicas y tecnologías obsoletas.
- Elevado peso de la tradición.
- Profundas desigualdades sociales.
- Dependencia económica de los países desarrollados.

José Luis Sampedro (1917-2013)

Economista y escritor español.

¿Qué ha sucedido para que algunos países se encuentren en esta situación?

Las teorías globales del desarrollo conciben este como un proceso dicotómico en el que desarrollo y subdesarrollo son dos caras de la misma moneda: el desarrollo de unos países es a costa del subdesarrollo de otros. Aquí destacan las teorías de **Samir Amin.** Que los actuales Estados pobres fueran colonias de los actuales países ricos parece apoyar estas teorías.

Las **teorías** que destacan las **relaciones exteriores de dependencia** que tienen las economías periféricas como el principal obstáculo para su desarrollo. En este sentido, los países en vías de desarrollo exportan productos primarios e importan manufacturas, lo que les conduce a déficit en la balanza de pagos y a una situación insostenible.

Samir Amin

Economista egipcio que nació en El Cairo en 1931. Considera que el capitalismo es el causante de las profundas diferencias entre países desarrollados y subdesarrollados.

¿Qué pueden hacer para salir de esta situación?

Por sí solos hay pocas esperanzas, ya que gran parte de sus recursos naturales están en manos de compañías extranjeras, su potencial humano posee baja formación, su tecnología es obsoleta y el ahorro no es posible, puesto que con rentas de subsistencia lo que se gana se consume. La forma de salir de este círculo vicioso tiene que implicar necesariamente a estas naciones ricas junto con una mayor cooperación, una conciencia colectiva y un esfuerzo por parte de los países desarrollados para cambiar nuestros hábitos de producción y consumo.

ACTIVIDADES

16 > De las diferentes características que se dan en el subdesarrollo, ¿cuál te parece la más difícil de superar?

17 > ¿Qué opinas sobre las teorías globales del desarrollo?

18 > ¿Cuáles son las amenazas que recoge Ramón Tamames para la raza humana?

5.4. El desarrollo sostenible

En 1987 se elaboró el informe de la Comisión Brundtland, en el seno de las Naciones Unidas, que acuñó este término.

El **desarrollo sostenible** se define como aquel desarrollo que satisface las necesidades del presente sin comprometer la capacidad de las futuras generaciones para satisfacer las propias.

Esta definición supone el tercer escalón en la evolución del concepto, pues primeramente se hablaba solo de *crecimiento;* luego se pasó a hablar de *desarrollo;* y en tercer lugar, pasó a considerarse también la responsabilidad hacia futuras generaciones, la búsqueda del bienestar presente sin poner en peligro el bienestar futuro.

Se diferencian dos tipos de sostenibilidad:

- **Sostenibilidad débil.** Se basa en la hipótesis, un tanto optimista, de considerar que es posible sustituir el capital natural por el creado por el ser humano. La clave reside en que las pérdidas (o agotamientos) del capital natural sean compensadas por incrementos del capital físico y humano, para que de este modo no se reduzcan las existencias globales de capital.
- **Sostenibilidad fuerte.** Exige mantener constantemente tanto las existencias de capital natural como las de capital creado por el ser humano. Se considera que no son sustituibles entre sí, pero admite que el agotamiento de un recurso natural sea compensado con el aumento de otro recurso natural.

El economista Herman Daly critica ambas, pues considera que de poco nos servirán las herramientas para talar árboles o los barcos para salir a pescar si no existen peces ni árboles; además, defiende que algunos bienes naturales son tan importantes que deben legarse tal cual.

Para conseguir un desarrollo sostenible los informes, tanto del Banco Mundial como del Club de Roma, proponen las siguientes medidas:

- Tratar de evitar que los países en vías de desarrollo crezcan y se desarrollen degradando el sistema como lo hicieron los actualmente desarrollados, ya que la experiencia muestra que resulta más económico prevenir la degradación que tratar de curarla después.
- Adopción, por parte de todos los Estados, de una cultura respetuosa con el medioambiente.
- Efectuar proyectos de I+D+i que permitan desarrollar nuevas tecnologías respetuosas con el medioambiente.
- Respetar las tasas de regeneración de recursos y de absorción de residuos.
- Impulsar las energías basadas en recursos renovables.
- Controlar el crecimiento exponencial de la población.

No todos los científicos opinan igual acerca del deterioro medioambiental o del cambio climático, pero ante la disparidad de opiniones se aplica el principio de prudencia o precaución, que establece, en definitiva, que dado que puede que ocurran cosas peores debemos tratar de evitarlas.

Herman Daly

Economista ecológico estadounidense nacido en 1938. Obtuvo en 1996 el Right Livelihood Award, conocido como el *premio nobel alternativo por su profundo desafío a la ciencia económica tradicional desde una perspectiva ética y ecológica.*

Para saber más

Símbolo internacional del reciclaje

¿Te has planteado alguna vez por qué este símbolo? ¿Por qué son tres flechas que están dispuestas en forma de ciclo? La primera flecha representa la recolección de los residuos; la segunda, el reciclaje de esos residuos para convertirlos en nuevos productos; y la tercera, la reutilización que hacemos los consumidores comprando productos hechos con materiales reciclados.

5.4.1. La política medioambiental de la Unión Europea

Si bien es cierto que cada vez existe mayor conciencia acerca de la necesidad de cuidar el medioambiente, también es cierto que sigue prevaleciendo, en la mayoría de los casos, el interés económico sobre cualquier otro.

Al mismo tiempo, cada vez existen más iniciativas internacionales, así como dentro de cada país, para tratar de preservar el medioambiente. En esta línea la Unión Europea, al igual que fija una política agrícola y comercial comunes, etc., también fija unas directrices en política medioambiental para los socios comunitarios, impulsada, vigilada y sancionada por la Agencia Europea del Medio Ambiente (AEMA).

Los causantes de daños ecológicos deben repararlos.

Dicha política se sustenta en estos principios:

- **Prevención,** pues está comprobado que es mejor económicamente y en términos de eficacia evitar la contaminación *a priori* que tratar de corregirla *a posteriori.*
- **Causalidad,** puesto que los daños causados por determinadas acciones deben ser pagados por los causantes, es decir, quien daña, paga.
- **Subsidiariedad,** ya que es preciso que las actuaciones encaminadas a solucionar problemas concretos se tomen en el ámbito local, nacional o internacional que resulte más adecuado.

5.4.2. Objetivos mundiales

En 2015, los líderes mundiales se unieron para acordar unos objetivos globales que terminen con la pobreza, protejan el planeta y aseguren prosperidad para todos.

De esa reunión surgió la llamada **Agenda de Desarrollo Sostenible,** un plan hasta 2030 para transformar nuestro mundo y que implica a todo tipo de actores para el cambio: Gobiernos, empresas, sociedad civil y personas individuales. Para que sea posible, cada uno de nosotros debe formar parte del cambio.

Igualdad de género, uno de los objetivos de la Agenda de Desarrollo Sostenible.

Algunos de los objetivos de desarrollo sostenible son:

- Acabar con la pobreza.
- Salud y bienestar.
- Educación de calidad.
- Igualdad de género.
- Trabajo decente y crecimiento económico.
- Reducción de las desigualdades.
- Producción y consumo responsables.
- Paz, justicia e instituciones solidarias.

ACTIVIDADES

19 > ¿Cuál crees que es el objetivo de la Agenda de Desarrollo Sostenible que está menos conseguido en todo el mundo?

20 > En tu entorno más inmediato, ¿cuál crees que es el objetivo menos avanzado de los expuestos?

YouTube y la economía

1. La contaminación en el mundo animado

1 > Depués de haber visto este vídeo, ¿te parece que plasma la realidad o no?

2 > ¿Qué similitud encuentras ente el final del vídeo y el inicio, cuando el protagonista mata un insecto?

2. Globalización

1 > ¿Cuál te parece el peor efecto negativo de los causados por la globalización?

2 > Encuentra un vídeo en el que se nos muestren los efectos positivos de la globalización.

3. La Agenda 2030

1 > ¿Cuánto aportó España a los objetivos del milenio una vez que se unió al resto de países?

2 > ¿Qué prioridades deberán tener los proyectos que se pongan en marcha de cara a la Agenda 2030?

DIRECCIONES WEB

1. <http://bit.ly/1jVaFIN>
2. <http://bit.ly/1O6bG9J>
3. <https://binged.it/2UEIjlO>

3

1

2

Cine y economía

El día de mañana, EE. UU., 2004, Roland Emmerich

En esta película se analiza el cambio climático y las consecuencias que nuestros hábitos de consumo y de producción pueden tener para el planeta. Fenómenos naturales como huracanes, tornados, granizos de enormes dimensiones, etc., harán que los diferentes países vayan reflexionando sobre sus posturas y responsabilidades con el medioambiente.

ACTIVIDADES

1 > ¿Cómo empieza la película? ¿Qué país se niega a firmar el Protocolo de Kioto?

2 > ¿Qué países son los que deben ayudar al resto? ¿Lo hacen?

3 > ¿Qué imagen te parece más impactante en términos económicos y sociales de toda la película?

Cine y economía

Erin Brockovich, EE. UU., 2000, Steven Soderbergh

Basada en hechos reales, este filme cuenta cómo Erin Brockovich decide investigar el caso de un cliente que pasa por el despacho de abogados en el que trabaja. Descubre que hay relación entre las enfermedades que está sufriendo el cliente y la contaminación generada por una importante compañía de gas y electricidad.

ACTIVIDADES

1 > ¿Cómo descubre la protagonista la relación entre las enfermedades y la empresa?

2 > ¿Acaba la empresa teniendo que pagar por los daños cometidos?

Lecturas de contenido económico

Joseph Stiglitz, Premio Nobel de Economía en 2001, trabajó para el Banco Mundial. Stiglitz afirma que la globalización no es ni buena ni mala, que todo va a estar en función de cómo se comporten los agentes que la lleven a cabo.

Afirma que el FMI y el resto de agentes internacionales no actúan siguiendo sus principios fundadores. Considera que el malestar en la globalización consiste en los cambios necesarios para no continuar actuando igual y evitar consecuencias peores.

ACTIVIDADES

1 > ¿Por qué considera el autor que los organismos internacionales como el FMI o el Banco Mundial no están actuando bien?

2 > ¿Cuáles son los principales beneficios de la globalización que se recogen, a juicio del autor, en el capítulo 1?

3 > De acuerdo con el autor, ¿de qué depende que la globalización se pueda considerar positiva o negativa?

En este enlace es posible descargar gratuitamente *La vuelta al mundo de un forro polar rojo*, que muestra la globalización a través del recorrido que hace una prenda de vestir, en este caso un forro polar rojo: <http://bit.ly/1QtF2QM>.

ACTIVIDADES

1 > ¿Cómo define Theodore Levitt la globalización?

2 > ¿Por qué el autor decide que el protagonista del libro sea un forro polar rojo?

Pancarta en el Ayuntamiento de Madrid solidarizándose con los refugiados.

España ha acogido a 2782 refugiados dentro del programa puesto en marcha por la UE

***ABC*, 22/3/2018**, <https://bit.ly/2rwMXdP>

El número total de refugiados acogidos por España desde que se puso en marcha el programa de la Unión Europea en julio de 2015 asciende a 2782, según desveló ayer el secretario de Estado de Asuntos Europeos, Jorge Toledo, ante la Comisión Mixta Congreso-Senado para la UE, reunida en la Cámara Alta.

Las cifras facilitadas por Toledo lo son a fecha de 12 de marzo del presente año, e incluyen a las 1424 personas que han sido acogidas vía reasentamiento y a las 1358 que lo han sido a través del programa de reubicación. Se trata de unos números muy por debajo de los establecidos, ya que España estaba dispuesta a acoger a 11 137 refugiados, que es el 11,4 por ciento de la cuota pactada cuando la UE se comprometió a recibir a 160000 personas que huían de las guerras en los países árabes.

El secretario de Estado indicó que si el programa no ha podido ejecutarse «más que en una pequeña parte» ha sido por «falta de personas que reúnen los requisitos» o por «las dificultades» del procedimiento para la reubicación.

Toledo recordó que España dispone de 2200 plazas para el reasentamiento de refugiados, en el marco del programa de la Comisión Europea para acoger a personas que se encontraban en países limítrofes con el conflicto sirio. De las 1424 personas reasentadas en España hasta ahora, 440 proceden de Turquía y 984 del Líbano.

En cuanto a los 1358 reubicados tras haber llegado a Europa por Italia y por Grecia, el secretario de Estado indicó que forman parte de las 33 847 personas que, según el último informe de la Comisión Europea, han sido reubicados en otros países de la UE. Además, indicó que España mantiene su compromiso de proceder a la reubicación de refugiados desde Grecia e Italia, pese a que el plazo acordado por los Estados miembros de la Unión Europea (UE) para la reubicación y reasentamiento de 160000 refugiados expiró en septiembre sin haberlo cumplido. Añadió, asimismo, que España ha destinado 3000 millones de euros a un proyecto de protección y ayuda a los refugiados que se encuentran en Turquía.

Jorge Toledo puso de relieve, por otra parte, el gran aumento experimentado en los últimos meses en la llegada de migrantes irregulares a España a través de la ruta del Mediterráneo occidental. En concreto, dijo que en lo que va de año llegaron por esa vía 3136 personas, lo que representa un incremento del 72,2 por ciento, respecto al mismo período de 2017.

Por el contrario, la llegada a España por la ruta del Mediterráneo central fue de 5945 personas, un 65 por ciento menos que en los dos primeros meses y medio del pasado año, según datos de la Organización Internacional de Migraciones.

Por último, el secretario de Estado subrayó que tras la entrada en vigor del acuerdo UE-Turquía sobre refugiados, hace un año, las llegadas disminuyeron en cerca de un 97 por ciento.

España crea su primer "campo de refugiados" en la bahía de Algeciras

El Mundo, 5/8/2018, <https://bit.ly/2rxIDL8>

[...] El fenómeno de la llegada de inmigrantes lleva años siendo habitual en la costa sur de España, pero el cierre de fronteras de Italia ha provocado que esta se convierta este verano en una de las rutas principales de entrada a Europa. Sin embargo, en la zona descartan que exista un *efecto llamada*. «Este no es un fenómeno nuevo. En 2014 ya tuvimos un repunte similar y la situación que se vivía aquí era la misma que ahora. Esto va a seguir pasando», confirma Encinas, representante de la Asociación Unificada de Guardias Civiles (AUGC), al mismo tiempo que alerta de que la situación en la zona empieza a ser «preocupante» para las fuerzas de seguridad porque «se encuentran desbordadas» ante la falta de agentes.

«En todos los sitios que haya inmigrantes tenemos que tener agentes y los efectivos del Campo de Gibraltar no son suficientes», reclama Encinas. Para ello recibirán como refuerzos un sargento, un cabo y 38 agentes más de la Guardia Civil adicionales. «Con eso no se resuelve nada. Si tenemos que destinar un 80 % de nuestros efectivos a la inmigración, con el 20 % restante no se puede cubrir la seguridad ciudadana», advierte. Y recuerda que en la región existe también otro problema al que tienen que hacer frente: el narcotráfico. «Es verdad que hay unidades específicas como el EDOA o la Policía Judicial que siguen luchando contra el narcotráfico, pero lo que es el día a día a pie de calle o en la playa esas patrullas no están».

Pero las protestas no se reducen solo a las asociaciones y a las fuerzas de seguridad, los vecinos de la zona también se unen a mostrar su rechazo con la situación que viven los inmigrantes. «Todos hemos sido inmigrantes alguna vez, es nuestra historia. Tengo 55 años y con todo lo que he vivido esto es absolutamente inhumano. Cuando vengo con mis hijos y mi mujer tengo que evitar pasar porque se nos encoge el corazón», relata Moisés, un vecino de la localidad de San Roque, que tampoco oculta que hay vecinos que se posicionan en contra de los propios inmigrantes. «Eso es algo inevitable, siempre va a haber discursos de odio hacia ellos, pero no podemos olvidar que son personas que huyen de guerras o de situaciones duras».

¿Y por dónde pasa la solución a un problema humano que lleva años azotando las costas del Estrecho? «Ahora mismo esto tiene una solución muy complicada. Detrás de esto existen ambiciones económicas y políticas a las que es muy difícil poner freno, pero no podemos olvidar en ningún momento que quienes más lo sufren son los propios inmigrantes».

Inmigrantes como Yves, con casi 4000 kilómetros sobre sus espaldas, con vivencias «para olvidar» cruzando países donde «te tratan como a un perro y te tiran en el desierto». Siempre en busca de «una vida mejor» o de recuperar una vida anterior. «Quiero ver a mi hijo de cuatro años. Lo único que tengo es su foto». Enseña su móvil y la sonrisa crece en la cara de este hombre de 43 años que ha tocado tierra. «Pensaba que iba a morir». Por ahora, aún le queda la esperanza de una vida.

ACTIVIDADES

1 > ¿Cuántas personas que huían de las guerras en los países árabes se comprometió a recibir España? ¿Ha cumplido su compromiso?

2 > ¿Qué dinero ha destinado España a un proyecto de protección y ayuda a los refugiados que se encuentran en Turquía?

3 > ¿Qué te parecen las dos medidas anteriores llevadas a cabo por España y recogidas en el primer texto?

4 > ¿Cuál es una de las principales preocupaciones que tienen los guardias civiles de la zona del Estrecho?

5 > ¿Cuál es el testimonio que expone Moisés como vecino de la zona?

S 1 ¿Crees que el hecho de que los países de la Unión Europea posean la misma moneda ha tenido efectos en sus relaciones comerciales? Justifica tu respuesta.

S 2 Se suele decir que a raíz de las nuevas tecnologías, principalmente internet, el comercio ha crecido. Al mismo tiempo, otros autores sostienen que no ha crecido, simplemente ha cambiado de forma. Argumenta tu opinión sobre este tema.

L 3 ¿Qué factores explican el hecho de que los diferentes países comercien?

S 4 El siguiente texto está extraído del artículo «La manía por el crecimiento», de Herman Daly.

> Debe quedar claro para cualquiera que sea capaz de ver más allá de meras operaciones con papel y lápiz sobre una función neoclásica de producción que el material transformado y las herramientas de la transformación son complementos, no sustitutos.
>
> ¿Acaso nuevos aserraderos sustituirán unos bosques en proceso de extinción?
>
> ¿Más refinerías sustituirán pozos de petróleo ya vacíos?
>
> ¿Redes más grandes pueden sustituir bancos de pesca diezmados? Más bien puede decirse, por el contrario, que la productividad de los aserraderos, las refinerías y las redes de pesca (capital obra de los hombres), declinarán con el venir a menos de los bosques, las reservas petrolíferas y los peces. El capital natural, como receptáculo de los productos de desecho, es también complementario del capital obra de los hombres que generan esos desechos.

- ¿A qué concepto se hace referencia en el texto? ¿Qué opinión mantiene el autor al respecto?
- El texto se pregunta: «¿Redes más grandes pueden sustituir bancos de pesca diezmados?». ¿Qué respondes a esta cuestión?

L 5 No siempre se ha diferenciado el crecimiento del desarrollo. ¿Cuándo se produce la separación de ambos conceptos? ¿Cómo se define desde ese momento cada uno de ellos?

S 6 Escribe tres ejemplos de daños causados al medioambiente por las economías domésticas y otros tres ejemplos de daños provocados por las empresas.

E 7 Si una empresa produce un bien o servicio que contamina y los particulares lo demandan, ¿quién crees que es más responsable de la contaminación ocasionada, el que produce o el que compra? Justifica tu respuesta.

8 La *Carta de la Tierra*, citada en la unidad, establece los siguientes cuatro grandes principios:

- Respeto y cuidado de la comunidad de la vida.
- Integridad ecológica.
- Justicia social y económica.
- Democracia, no violencia y paz.

Busca e investiga los 16 principios que se derivan de estos cuatro principios generales.

E 9 Hemos hablado de que el consumo superfluo supone una amenaza para el medioambiente que, además, no nos aporta mucho. Elabora una lista con los objetos que compras habitualmente y señala cuáles de ellos podrían considerarse consumo superfluo.

E 10 ¿Cuál es, según tu criterio, la principal ventaja del crecimiento económico? ¿Y el principal inconveniente?

L 11 ¿Qué significa el término *desarrollo sostenible*? ¿Dónde se empleó por primera vez? ¿Cuál es la principal diferencia entre los conceptos de desarrollo y desarrollo sostenible?

D E 12 ¿Consideras la educación un factor clave para el crecimiento económico?

S 13 Busca en la prensa de actualidad algún problema medioambiental y su repercusión en la actividad económica.

L 14 ¿Qué problema principal encuentran los países subdesarrollados cuando establecen relaciones comerciales con los desarrollados? ¿Qué medidas se te ocurren para solucionarlos?

S 15 Teniendo en cuenta la situación actual de cambio climático, realiza un breve comentario en el que analices la eficacia de las diferentes cumbres sobre cambio climático estudiadas.

L 16 ¿Cuál es la diferencia entre los países candidatos a entrar en la UE y los que son candidatos potenciales?

17 ¿En qué tratado se habló por primera vez de la política agrícola común?

D 18 Investiga si España cumple en la actualidad los criterios de convergencia impuestos en el Tratado de Maastricht.

L 19 Lee el siguiente fragmento de la obra *Conciencia del subdesarrollo*, de José Luis Sampedro. En ella nos narra lo que observan los viajeros al llegar a Sudlandia. Después, responde a la pregunta.

> Se acercan a un pueblecito. Casuchas pobres, cobertizos con latas. Niños medio desnudos, sucios, con barriguitas infladas, se quedan inmóviles mirando al coche. A una pregunta, el chófer explica que no, no van a la escuela; bueno, hay pocas escuelas. Los muchachos trabajan en el campo; las niñas, en la casa.
>
> Al volver una esquina les corta el paso una rara procesión. El viajero contempla ávido los pintorescos detalles, mientras el chófer le explica que es una rogativa para obtener lluvia. Tras el cortejo pasan ante una iglesia cristiana, a cuya puerta un misionero contempla tolerante la superstición indígena. Llegan a una plaza con un mercado lleno de color, de moscas, de gritos y movimiento. Hombres en taburetes bebiendo algo. Puestos de frutas, verduras y enseres de artesanía en el suelo. En una esquina, un sombrajo donde se sirven, mediante una máquina automática, vasos de la Equis-Cola, anunciada encima con un conocido letrero. El viajero aprecia el exotismo y encuentra muy bonito el pueblo, pero el chófer repite con desdén: «Esto es una miseria. ¡Ah!, pero el país es rico. Más allá de aquellas montañas empezarán pronto a explotar unas minas y en aquel barranco de la cordillera van a hacer una presa».

¿Cuáles de las características que hemos comentado en la teoría sobre el subdesarrollo observas en este texto?

20 Razona la veracidad o falsedad de la siguiente afirmación:

«Un mayor crecimiento económico puede causar en el país que lo consigue un deterioro medioambiental importante».

21 Busca en internet alguna empresa que se dedique al reciclaje e indica cuáles son los residuos que utiliza en su proceso y en qué los transforma.

22 ¿Crees que el cuidado del medioambiente se puede convertir en una oportunidad empresarial? Es decir, ¿crees que hay alguna empresa que, precisamente cuidando el medioambiente pueda crecer, obtener beneficios y sobrevivir?

E 23 De las diferentes políticas comunes que has visto en esta unidad, ¿cuál crees que es la que más peso o importancia tiene en nuestro país?

L 24 ¿Qué Estados son actualmente candidatos para entrar en la Unión Europea? ¿Cuáles son candidatos potenciales?

L 25 ¿Quién aprueba el presupuesto de la Unión Europea? ¿Cuáles son las principales partidas?

L 26 ¿De dónde proceden los diferentes ingresos que se recogen en el presupuesto europeo?

L 27 Los distintos procesos de integración que hemos estudiado tienen ventajas e inconvenientes. Elabora una lista con los principales y señala cuáles son, en tu opinión, la mayor ventaja y el peor inconveniente.

L 28 ¿Qué diferencia a los países candidatos de los países candidatos potenciales?

L 29 ¿Con qué otro nombre se conoce el Tratado de Maastricht? ¿Cuándo se firmó? ¿Qué representó ese tratado para la UE?

L 30 ¿Qué requisitos establecía en su día el Tratado de Maastricht para poder entrar a formar parte de la Unión Europea?

L 31 ¿En qué consiste la globalización financiera? ¿Y la globalización comercial?

D S 32 Busca ejemplos a tu alrededor en los que se ponga de manifiesto la globalización cultural. Anota al menos cinco.

33 Cuando se habla del fenómeno de la globalización siempre surge el debate. Aquellos que están en contra de la globalización, ¿por qué la critican?

E **34** Cuando los países se enfrentan a la realidad de la globalización, ¿crees que todos parten en igualdad de condiciones o hay algunos que tienen ventaja? Argumenta tu respuesta.

S **35** A finales del año 2004 entraron a formar parte de la Unión Europea diez nuevos países. ¿Cómo afectó principalmente a España la llegada de estos nuevos Estados?

36 ¿Conoces cuál es el lema o idea que sintetiza la razón de ser de la UE? ¿Por qué aparecen 12 estrellas en la bandera de la UE?

L **37** Explica con tus palabras en qué consiste la política pesquera común.

L **38** Escribe las diferencias entre unión aduanera y mercado común; y entre mercado común y unión económica.

L **39** ¿Por qué se dice que las actuaciones del FMI y de la OMC son complementarias?

40 ¿Cuándo surge la OMC? ¿Cuál es su función principal?

41 ¿Qué queremos decir cuando afirmamos que el FMI y el Banco Mundial coordinan sus actuaciones?

42 ¿Qué sucedió en la conferencia de Bretton Woods? ¿En qué año se celebró?

D **43** Busca en la prensa económica los siguientes datos de actualidad:

- ¿Quién preside en la actualidad el Consejo de la Unión Europea?
- ¿Quién dirige la Comisión? ¿Y el Parlamento Europeo?

44 Comenta con tus propias palabras qué crees tú que es la globalización.

D **45** Entra en la página web del Banco Mundial (<www.bancomundial.org>) y responde a las siguientes cuestiones:

- ¿Quién preside en la actualidad el Banco Mundial?
- ¿Dónde está la sede central de este organismo?
- ¿Dónde se celebrará la próxima reunión anual de dicha entidad?

46 No es lo mismo que los países cooperen económicamente a que que los países se integren económicamente. ¿Cuál es la diferencia fundamental?

E **47** ¿Crees que a España le ha venido bien entrar a formar parte de la Unión Europea o, por el contrario, debería haberse mantenido al margen? Argumenta tu respuesta.

48 Una vez estudiados los principales hitos del proceso de creación de la Unión Europea, señala aquellos cinco que podrían considerarse los más importantes.

49 Cuando los países forman una unión monetaria renuncian a su propia política monetaria, además de unificar su moneda. ¿Qué ventajas y qué inconvenientes se derivan de dicho proceso?

50 A lo largo de un día cualquiera has interactuado con multitud de empresas (aquellas que han elaborado lo que has comido, lo que llevas puesto, el teléfono que usas, etc.). En relación con esas compañías, se pide:

a) Realiza una lista con cinco de las empresas que están presentes en tu vida a diario y averigua si son españolas.

b) En caso de que no lo sean, ¿crees que estás ante un tipo de globalización? ¿Cuál?

L **51** Relaciona en tu cuaderno las frases que aparecen en la columna de la izquierda con las que aparecen en la de la derecha.

Columna A	Columna B
En 1992 en Río de Janeiro...	...entró en vigor el Tratado de Lisboa.
Una de las razones para proteger el comercio...	...se publicó en 1772.
En 2009...	...está formado por los eurodiputados.
El informe denominado *Los límtes al crecimiento*...	...es la protección de la industria naciente.
El FMI...	...se celebró la Cumbre de la Tierra.
En la actualidad nos encontramos inmersos...	...asesora activamente a Europa.
El Parlamento Europeo...	...en la globalización.

Elabora un mapa conceptual sobre los contenidos que has trabajado en esta unidad a partir de las ideas principales que se ofrecen a continuación.

1. En la actualidad vivimos en la globalización.

2. La globalización muestra diferentes caras:
   - Empresarial
   - Comercial
   - Financiera
   - Cultural
   - Normativa

3. La globalización genera ventajas e inconvenientes, lo que da lugar a polémicas.

4. La interdependencia de la economía ha motivado la creación de organismos internacionales como BM, FMI, OMC, ONU y OCDE.

5. Los países cooperan y llevan a cabo procesos de integración, entre los que destacan:
   - Acuerdos de comercio preferente
   - Zona de libre comercio
   - Unión aduanera
   - Mercado común
   - Unión económica
   - Unión monetaria

6. Entre los procesos de integración destaca el de la Unión Europea.

7. Los países comercian entre sí por distintas razones, como diferentes gustos, aprovechar economías de escala, diferentes rentas, etc.

8. A veces los países ponen trabas al comercio por motivos de salud o seguridad nacional, para proteger determinadas industrias, etc.

9. A través del comercio y la globalización los países buscan crecer, pero existen límites al crecimiento, de los cuales somos conscientes a partir de 1972 y, más aún, de 1992.

10. Debemos diferenciar entre los siguientes conceptos:
    - Crecimiento
    - Desarrollo
    - Subdesarrollo
    - Desarrollo sostenible

11. El desarrollo sostenible nos exige una mayor consideración del medioambiente.

GLOSARIO

Elabora un diccionario económico con los principales términos utilizados en esta unidad.

- Globalización
- Globalización empresarial
- Globalización comercial
- Globalización financiera
- Globalización cultural
- Globalización normativa
- FMI
- BM
- OMC
- OCDE
- ONU
- Acuerdos de comercio preferencial
- Zona de libre comercio
- Unión aduanera
- Mercado común
- Unión económica
- Unión monetaria
- Presupuestos europeos
- FEOGA
- PAC
- Parlamento Europeo
- Consejo de la Unión Europea
- Comisión Europea
- Tribunal de Justicia
- Crecimiento
- Desarrollo
- Subdesarrollo
- Desarrollo sostenible
- Sostenibilidad fuerte
- Sostenibilidad débil

Resuelve en tu cuaderno o bloc de notas

1 > Cuando hablamos de *crecimiento*, hacemos referencia:

a) Al aumento del PIB durante un período corto de tiempo.

b) A que el PIB se mantiene pero aumenta el bienestar social.

c) Al aumento del PIB real per cápita durante un largo período de tiempo.

d) Ninguna es correcta.

2 > Los eurodiputados son aquellos que nos representan en:

a) La Comisión Europea.

b) El Consejo de la Unión Europea.

c) El Parlamento Europeo.

d) El Tribunal de Justicia.

3 > El presupuesto de la Unión Europea:

a) Se calcula anualmente, como los de los países miembros.

b) Se elabora normalmente por períodos de seis años, aunque se revisa a lo largo de dicho tiempo.

c) Es bianual.

d) Se elabora para períodos de cinco años.

4 > La política común que se define o considera un ejercicio de solidaridad entre los países miembros de la UE es la:

a) Política agrícola común.

b) Política regional.

c) Política pesquera común.

d) No existe ninguna política común considerada solidaria.

5 > Señala cuál no es una ventaja de la globalización:

a) La competencia crece, lo que beneficia a los consumidores.

b) Es posible acceder a mayor número de inversiones, lo que permite que los inversores diversifiquen el riesgo y ganen en numerosas ocasiones.

c) Se abaratan los costes de producción en la medida en que se fabrica a gran escala y se comercia con los excedentes.

d) Las diferencias entre países ricos y pobres son cada vez mayores, debido a los intercambios desiguales que se producen en el comercio internacional.

6 > El proceso por el cual, cada vez más, los gustos de las personas de diferentes partes del planeta tienden a ser más uniformes y homogéneos se denomina:

a) Globalización comercial.

b) Globalización cultural.

c) Globalización financiera.

d) Globalización normativa.

7 > El nivel máximo de integración económica lo constituye:

a) El mercado común.

b) La unión económica.

c) El área de libre comercio.

d) La unión monetaria.

8 > *Los límites al crecimiento* es el nombre de un informe:

a) De 1992, redactado por el Club de Roma.

b) De 1992, redactado por la ONU.

c) De 1972, redactado por la OCDE.

d) De 1972, redactado por el Club de Roma.

9 > Señala la respuesta incorrecta:

a) La conferencia llamada *Cumbre de la Tierra* tuvo lugar en 1992 en Río de Janeiro.

b) La conferencia de 2015 sobre cambio climático se celebró en París.

c) En el año 2007 se establece el Protocolo de Kioto.

d) El período de continuidad de Kioto abarca el período 2012-2020.

10 > ¿Cuál de los siguientes no es un principio de la política medioambiental de la Unión Europea?

a) Amortización.

b) Subsidiariedad.

c) Causalidad.

d) Prevención.

11 > Señala cuál de las siguientes instituciones surgió en la conferencia de Bretton Woods:

a) BM.

b) OMC.

c) ONU.

d) OCDE.

12 > España y Portugal se adhieren a la Unión Europea en el año:

a) 2004.

b) 2000.

c) 1992.

d) 1986.

13 > El FEOGA:

a) Fue creado para financiar las actuaciones relacionadas con la política pesquera común.

b) Fue creado para financiar las actuaciones relacionadas con la política agrícola común.

c) No es un órgano encargado de financiar ninguna política, es un órgano que supervisa las normas de la Unión Europea.

d) Fue creado para financiar las actuaciones relacionadas con la política regional.

14 > El euro empezó a circular como moneda única el año:

a) 1999.

b) 2000.

c) 2002.

d) 2004.

15 > Entre los principales ingresos de la Unión Europea se encuentran:

a) Las aportaciones que los Estados miembros realizan en función de su renta, que suponen el 0,3 % del PIB.

b) Las aportaciones que los Estados miembros realizan en función de su recaudación del IVA, que es el 0,7 % del IVA recaudado.

c) Las aportaciones que los Estados miembros realizan en función de su renta, que suponen el 0,7 % del PIB.

d) Ninguna es correcta.

16 > Los países potencialmente candidatos a la Unión Europea son:

a) Aquellos que aún no han manifestado interés por entrar en la Unión Europea.

b) Aquellos que han manifestado un interés por la Unión Europea pero aún no reúnen los requisitos para entrar en ella.

c) Aquellos que ya han manifestado su interés pero aún no tienen el euro como moneda.

d) Aquellos que ya han manifestado su interés y van incorporando a sus leyes el derecho comunitario.

17 > Los países subdesarrollados se caracterizan por:

a) La terciarización de su economía, es decir, el trabajo se desplaza del sector primario y secundario al sector terciario.

b) El fuerte peso de la tradición.

c) La igualdad, ausencia de clases sociales.

d) La tecnología punta.

18 > El Tratado de la UE o Tratado de Maastricht fue firmado en:

a) 1972.

b) 1974.

c) 1992.

d) 2002.

19 > El Consejo de la Unión Europea:

a) Está formado por los eurodiputados y es el encargado de debatir y adoptar el presupuesto europeo, así como de vigilar y supervisar al resto de instituciones de la UE.

b) Se encarga de aprobar el presupuesto europeo y coordinar las políticas económicas de los países de la UE.

c) Es la principal institución de la UE y está formada por un representante de cada país, denominado *comisario*. Representa a la UE internacionalmente y vela por el cumplimiento de la legislación.

d) No existe ningún órgano con esta denominación.

Este material de **Economía** está dirigido al alumnado de **4.º de ESO** y ha sido elaborado atendiendo a las exigencias curriculares establecidas.

Edición: Iñaki Gómez-Moreno

Coordinación editorial: Carmen Calvo

Diseño de colección: Estudio Pep Carrió

Maquetación: Elena Lázaro

Fotografías: 123RF Limited, Associated Press, Ben Hider Photography, Brian Solis, Diputación de Ciudad Real, Donostia Kultura, EFE, Financial Times, Frankfurter Allgemeine Zeitung GmbH, Getty Images, Kormoran, Lars Aronsson, Matthew Yohe, Norbert Nagel, RGBStock, Tiia Monto, UE en Perú y archivo Editex

Ilustraciones: 123RF Limited, Getty Images y archivo Editex

Preimpresión: José Ciria

Dirección de producción: Santiago Agudo

El presente material didáctico ha sido creado por iniciativa y bajo la coordinación de Editorial Editex, S. A., conforme a su propio proyecto editorial.

Vía Dos Castillas, 33. C. E. Ática 7, edificio 3, planta 3ª, oficina B. 28224 Pozuelo de Alarcón. Madrid.

ISBN: 978-84-9161-852-2

Depósito Legal: M-7308-2019

Impreso en España - *Printed in Spain*